本书由上海文化发展基

"科学的力量"科普译丛
Power of Science
第二辑

U0619259

The Story of
Science series

CLASSICAL

SCIENCE

[美] 乔伊·哈基姆 —— 著

仲新元 —— 译

经典科学

电、磁、热的
美妙乐章

Electricity, Magnetism and Heat

03

上海教育出版社
SHANGHAI EDUCATIONAL
PUBLISHING HOUSE

在 18 世纪，有关电的实验促成了一些扣人心弦的发现。这点刺痛与科学兴趣相比是否不值一提呢？想要了解更多关于电的知识，可阅读第 11 章。

丛书编委会

令人神往的科学故事

科学从来没有像今天这般深刻地改变着我们。真的，我们一天都离不开科学。科学显得艰涩与深奥，简单的 $E = mc^2$ 竟然将能量与质量联系在一块。然而，科学又有那么多诱人的趣味，居然吸引了那么多的科学家陶醉其中，忘乎所以。

有鉴于此，上海教育出版社从 Smithsonian 出版社引进了这套 *The Story of Science*（科学的故事）丛书。

丛书由美国国家科学教师协会大力推荐，成为美国中小学生爱不释手的科学史读本。我们不妨来读一下这几段有趣的评述："如果达芬奇也在学校学习科学，他肯定会对这套丛书着迷。""故事大师哈基姆将创世神话、科学、历史、地理和艺术巧妙地融合在一起，并以孩子们喜欢的方式讲出来了。""在她的笔下：你将经历一场惊险而刺激的科学冒险。"……

原版图书共三册，为方便国内读者阅读，出版社将中文版图书拆分为五册。在第一册《科学之源——自然哲学家的启示》中，作者带领我们回到古希腊，与毕达哥拉斯、亚里士多德、阿基米德等先哲们对话，领会他们对世界的看法，感受科学历程的迂回曲折、缓慢前行。第二册《科学革命——牛顿与他的巨人们》，介绍了以伽利略、牛顿为代表的物理学家，是如何揭开近代科学革命的序幕，刷新了人们的宇宙观。在第三册《经典科学——电、磁、热的美妙乐章》中，拉瓦锡拉开了化学的序幕，道尔顿、阿伏伽德罗、门捷列夫等引领我们一探原子世界的究竟，法拉第、麦克斯韦等打通了电与磁之间的屏障，相关的重要学科因此发展了起来。第四册《量子革命——璀璨群星与原子的奥秘》，则呈现了一个奥妙无穷的崭新领域——量子世界。无数的科学巨匠们为此展开了一场你追我赶式的比拼与协作，开创了一个辉煌多彩的量子时代。第五册《时空之维——爱因斯坦与他的宇宙》中，作者带领我们站在相对论的高度，来认识和探索浩瀚宇宙及其未来……

　　对科学有兴趣的读者也许会发现，丛书有着哈利·波特般的神奇魔法，让人忍不住要一口气读完才觉得畅快。长话短说，还是快点打开吧！

中国科学院院士

2017.11

愿将此书献给挚爱的凯茜·格雷·哈基姆（Casey Gray Hakim）和伊莱·托马斯·哈基姆（Eli Thomas Hakim）

目　录

栏目秘钥

⚛	∞	🗼	🌐	🏛	🎨	🎵
科学	数学	技术	地理	哲学	艺术	音乐

本书与科学的探寻之路

读过本书之后，你至少在对科学了解的广度方面将会超越艾萨克·牛顿（Isaac Newton）。牛顿是世界上公认的最聪明的人之一。因此，从这一角度来讲，阅读此书将会是一件令人兴奋的事情。与所有优秀的科学家一样，牛顿知道自己所从事的科学探索工作是一项永无止境的事业，后人必将会不断修正甚至突破他的工作成就。

艺术家和文学家的想法却不是这样的。他们当中不会有人想去修改威廉·莎士比亚（William Shakespeare）的作品，更不要说出续篇了。但科学却是一个不断建构和重建的过程。当一些新砖运来时，则可能意味着旧建筑将要作古，或者将要达到新的高度了。因此，科学的发展注定是不平凡的，永远不会停滞不前。它的进程也是一部科学探究的传奇，每个人的思维都将在它的引导下向着极致发展。

从古希腊时期到现在，科学家一直希望能揭开世间万物运作方式的谜团。在 16 世纪，这种探究再度热了起来，并出现了很多需要解答的问题。

当时，"热是一种物质"的说法是一种看起来无须证明的观点，因为这种看不见的东西与火相关，火是古希腊人认为的四种基本元素之一。但与莎士比亚和女王伊丽莎白一世（Elizabeth Ⅰ）同时代的弗朗西斯·培根（Francis Bacon）却不这么认为。他写道："热……是一种运动，除此之外，它什么都不是。"热仅仅是一种运动吗？当我们坐在壁炉旁边，感受到它给予我们的温暖时，往往总觉得应该接受了点什么。

这种争论是非常激烈的。"热是一种运动"的观点引起了罗伯特·胡克（Robert Hooke）的注意（胡克是牛顿非常厌恶的一位伟大的科学

弗朗西斯·培根因一次科学实验献出了自己宝贵的生命。故事是这样的，为了探索冷冻对防腐的作用，他用雪把鸭肚填满，但却不小心染上了风寒并最终不治。这么一件不经意间发生的意外却使世界失去了一位伟大的科学先驱者。

家）。胡克对热有过如下描述："（热）不是别的东西，它就是物质特有的性质，一种非常细微但却非常激烈的运动过程。"热不是一种物质？在当时，这种观点听起来就有点怪诞。更多的人相信"热就是一种物质"，他们还给这种可以感知的物质取名为"热质"，并且认为它还是为数不多的"基本元素"中的一种。

类似的争论并非科学史上的个例。牛顿认为，光是由"光微粒"（一种数量众多、体积微小的粒子）构成的。但一位荷兰科学家克里斯蒂安·惠更斯（Christiaan Huygens）却认为光并非由粒子构成，其实质是一种波动。与此相关的理论简称为"波动说"。

这种意见不合带来的辩论是多么难得啊！说是非常重要也不为过。在这些问题被最终解决之前，人们认识到所有的物质，从脚趾甲到无垠天空中的恒星，都是由非常小的粒子构成的，而这些粒子又都在永不停息地运动着。而且，人们又发现这些粒子中的大部分都带有电荷。正是因为粒子的这些运动，产生了热，产生了磁场，也决定了原子的状态。特别地，在当今的技术时代，人们还用它们来传递信息。换句话说，运动着的粒子似乎是一切事物的基础。例如，人类对电能的驾驭直接推动了现代文明的进程。但是"波动说"的拥趸，包括惠更斯在内，他们的理论也没有错。科学的复杂性超越了任何人的想象。

如果没有弗朗西斯·培根（生于1561年）时期孕育的科学革命，我们可能永远也学不到这些知识。除了对热本质的远见，培根还认为光的传播需要时间，且这种时间是可以测量的。而在当时，几乎所有的人都认为光的传播是不需要时间的。要知道，培根除了这些令人惊奇的观点之外，在很大程度上，他还算不上是一位科学家。可他是一位伟大的科学传播者。他用自己对科学之力量的展望激励着别人。他所展望的科学不是基于当时人们在生活中所取得的常识，也不是建立在神学（宗教信仰）和亚里士多德（Aristotle）的观点之上的，而是以现象观察和实验结果为

依据，最终验证某个假说或理论的真伪。

这种获取真理的过程，现在我们称之为"科学方法"。培根认为科学研究应由人与人之间的合作完成，其宗旨是使全人类受益。

科学革命是从培根生活的时代开始的，法国哲学家勒内·笛卡儿（René Descartes）及一些其他早期思想家都是当时重要的科学启蒙者。这场革命为什么发生在西方？这是因为，科学发展在很大程度上需要一个相对自由的环境。而当时的欧洲各国执政者的理念都已经发生了很大的变化，都力图提供足够自由、宽松的环境，鼓励创新意识的产生以及问题或质疑观点的提出。

这些启蒙了我们并建立了现有科学基础（即我们现在称之为"经典物理学"的东西）的科学家们，是一个丰富多彩的人物群体，既有具备天赋魅力的伽利略·伽利莱（Galileo Galilei），又有孤独寂寞的艾萨克·牛顿，甚至有名声不太好，但在热学领域领先于其所处时代充当英国间谍的美国人。他们所具有的共同特质，就是都保持着要了解世界奥秘的激情。他们和其他的大量研究者一起，建立起了现代科学的基础。这些就是本书所要致力于向你介绍的故事。

土星的光环是气态的云、液态的流体，还是固态的带，或是其他的什么物质？詹姆斯·克拉克·麦克斯韦（James Clerk Maxwell）用铅笔在纸上证明，它们是由大量微小的粒子构成的。第142页中将会介绍它是如何形成的有趣知识。

顺便说一下，当时的科学研究者并不把自己称作"科学家"。"科学家"一词是由英国经典学者威廉·休厄尔（William Whewell）创造并最先使用的。在 1840 年，他编撰了《归纳科学之哲学》一书。他在其中写道："我们需要一个专门的名称，从总体上描述那些对科学的发展起重要作用的人。从我个人来讲，倾向于称他们为'科学家'。"在休厄尔之前，对物理科学的发展起到重要作用的人被称为"自然哲学家"。在进入 20 世纪后，"科学家"这一名称在各个科学领域被广泛接受并应用开来了。

在一本书中处理所有这些故事和科学史实信息，要能够完美地进行介绍、说明，并能为广大读者很好地接受，这需要一个非同寻常的智慧团队的共同努力。拜伦·霍林斯黑德（Byron Hollinshead）是这一项目团队的领军人物；萨拜因·拉斯（Sabine Russ）对所使用的图片进行了仔细的研究和遴选，提出了一些富有见地的问题，并在本书的整合过程中不厌其烦地处理了很多烦琐的编辑方面的事务；洛兰·琼·霍平（Lorraine Jean Hopping）作为本书的编辑，也做了很多额外的工作。霍平将她专长的科学教育理念与书的内容相结合，在一些章节中所加写的内容被标注上 LJH（她名字的首字母——译者注）以示感怀。玛伦·阿德勒布卢姆（Marleen Adlerblum）对版面设计进行了创新，使你翻开书时立即就能感受新意之风扑面而来；博学的凯特·戴维斯（Kate Davis）对本书进行了认真的审稿和编辑。他们是如此的热心、专注和卓有成效，很少有作者能有幸像我这样享有他们的工作，以至于我难以找到能深深表达谢意的词语。

与此同时，道格·麦基弗（Doug MacIver）、玛丽亚·加里奥特（Maria Garriott）和科拉·泰特（Cora Teter）都是约翰·霍普金斯大学的中学智能发展项目的研究人员，他们设计的"开动脑筋"环节（之前，他们已在我的其他历史类著作中做过尝试）促进了本书在课堂上高效地使用。史密森尼学会的成员拉里·斯莫尔（Larry Small）、唐·费尔（Don Fehr）、卡罗琳·格利森（Carolyn Gleason）、朱莉·麦卡罗尔（Julie McCarroll）和斯蒂芬妮·诺比（Stephanie Norby），都对本书进行了赞助，并对编写工作给予了充分的鼓励。

对于先期试读手稿的读者，他们都有着科学专业的学科背景，故在读后都能就自己的观点对手稿提出恰如其分的评论。在很大程度上，他们帮助实施这一计划项目的出发点，是希望通过本书来进一步培养青少年读者对科学的兴趣和科学素养。莫迪凯·法因戈尔德（Mordechai Feingold）是美国加州理工学院的一位历史学教授，他就给出了既肯定又具有洞察力的评价，特别是对他的两位"老朋友"伽利略和牛顿的评价；约翰·胡比茨（John Hubisz）是北卡罗来纳州立大学的物理学教授，也是美国物理教师协会的前主席，利用他的专长从科学和教育两个角度对手稿进行了评价；科学教育家朱丽安娜·泰克斯勒（Juliana Texley）是"美国科学教师协会推荐"的首席评论员，提出了详尽而广博的改进建议；汉斯·克里斯蒂安·冯·贝耶尔（Hans Christian von Baeyer）帮助我的写作开了个好头，我在读了他的一部著作后，就被其中优美的文笔所吸引，迫不及待地给他打电话寻求指导。他当即邀请我到托马斯·杰斐逊（Thomas Jefferson）的母校——威廉与玛利学院他的教室中，在那里他教会了我很多的物理学知识。汤姆·洛（Tom Lough）是肯塔基州默里州立大学的副教授，曾荣获美国科学教师协会颁发的卓越教学奖。他在仔细读过手稿的最后一稿后，提出了很多建设性的建议和批评。埃德温·泰勒（Edwin Taylor）是麻省理工学院高级荣誉研究员，也是一些著名物理教科书的作者。他在读了这一项目的手稿后，也用发E-mail 的方式向我提出了科学著作写作方面的建议。这些都使我摆脱了科学写作方面的羁绊，但却给他们平添了很多麻烦。在本卷完成时，泰勒又提出了富有远见的评价，并检查了插图和各部分的标题。当我接收到来自罗伯特·弗莱克（Robert Fleck）的 E-mail 时，我发现自己又有了

玻璃罩中那只美丽的白鸟的命运会如何？答案其实清晰地写在了其中两位旁观者的脸上。《科学革命——牛顿与他的巨人们》第219页介绍了这一—"鸟在空气泵中的实验"的故事。

更高更远的追求目标。弗莱克是安柏－瑞德航空大学天体物理学家和物理学教授，有着深厚的科学史研究背景，对教育也很感兴趣。他详细而热忱地读过手稿，并对该项目保持着浓厚的兴趣。美国科学教师协会（NSTA）的戴维·比科姆（David Beacom）鼓励我努力做好该项目，而格里·惠勒（Gerry Wheeler，我常引用的一部物理学著作的作者）则耐心地解答了我提出的所有问题。

这份对我提供帮助的人的名单很长。我也是边写作边学习，需要所能得到的一切帮助。而这些科学家的每一次慷慨相助都使我感到振奋，信心大增。每当我为青年读者写作时，总有一批优秀的专家前来相助。在费米实验室工作的洛基·科尔布（Rocky Kolb）和海登天文馆的主任尼尔·德格拉斯·泰森（Neil de Grasse Tyson），都读了我早期的手稿并发来了评论。他们两位都是畅销书作家，读者可以在网络上轻松查阅到他们已经正式出版的图书。马里兰大学的数学家理查德·施瓦茨

（Richard Schwartz），让我分享了他的微积分和费马大定理方面的知识；弗雷德里克·塞茨（Frederick Seitz）是一位杰出的科学家，也是洛克菲勒大学的前校长，每当我需要时，他总是伸出援助之手；芭芭拉·哈斯（Barbara Hass）是一位图书馆研究人员，在她的帮助下，我更加精通利用互联网查阅资料。"如果你的写作确实需要帮助，那么就去问图书馆员。"这是美国图书馆协会的口号。我深切同意这一说法，并从中受益匪浅。在所有这些专家的帮助下，本书应该是没有错误的。但也许仍会有个别"漏网之鱼"，我将它们称为"小妖精"，它们的出现必然是我的责任。如果你在阅读本书的过程中发现了错误，也请及时告诉我，以便在出下一版时及时改正。

在上面提及的这些好心人之外，我还要对那些鼓励我的教师、教育家们表达我的感激之情。而对那些学校的管理者们，我非常幸运地能同他们一起参加洛杉矶第六区每月一次的教育工作会议，在这里不仅可以尽情地谈起学生、学生读物和相关的教育观点，而且在这样的氛围中你会发现自己备受鼓舞、充满激情。伟大的教师可以影响他们的学生一辈子，他们是国家的宝藏。

我的丈夫萨姆（Sam），作为超级"粉丝"，总是一如既往地坚定地支持我的这一工作；我的哥哥罗杰（Roger）和他那了不起的妻子帕蒂（Patti），坚持为我邮寄科学文章和图书；我那能干的女儿埃伦（Ellen），则让我的写作过程井然有序，并紧跟21世纪的时代潮流；作为数学教授的杰夫（Jeff），则总是耐心和热情地回答妈妈提出的关于数的问题，并就诸如微积分、布尔逻辑等专业问题提出了写作建议；作为作家的丹尼（Danny），则为本书提供了宣传的渠道。托德（Todd）、阿亚（Haya）、利兹（Liz）、纳塔利娅（Natalie）、萨米（Sammy）、凯茜、伊莱等，对了，还有你，我亲爱的读者，都是我创作过程中的动力源泉，为本书的出版注入了新活力。

——乔伊·哈基姆

丹尼尔和老猎狮人

> 由家谱追溯可知，数学家伯努利的 120 多名后代中，大多数都具有卓越的成就，甚至可以说是声名显赫的……无一失败者。对这个数学之家中的大部分成员而言，最重要的事……是他们并没有刻意将数学选作自己的职业，然而却忘情地沉浸于数学之中。
>
> ——E.T. 贝尔（E.T. Bell, 1883—1960），英国数学家，《数学精英》

> 当然，这些飞动的分子必然会对它们周围的物体进行撞击，而且这种撞击是持续不断地进行的。按照我们的理论，这是空气和其他气体产生压强的唯一原因。最先怀疑可能会发生这一现象的也许正是丹尼尔·伯努利，但遗憾的是，他当时并没有掌握我们现在已经具有的证明理论的方法。
>
> ——詹姆斯·克拉克·麦克斯韦（1831—1879），苏格兰数学家，《分子》

丹尼尔·伯努利（Daniel Bernoulli）从年幼时起就立志成为 18 世纪的牛顿。他认为，只要对流体进行深入的研究并取得骄人成果，就能实现这一目标。他所指的**流体**（fluid）包括了液体和气体。

丹尼尔生于 1700 年，他所继承的家族基因使他更有机会站在巨人的肩膀上。他的父亲和一个伯伯是世界著名的数学家。另一个伯伯、一个堂兄、一个哥哥以及这个显赫家族中的一些亲属，也是一流的数学家。因此，当听说丹尼尔在很小的年纪就能处理数的问题时，人们一点也不感到惊奇。但他的职业生涯却不像人们所认为的那样一帆风顺：这是因为他的父亲约翰，并非人们通常熟悉的慈父，而是一个有着很强的忌妒心、令人厌烦的卑鄙之人。这些，我们将会在后文中看到。

谁是本章标题中的猎狮人？谁又是狮子？请从《科学革命——牛顿与他的巨人们》中寻找线索。

"有天分的"（ingenious）和"工程师"（engineer）来自同一个词根，这并非偶然（这个词根是 ingenium，有心理素质高、睿智和天生聪明的性情等含义）。

——莉萨·贾丁（Lisa Jardine），英语教授，《创造性的追逐》

伯努利家族中几乎所有的人都取得了成功，右边的家谱中仅仅列举了其中最著名的人物。最顶部的尼古劳斯是这个家族中的元老，他既不是数学家，也不是科学家，只是一个香料商人和药店老板，继承于他的父亲老雅各布。尼古劳斯和玛格丽塔有 10 个孩子，其中就包括了长期争斗的数学家兄弟雅各布和约翰（家里最小的孩子）。约翰和妻子多罗特娅的子孙中，有 3 个儿子成了数学家和科学家（其中包括丹尼尔），还有 3 个孙子成了数学家。

伯努利家族

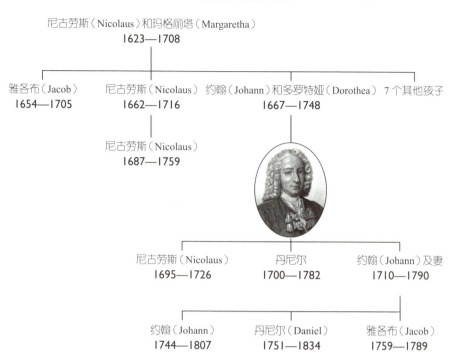

尼古劳斯（Nicolaus）和玛格丽塔（Margaretha）
1623—1708

雅各布（Jacob）
1654—1705

尼古劳斯（Nicolaus）
1662—1716

约翰（Johann）和多罗特娅（Dorothea）
1667—1748

7 个其他孩子

尼古劳斯（Nicolaus）
1687—1759

尼古劳斯（Nicolaus）
1695—1726

丹尼尔
1700—1782

约翰（Johann）及妻
1710—1790

约翰（Johann）
1744—1807

丹尼尔（Daniel）
1751—1834

雅各布（Jacob）
1759—1789

"你找哪一位伯努利？是流体动力学伯努利，还是微积分伯努利，还是测地学伯努利，还是大数伯努利，还是概率学伯努利？"

伯努利家族的故事要从比利时说起。丹尼尔的曾祖父老雅各布是一位胡格诺派教徒，即约翰·加尔文（John Calvin，宗教改革家）的追随者。而这在 17 世纪的法国和比利时都是危险的事。胡格诺派教徒经常被多数派天主教徒侮辱、打伤，有时甚至被处死。于是，他们中有很多逃往瑞士或美洲各国，那里被认为是宗教弃儿的天堂。老雅各布于 1622 年逃亡至瑞士的巴塞尔。在那里他做起了香料和药品的生意，并很快发达了起来。

老雅各布的儿子尼古劳斯也是一位成功的药品商，而且对自己的儿子们寄予了厚望（他有 10 个孩子）。雅各布和约翰被寄望于从事家族的传统事业：雅各布研究宗教，而约翰则继续经营

药品买卖。但他们二人却都对数字和自然哲学产生了浓厚的兴趣。雅各布比约翰大 13 岁，他在日记中写道："我反对父亲的意愿，一心想着去研究星空。"

虽然约翰按照父亲的意愿去经商了，但他似乎并不具备干这种营生的天分。很快，就连他的父亲也意识到了这一点。因此，尼古劳斯同意让约翰去学习医学，因为这和他们家族经营的药品生意有密切联系。但实际上，约翰也和他的哥哥一样，偷偷地研究起了数学。"我已经转而研究数学了，"他在自己的日记中写道，"在学习数学时，我感到特别愉悦。"

当尼古劳斯发现了儿子们的所作所为后，感到非常愤怒，立即要求他们自己去找工作，并不再花钱支持他们的学业。1676年，雅各布离开家来到了日内瓦。7 年后，他就成了巴塞尔大学的数学教授。而他的弟弟约翰也于 1695 年成了荷兰格罗宁根大学数学系的主任。

在同一时期，德国数学家戈特弗里德·威廉·莱布尼茨（Gottfried Wilhelm Leibniz）于 1684 年发表了关于微积分的论文。如你所知，艾萨克·牛顿已于 1666 年研究出了微积分，但他当时没有发表他的成果。两个伟大的头脑彼此独立地发现了相同的

如果你将戈特弗里德·莱布尼茨视作一个全能的天才，应该不会有人置疑。他写了大量关于数学、哲学、科学、历史、法律和政治方面的著述。他也因此被人们称为 17 世纪的亚里士多德。

欧拉：一个他自己挂帅的团队

　　即使是伯努利兄弟这样杰出的数学家，他们与莱昂哈德·欧拉（Leonhard Euler）相比还是要逊色不少。欧拉是约翰的学生，也是丹尼尔的朋友。如果本书是关于数学史的书，那么欧拉将会占有好几个章节。但本书不是。你若想更多地了解欧拉，则要自己另外去查阅资料。实际上欧拉是一位和善、慷慨的人，这与脾气暴躁的约翰·伯努利和乖戾、诡秘的艾萨克·牛顿形成了鲜明的对比。欧拉喜欢给他的 13 个孩子讲故事。威廉·邓纳姆（William Dunham）在他的《天才引导的历程》一书中写道："莱昂哈德·欧拉的遗产……在长长的数学史中是无与伦比的……欧拉的著作文集长达 70 卷，充分证明了这位深刻地改变了数学面貌的谦逊的瑞士公民的天才。"

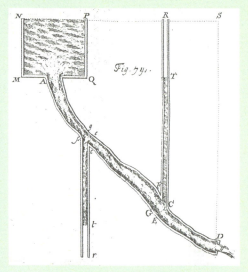

丹尼尔·伯努利和莱昂哈德·欧拉发现了一种测量管道（上图中 A 至 D）中流体压强的方法。压强越大，则玻璃管 C 中的液面 T 越高。当时的医生便依此开始将管子插入病人的动脉来测血压。

　　东西，这并不稀奇。但牛顿认为自己原创的观点被人剽窃了。几年后，牛顿开始指责莱布尼茨，说他剽窃了自己关于微积分的一些设想和研究方法，并公开了两人间的信件内容。而莱布尼茨则奋起反击，讽刺牛顿是在利用了自己（莱布尼茨）的观点和方法的基础上取得了这一成果。

　　伯努利两兄弟也卷了进去。他们读过莱布尼茨关于微积分的论文。起初，他们觉得微积分很深奥。（参见《科学革命——牛顿与他的巨人们》，可了解更多的微积分知识。）

　　两兄弟对莱布尼茨的论文进行了一次又一次的研究，终于领悟了微积分。然后，他们就都卷入了牛顿和莱布尼茨的争论之中，并选择站在莱布尼茨一边。对他们（还有其他一些人）而言，这就好比是英国科学界与整个欧洲大陆科学界之争。约翰在这场

赌牌背后的数学原理

概率（probability）是数学的一个分支，它最早发端于赌博。皮埃尔·德－费马（Pierre de Fermat，提出了著名的费马大定理）、布莱兹·帕斯卡（Blaise Pascal）以及伯努利兄弟等都想搞清楚纸牌赌博的数学概率问题。概率论不能肯定地告诉他们会抓到或不会抓到"A"，而只能告诉他们能抓到它的可能性。一副扑克牌有 52 张（不含 2 张王），其中有 4 张 A。故第一张就抓到 A 的可能性是 $\frac{4}{52}$，即 $\frac{1}{13}$。如果已被抓走的 20 张牌中没有 A，则下一张抓到 A 的可能性增大到 $\frac{4}{32}$，即 $\frac{1}{8}$。

一定要记住：概率是关于事件出现的可能性，而不是肯定性。如果桌面上只剩下 4 张牌，且已被抓走的牌中没有 A，那么你可预计下一张抓到的肯定是 A。这时你使用的不是概率，而是肯定。

对于处理原子内部复杂世界的物理学来说，概率是非常重要的核心工具。虽然我们不能确定某个特定粒子的行为，但对大量的原子而言，基于概率的预计就变得十分准确了。

纸牌游戏在 17 世纪的法国非常流行。上图描绘了 1680 年工人们手工制作纸牌的情形。

论战中起到了领导者的作用，他不客气地写道："当英格兰为了争得有关无限小的微积分的第一发明人荣誉，而向莱布尼茨先生宣战时，我一个人就能……把整个英国军队……挡在海湾。"

仅和艾萨克·牛顿开展论战对他们来讲好像还不够，这兄弟俩还相互贬低对方的工作。一家著名的数学杂志社竟然还刊印了他们措辞刻薄的文章，直到编辑都感觉到有点过分了才罢手。

但这两兄弟也在认真地研究数学问题。当时的人们热衷于赌博。当人们掷一对骰子时，能用数学的方法预见骰子掷出的是几点吗？不能。但是寻求纸牌或骰子中的规律使得伯努利兄弟意识到，其总体模式或规律是可以从统计学上加以描述的。这启发了他们发展处理概率问题的数学语言。概率在理解原子的行为方面是非编辑做什么工作？这里有一个例子：在前一页正文的第 6 行中我用了"刻薄"（vitriol）一词。但这不是我第一个选用于描述伯努利兄弟愤怒的词。我称他们为"谩骂"（diatribe）。下面是我的编辑写的："乔伊，我发现在当年 diatribe 这词的意思仅是一种讨论或研究；到 1804 年的英语中才意为严厉的批评。rant（咆哮）将是一种极好的选择，因为它出自莎士比亚，它的词根是荷兰语。"这是一个非常好的评论。但无论如何我都觉得 rant 不适用。我试了 screed 等 7 个英文词，最终决定采用一个有双重意义的词——如"刻薄"——才正是我想要的。这就是好编辑做的事（像好老师一样）：他们启发你思考。

常重要的。伯努利兄弟在这个领域中的工作领先时代约 100 年。

现在，让我们将关注焦点转向丹尼尔吧。丹尼尔是弟弟约翰的儿子。当他长到 5 岁时，他的伯父雅各布去世了。"这个没有预料到的坏消息将我击倒了，"他的父亲约翰说，接着又说，"然后一个想法立即进入我的脑海……我可以接任我哥哥的位置。"因此，他们一家从荷兰迁到了瑞士。故丹尼尔是在巴塞尔长大的，而他的父亲也成了那里的一位大学教授。

但此后，约翰的行为开始变得和他的父亲尼古劳斯相似了。他也决定要让儿子丹尼尔成为一个商人，并进入自己家族的药店做生意。但丹尼尔想学习数学，对药剂师职业提不起兴趣。（这是否似曾相识？）

约翰坚持要把他的这个儿子送进医学院，但允许丹尼尔可以兼修数学，并且他也确实帮助丹尼尔解答数学中的问题。由于约翰是世界上最好的数学家之一，丹尼尔也受到了很好的熏陶。

有一个问题一直萦绕在约翰·伯努利这位伟大的数学教授的脑海中。这是一个很少有数学家关注的现象，其在拉丁文中写为 "vis viva"（意为"活力"），也就是我们现在说的运动能量。当时无人理解它，但丹尼尔却为此着了迷。"vis viva"是看不到的，但却显然是强有力的。

当丹尼尔以优异的成绩在医学院完成学业后，他也想留在巴

右图绘制的是瑞士的巴塞尔市。它的侧面是山，中间流淌的壮观的莱茵河将城市分为两半。注意这幅 1704 年的版画中出现了多少教堂——30 座。

塞尔做一名教授。但他的父亲却不肯帮忙。于是他只身前往俄国，最终在位于圣彼得堡的皇家艺术与科学院谋得了一份数学工作的职务。没多久，他在那里所做的实验和撰写的论文使他名声大振。此后，他又渐渐地成了艾萨克·牛顿的一名拥趸。他没有意识到，这一点让他的父亲大为震怒。

1734 年，丹尼尔和他的父亲约翰都向颁发大奖的巴黎科学院递交了论文。奖项与现在的诺贝尔奖很相似。就在这一年，主办方将这项顶级大奖授予了两位伯努利，即父亲和儿子一同分享奖金。当丹尼尔返回在巴塞尔的家中时，原想父亲会为此而高兴的。谁知约翰却是勃然大怒，他认为儿子是想取代他欧洲顶级数学家的位置，出人意料地把丹尼尔赶出了家。丹尼尔从此再没踏进这个家门一步。

上面所说的一切好像是在闲谈——有趣却不重要。但丹尼尔的成就确实成了科学史上的里程碑。像很多科学成就一样，听起来很简单，但别人都没能琢磨出来。

例如，丹尼尔·伯努利提出了一条著名的，也是非常有用的原理，它可应用于运动着并受到压力作用的流体（液体或气体）。请注意不要将伯努利原理与玻意耳定律相混淆。玻意耳定律是关于被压缩的气体的，而伯努利原理是研究流动着的不可压缩的流体的。**伯努利原理**（Bernoulli's Principle）的具体内容是：**当流体的速率增大时，它的压强将减小；反之亦然。**

如果你对这一原理感兴趣，也许可以考虑一下工程师这个职业。如果你决心将来从事诸如飞机、船舶或者桥梁的设计工作，那么你就一定要深谙伯努利原理的内涵。如果你想制造一台喷雾器或雾化器（都有像香水瓶上那样的喷嘴），在其中空气和液滴都是流动的，你也要运用到伯努利原理。在多种泵中，水（或其他流体）

在喷漆器中，水平管中高速流动的空气将漆沿竖直管"吸"了上来。怎么"吸"？试一下：用剪刀将一根细吸管剪一刀，使吸管几乎被剪断，但留一点儿边。在剪开处将它弯折成 90°，吸管底端插入水中，然后用力吹水平的上半根。你吹出的气快速通过弯折的开口处，使此处的气压降低，从而将水沿管"吸"了上来。

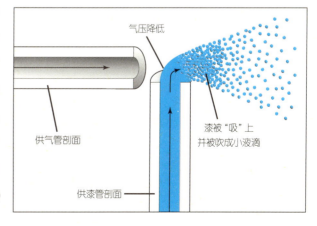

气压降低

漆被"吸"上并被吹成小液滴

供气管剖面

供漆管剖面

的流动也都遵循伯努利原理。

这个原理用简单的话说是这样的：流体（液体或不可压缩的气体）流动得越快，则它的压强就越小。这是它的科学表述：**流体的压强随流速的平方减小而增大。**

这也是一些房屋的顶在飓风中会被掀起来的原因。飓风极大的风速降低了屋顶上方的压强，房屋内部的空气压力就顺势把房顶推了出去。

设计飞机机翼（俗称翅膀）的工程师都知道（真得感谢伯努利），设计应使得流经机翼上表面的空气的速度比流经机翼下表

伯努利原理描述的是流体的速度远小于声速时的情况。当流体以超过声速的速度流动时，其行为将和较慢速度时不同，因为这时流体的密度、温度和可压缩性都发生了变化。

极富想象力的运动观点
——进入科学史册的漫长之旅

丹尼尔·伯努利萌发了一个创造性的猜想。他认为在装有气体的容器中，其大部分的体积是空的，而构成气体的原子一直在做快速的无规则运动，并在运动中相互碰撞，甚至还碰撞到容器壁上。这种猜想后来被证明是正确的，并被称为"气体分子动理论"（Kinetic Theory of Gases，其中的 kinetic 来自希腊文，意为"运动"）。"不幸"的是，这一科学论证是在 100 多年后才完成的。

伯努利的观点运气不佳，许多是经过了很长时间后才被人们所接受的。这可能是因为伯努利

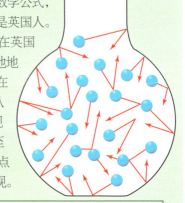

的论述大部分是数学公式，也可能因为他不是英国人。因为有一段时间在英国科学界和世界其他地区的科学界间存在着竞争。但我认为是因为他的观点过于超前，以至于能证明这些观点的技术还远未出现。

分子动理论：分子是在运动的

伯努利认识到，对气体加热，气体的压强就会增大。加热使气体的原子或分子运动得更快，故它们碰撞容器器壁的力也就越大。

分子动理论阐述了构成所有气体、液体和固体的原子和分子都在永不停息地、"富有活力地"运动着。按照布罗克汉普顿（Brockhampton）的《科学词典》的说法是："在标准的温度和压强状态下……1 升空气

中含有约 2.7×10^{22} 个分子[1]，以 450 米 / 秒的平均速度运动着，而每一个分子在 1 秒内都可能要经受 50 亿次的碰撞。"

伯努利在对热的分析时得出的结论太超前了。当时的大部分科学家都认为热是一种人眼看不到的物质，而都没有意识到热其实是动能的一种形式。

译者注：[1] 原文为 "30×10^{21} 个分子"。

为什么飞机能在天上飞？

如何解释飞行？这也曾是物理学家们关注的问题。有些人引用伯努利原理来解释，而这也确实能作出一些说明。空气流经机翼弯曲的上表面的速度比流经平直的下表面的速度大。机翼下流动较慢的空气施加的压强要比机翼上流动较快的空气的压强大，由此产生了升力。

飞机设计师创造弯曲的机翼上表面以利用这种升力。但即使将机翼做成平板状的，甚至将飞机倒置过来（即机翼的弯曲表面对着地），飞机仍能飞行。理由是根据艾萨克·牛顿的第三定律：每一个作用力都有一个与它大小相等但方向相反的反作用力。机翼向前有一个迎角，因此它向下压迫空气的力产生了一个大小相等而方向相反的向上的力。如果你知道空气是具有质量的话，就更容易理解这一点。试想一下，飞机如同是"骑"在一个巨大的空气"垫子"上行驶的。这时如果它机头向下俯冲，飞机将快速"切"过空气，但接着当它转为水平飞行时飞机就有较大的表面积对空气施加向下的力（受到的空气阻力变大），由此飞机将受到较大的力反弹上升。

飞机飞行的速度越大，它对空气施加的作用力也就越大（反之亦然）。当飞机的速度减小过多时，即会造成所谓的失速现象——停滞并从空中坠落。

飞机能够飞起的简单原理是：机翼向下推空气，但也受到了一个向上的推力。分析这架掠过雾区的飞机可知，下洗气流（向下运动的空气）形成了一个低压槽；而上洗气流则出现了一个明显的弯曲边缘。迎角是机翼划过空气的角度。它一般都很小（5°~10°），即使以很小的迎角，机翼下的空气阻力也足以将飞机托起来。迎角越大，则空气阻力和升力就越大。（可自己试一下感觉：拿一片烤饼干用的金属薄板，将一边迎着强风由平放再缓慢抬起一个角度。）飞机起飞需要更大的升力，因此此时的迎角较大，飞机的加速度也较大（克服增加了的阻力）。

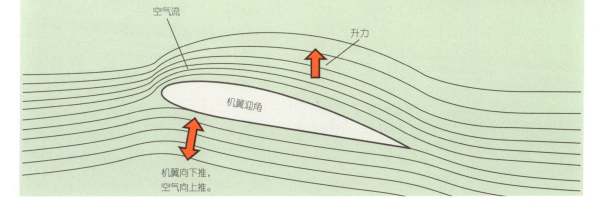

空气流

升力

机翼迎角

机翼向下推，
空气向上推。

面的大。因此，机翼的上表面通常都被设计成曲线形状，这样空气流过这里时，速度将比流过平直的下表面时要大。这就使得机翼上表面的空气压强比下表面的要小，这种压强差给飞机提供了升力。飞机产生的升力还与其他因素有关，可参见第9页。

通过伯努利原理还能导出如下的一条守恒定律：**无论流体处于怎样的形态，流体中的总能量保持不变**。例如，液体从一个大容器流入一个较小容器，液体原子的速度或压强会变化，但它的总能量是保持不变的。

丹尼尔·伯努利对原子的预见比罗伯特·玻意耳（Robert Boyle）走得更远。他认为气体是由大量极小的粒子组成的，这些原子每时每刻都在做杂乱无章的运动，不断地撞击着容器壁。这就是气体压强产生的原因。后来，这种观点被称作"物质分子动理论"。这是一个卓越的演绎过程，因为在他的时代没有人能肯定原子的存在。关于原子的观点虽可追溯到古希腊时期，但在当时几乎已经被抛弃了。而伯努利坚持认为原子是存在的。和牛顿、玻意耳一样，他也认为原子是坚硬且不能穿透的微小固体粒子（实际上并不这样简单）。

相信原子的存在并认为它们在不断地运动着，这本身就是一个惊人的成就。要证明这种观点的正确性，其所需的工具将要过好几代以后才将问世。很显然，后人要研究原子，重述原子的故事，使这个观点跃然于纸上，就像玻意耳和伯努利所做的那样（即使他们称原子为"小粒子"），必然绕不开对这些观点的理解。

在伯努利时期，有一些人一直将科学视作一个封闭的领域。他们认为：在科学这个主题上，一切需要说的牛顿都已经说了。他们错了（太轻信权威了）！例如能量就是一个广泛开放的研究领域，元素的化学世界也是。原子的观点将被证明，而这将改变我们看待物质的整个方式。物理学正在加速发展，而数学也将提供关键性的工具。

丹尼尔·伯努利可能已经感受到了这些可能性。他没有成为艾萨克·牛顿，但却给人留下了深刻的印象。他的思想和所发现的原理将渗透到其他人的头脑中，这将有助于带来科学的变化和技术的提升。

在物理学术语中，"守恒"（conservation）一词的基本含义为"既不失去也不获得"。后面还将有更多相关观点。

啊，那些数学家们！

在数学方面，他比第谷·布拉赫（Tycho Brahe）或埃拉·佩特（Erra Pater）都伟大：

因为他通过几何尺度能知道啤酒壶的大小；

如果面包和黄油也需要称量，直接用标志和切线就可做到；

他能用代数聪明地知道，计时钟敲响是一天的什么时辰。

——塞缪尔·勃特勒（Samuel Butler，1612—1680），英国诗人，《休迪布拉斯》第一部

休迪布拉斯（Hudibras）是诗中的喜剧主角，用于打趣那些严肃的清教徒。休迪布拉斯是一个逗乐小丑，但诗却表达了那个时期人们对数学家尊重的观念。（请不要将这位塞缪尔·勃特勒与19世纪时那位更著名的塞缪尔·勃特勒混淆。）

智慧和美丽的平方

可以从是否具有美德来判断我的人品，但不可将我仅看作是一个伟大的将军或伟大的学者、一位在法国宫廷上正当红的明星或有名望的作家的附属品。我有着自己独立的权利和人格，对自己所有的一切负责，包括所有我说的话和我做的事。很可能有些玄学家或哲学家的学问比我高深，虽然我和他们从未谋面，但他们也是有着脆弱一面的人，也有着凡人都有的缺陷。所以，若将我所有的优雅气质加上去的话，我可以毫不客气地说，我不比任何人差。

——艾米莉·杜夏特莱（1706—1749），法国数学家，《写给普鲁士腓特烈大帝的信》

法国女性参加智力活动的机会远比英格兰的多……在巴黎，有影响力的妇女甚至可以主持一些沙龙，男女都可参加并发表见解……还可以相对自由地参加学术辩论。但荒谬的是，自从（法国）大革命后，她们却失去了这种开明的自由。

——帕特里夏·法拉（Patricia Fara），英国科学史学家，《天使的娱乐：启蒙时期的电学》

常识并不平常。

——伏尔泰（Voltaire，1694—1778），法国哲学家和作家，《哲学辞典》

我认为她美极了（有着棕色的大眼睛），有智慧（很多方面上），有魅力（受人欢迎），非常富有（童年时的家有 30 间房，有 17 个佣人，且这仅是开始），并且努力工作，有着在重要的事情上做出成就的欲望。

上面是人们对艾米莉·杜夏特莱（Émlie du Châtelet）的印象。但艾米莉总让她的父亲担忧。18 世纪时，法国人大多不希望女孩过于聪明。如果女孩确实聪慧，那家人多半不希望她们展露出来。"我那最年轻的女儿向人们炫耀了她的思维，因而吓跑了一群又一群的求婚者……我们对她简直不知道如何是好。"艾米莉的父亲说。但他确实知道自己有一个非同寻常的女儿，并且也确保她接受良好的教育。

一些法国妇女选择在自己的家中举办沙龙（即讨论组），但艾米莉想要参加首要的科学组织——法国科学院举办的讨论会，而妇女是被排除在外的。她们也不被允许进入很流行的咖啡馆。一个名为格拉多的咖啡馆是巴黎的数学家、科学家和哲学家定期聚会讨论问题的场所，艾米莉总是被拒之门外。于是她便做了一套男装前往格拉多。科学家朋友们非常欢迎她，并在他们的桌边为她预留了一个固定的位子。只要她穿着男人的服装，主人们就装作没发现。右边是由亨利·泰斯特兰（Henri Testelin）所作的油画，描绘的是国王路易十四（Louis XIV）在他创纪录的统治期（1643—1715，比任何欧洲君主都长）的巅峰会见男性学院成员时的情景。艾米莉是在他的继任者路易十五（Louis XV）时期崭露头角的。

那时，女人是不被允许进入大学学习的。于是艾米莉就依靠自学，并在家庭教师的帮助下，研习了牛顿、莱布尼茨、笛卡儿和伯努利的数学著作。在当时，很少有人（包括男人）能做到这一点。当她学习击剑课程时，她的剑术足以吓跑那些笨拙的挑战者。每次玩当时的富人们趋之若鹜的纸牌时，她很容易就记住了每一张打出的牌并能算出各种出牌方式的数学概率。但赌博凭的是运气而不是科学。因此，她在玩一种名为"二十一点"的牌时也常常输掉。

然而，她也有自己的圈子。你能想象到她在法国的凡尔赛宫中的表现吗？那里的大多数年轻貌美的女子只会叹气和忽闪着睫毛。

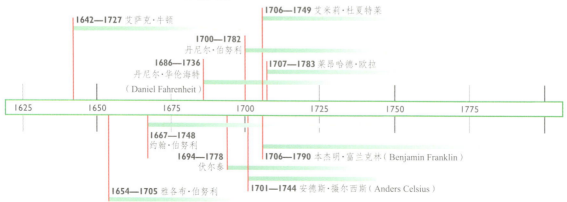

"我的女儿真是疯了，"她的父亲沮丧地写道，"上周她从牌桌上赢回了两千路易（当时法国的货币单位），在订制了一套新的礼服后……她花了另一半的钱去买了新书……她可能真不明白，任何一位大贵族都不会娶一位每天只是读书的女人。"

艾米莉并不急着要结婚。但她在 19 岁时（在当时已经算是结婚较迟的了），就和一位英俊的 34 岁贵族官员结婚了。新郎名叫弗洛朗 – 克劳德·杜夏特莱 – 洛蒙（Florent-Claude du Châtelet-Lomont）。她因此也就成了夏特莱侯爵夫人了（和公爵夫人相同）。此后她有了 3 个孩子。弗洛朗 – 克劳德大部分时间都忙于军务，因此难得回家。他们也很少有共同点，因此都同意分开过各自的生活。

此后，艾米莉又坠入了爱河，她结识了弗朗索瓦 – 马里·阿鲁埃（François-Marie Arouet）。这个名字大家可能不熟悉，但他的笔名是大名鼎鼎的伏尔泰，是当时（今天仍是）著名的作家和哲学家。他曾写道："我厌烦了在巴黎的懒惰和动辄争吵的生活……在1733 年，我遇见了一位年轻的女士，她碰巧与我有着几乎相同的想法。"（而在数学和科学等方面，艾米莉则要比伏尔泰强很多。）

伏尔泰描述了在路易十五统治下巴黎的生活。他清楚地描写了当时普通地方官们奢华的生活方式，这种生活现在也很少有人能供得起。他们的妻子身上满是钻石，并且和他们自己一样，穿着值一大笔钱的刺绣衣服。

—— 南希·米特福德（Nancy Mitford, 1904—1973），英国小说家和传记作家，《恋爱中的伏尔泰》

左图描绘的是在一场优雅的法国晚会上，男女在一起玩牌的情形。请注意画中的狗、假发以及人们的手势，都透射出 17 世纪末时的法国风尚。

伏尔泰拥有高尚的品位，他的这张肖像由当时法国最伟大的画家之一，也是光影大师莫里斯 - 昆廷·德拉图尔（Maurice-Quentin de La Tour，1704—1788）所绘。画中伏尔泰手持自己写的如书般长的诗《亨利亚特》。论智慧，他总是能完败对手，所以他的对手们都希望他永远待在监狱中。但对和他具有相同见解的人而言，他是充满魅力和有着灿烂光辉的人。

下图是用黏土做成的巴士底狱模型。它因关押包括伏尔泰在内的政治犯而臭名昭著。它于 1370—1382 年建成为一座堡垒，是绝对皇权统治的象征。1789 年 7 月 14 日，即伏尔泰去世 11 年后，反对国王的人群袭击了巴士底狱，然后很快就将其拆除了。现在，7 月 14 日成了巴士底日，法国国庆节。

伏尔泰可能是终极启蒙思想家：他能将文学和艺术的激情与科学知识结合起来。他在多个领域都颇有建树：他是一位集剧作家、史学家、诗人、政治评论家于一身的人，也是历史上最伟大的讽刺作家之一。他喜欢用对那些堕落颓废的生活方式和不学无术的统治阶层进行讽刺来找乐子。如果你是一位读者，那么肯定也会对他的讽刺作品感兴趣的。但如果你成了他的讽刺对象的话，也许就一点也乐不起来了。

18 世纪的法国，和当时的大多数国家一样（也可能和现在的一些国家一样），是不允许出现过多的自由言论的。如果你写的或说的冒犯了统治者的话，那么很可能会被投入监狱。这种事发生在伏尔泰身上已不止一次了。其中有一次，他只是因为一篇文章而被送进了法国历史上臭名昭著的政治监狱巴士底狱，并被关在那里长达 11 个月之久。在那段时间里，他坚持阅读和写作，甚至还能品尝到美味的食品（这就是当时奇特的法国）。在那里，他设法写了一部史诗，改编了一台话剧。

但伏尔泰并没有因被关进过巴士底狱而有所"收敛"，而是"变本加厉"了。几年后，他卷入了和一位富有的贵族间的文字争斗，结果对方雇用了一批暴徒将他狠揍了一顿。鼻青脸肿的惨样，燃起了伏尔泰找对方决斗的雄心。但天不遂人愿，伏尔泰又被逮捕了。经过他朋友的多方恳求和帮助，当局同意将他释放，但要求他马上离开法国。因此，伏尔泰来到了英格兰。

在英格兰，他成了一位大名人。他会见过当时英国大多数领军的思想家。英国具有相对自由的言论环境，作家们也不必像在法国那样常常在提心吊胆中过活了。伏尔泰在伦敦时，正值艾萨克·牛顿的葬礼期间，由此引发了席卷英国各地的科学热潮。

牛顿生前发现了宇宙间万物都遵守的有序的定律。这些定律也启发着伏尔泰去思考：如果宇宙万物都遵循着一定的自然定律，那么对大千世界中的男男女女们，是否也有什么自然定律可循呢？国王是否可以不受这些定律的约束呢？也同样沉浸在科学之中的英国哲学家约翰·洛克（John Locke），对政府形成的方式有着非常强的意识。洛克当时正在起草关于宪法、人权、多数人原则等设想。伏尔泰由此读到了自己要说的话。在启蒙运动的思想家中，作为其中最重要成员之一的伏尔泰，正在尝试从理性和科学的角度去观察世界，并且希望人身自由的理念能贯彻其中。

虽然伏尔泰欣赏和赞美英国人的观点，但这不表示他能爱屋及乌，因为他烦透了英国的天气和食物。这也许是因为他对法国

约翰·洛克死于 1704 年。他生前是罗伯特·玻意耳的好朋友。洛克关于自由的观点肯定也越过了大西洋对英国的殖民地产生了影响。

左图为路易十四在凡尔赛宫中加设的金碧辉煌的"镜廊"。凡尔赛宫是他在巴黎郊外的奢华住所。他 4 岁登基，自认为有统治全国的神圣的权力，故自封"太阳王"。他曾说过："朕即国家。"在他统治时期，贵族无须纳税，而穷苦的农民则必须交税。谁使用了"镜廊"呢？国王路易十五在艾米莉和伏尔泰时期当政，也继承了整座奢华无比的凡尔赛宫。

始终难以忘怀。虽然他曾经对它讽刺取乐，但对法国的社会还是情有独钟的。尽管也有缺陷，法国国王路易十五的宫廷在他看来仍是世界上最强大和令人激动的权力中心。（大多数欧洲人都同意这一说法。）

因此，在从法国流亡出来约三年后，伏尔泰又返回了巴黎。在一次去看歌剧的时候，他偶遇了艾米莉·杜夏特莱。此后没有多久，他们就坠入了爱河。他在写给朋友的信中写道："她的一切都透着高贵，她的面容及表情、她的品位……她的政治态度。"

但伏尔泰还是没能摆脱喜欢制造麻烦的习性。他又写了《哲学通信》，在其中解释和赞扬了英国政府对待科学等的态度。这引起了法国议院中几乎所有议员们的不快，他们将其视作对法国专制体制的批评。一位朋友向伏尔泰示警说，警察正在到处搜捕他。

于是，伏尔泰赶紧逃往锡雷村中的一座属于艾米莉丈夫（他是一位通情理的人）的城堡。锡雷村位于法国东北部，靠近法国与当时还是独立邦国的洛林的边境，如有必要从这里可以很方便地逃到国外。艾米莉很快也赶到了那里。于是，他们决定在锡雷村建立隐居之处，后来它不仅是一处享受生活之地，也成了一个科学研究中心。当时，伏尔泰非常富有（他是一位出色的投资者），承担了这里的一切费用。他在写给朋友的信中述说了艾米莉·杜夏特莱的趣事，"将楼梯改造成烟囱，又将烟囱改造成楼梯"。她在实验室

1734年，当伏尔泰第一次来到锡雷村的城堡时（在他发表《哲学通信》后不久），它已是破旧不堪，风都能从墙上的裂缝中吹进来。他整修了城堡，并和艾米莉一起在此住了下来，直到1749年艾米莉去世。这座城堡靠近当时独立的洛林，洛林现在在法国的东北部。

中安装从伦敦购置的最新设备，并同时修建了一座科学图书馆，有藏书 21 000 册，是法国最有特色的图书馆之一。艾米莉和伏尔泰又加建了一个小剧场，专门设置了弗洛朗－克劳德的房间、孩子们的房间，以及很多客房。

伏尔泰有一间私人厢房。艾米莉则拥有自己的实验室，还有用让－安托万·华托（Jean-Antoine Watteau，法国当时最伟大的艺术家之一）所作的壁画装饰起来的阅览室。生活在如童话世界中的城堡里（现在你也可以去参观），他们白天努力工作，晚上尽情地享受生活的乐趣。艾米莉天生一副优美的歌喉，在戏剧方面也堪称天才，而伏尔泰又长于写剧本。他们一起用法语表演戏剧，用英语来讨论科学问题。

"我们渴望调动我们所有的注意力和精力来学习和研究莱布尼茨和牛顿的著述。夏特莱侯爵夫人首先研究的是莱布尼茨的著作，然后在一本写得极好的书中对他的部分系统进行了阐述。"伏尔泰写道。不久，艾米莉又将研究从莱布尼茨转向了牛顿，她将牛顿的《原理》一书翻译成法语（在很长时期内，这被视为标准译本），并在其中加上了必要的注释，使牛顿的这部巨著更易被人们所理解，也使牛顿的思想能在整个欧洲大陆被人们传播。而伏尔泰也写了一本普及性作品诠释牛顿的观点，并继续写讽刺性作品。

那些被他打趣的人对此一点也不喜欢。（其中有一些人是相当有影响力的。）为了防止被逮捕，伏尔泰常常离开巴黎。有几次，他不得不逃往荷兰。有一次，在从荷兰避难回来后，他迫不及待地告诉了艾米莉一个在荷兰看到的实验。

当时，艾米莉正在写数学的论文、科学的教科书、关于火的性质的论文，还有一些关于哲学和宗教方面的文章。但这些都不是本书将她写进来的原因。本书写她是因为在听了伏尔泰描述的荷兰实验后，她有所顿悟，在自然、能量和数学间建立起了联系。

关于能量的科学那时刚刚诞生，前述中介绍过，伯努利将能

在锡雷城堡中工作的一位佣人说："夏特莱侯爵夫人早晨的大部分时间都用于写作，这时她不喜欢有人打扰她。然而，在停止工作后，她似乎变成了另一个女人。严肃的气氛让位给了欢乐，她以最大的热情使大家都高兴起来。"上面她的油画由卡尔·范洛（Carle van Loo）所绘。

宇宙包含物质和能量，这些就是宇宙的全部。牛顿只分析了物质的世界。在 19 世纪前，人们对能量都不太关注。

与伏尔泰和夏特莱侯爵夫人分享实验结果的荷兰实验者，名为威廉·斯赫拉弗桑德（Willem 'sGravesande）。他也是一位具有新科学观念且相信实验的思想家。他曾写过一本名为《自然哲学中经实验证实的数学元素》的著作。

现在完成夏特莱的故事：她在 42 岁时又怀孕了。她在正式分娩之前不幸受到了感染。她去世时，伏尔泰、她的丈夫以及一些朋友和崇拜者都围在她身边。伏尔泰向朋友写道："我已经失去了……半个自我，也失去了构成我灵魂的灵魂。"下面这幅 18 世纪时的素描是灵魂伴侣艾米莉和伏尔泰用于研究雕塑的一幅草图。

量称为"活力"，艾米莉也是这么称呼它的。而牛顿认为，如果要计算出一个物体的能量（E）的大小，只要将其质量（m）乘以速度（v）即可，故用公式 $E=mv$ 就能表达他的这一观点。按照牛顿的这一公式，一个 10 磅的小车以 5 英里 / 时的速度运动，则具有 50 个单位的能量。在国际单位制中，也有着同样简捷的公式：都是用质量乘以速度值。

夏特莱侯爵夫人认识到，在关于能量方面的论述中，牛顿的说法在某种程度上是不正确的。（现在我们称质量和速度的乘积为动量，而非能量。见《科学革命——牛顿与他的巨人们》。）她认为自然界中存在着一些非常奇妙的规律，即便是伟大的牛顿也搞错了（虽然戈特弗里德·莱布尼茨没弄错）。这就是"**自然似乎偏爱平方**"。

一开始，当伏尔泰告诉艾米莉他在荷兰看到的实验时，他们都没有理解其含义。荷兰的这位研究人员从高处让重物落到软的黏土中。当铜球的速度增至原来的 2 倍后，所有人都认为铜球陷入黏土的深度也会增至原来的 2 倍，这是因为有公式 $E=mv$ 作依据。若铜球的速度增至原来的 3 倍，则铜球陷入黏土的深度也增至原来的 3 倍。但这种情况在荷兰人的实验中并没有发生。

实验中，铜球的速度增至原来的 2 倍时，陷入黏土的深度却变为原来的 4 倍，而当铜球的速度增至原来的 3 倍时，铜球陷入黏土的深度却增至原来的 9 倍！自然偏爱平方？夏特莱意识到，能量的公式应该是 $E=mv^2$。（她用象牙子弹、摆及其他物体重做了这个实验，都得到了相同结果。）

艾米莉·杜夏特莱的文才很高，有着很大的影响力。她努力使别人相信"自然偏爱平方"。（但在英格兰，对任何质疑伟大的牛顿的观点，特别是来自非英格兰的女人，她的质疑要经过相当长的时间才能得到认真对待。）

夏特莱侯爵夫人由实验归纳出了重要的结论。请将此记在脑海中。她的能量公式是 $E=mv^2$。另一个能量公式——一个将会改变世界的公式——将在其基础上建立起来。

这是一种气体！
测一下它的温度！

热量和温度……我们曾将它们误认为是一回事，后来的精确测量揭示出它们存在着的巨大差异……热量是一种物质中分子运动的总量，而温度表征的是分子运动的平均能量。

——K. C. 科尔（K. C. Cole），美国科学作家，《共振：将物理学作为生活方式的思考》

工业革命走上正轨之后，极大地推动了科学的发展。这一方面是刺激了人们对诸如热量和热力学等领域的兴趣，因为它们在蒸汽时代具有巨大的应用和商业价值；另一方面是为科学家在探究世界时提供了新工具。

——约翰·格里宾（John Gribbin, 1946—），英国天文学教授，《科学家传记》

什么是空气？玻意耳和伯努利思考的都是它的行为。但它是由什么构成的呢？空气就是空气，就那样，多数人也许会这么说。好像还没有任何理由去质疑古希腊人认为空气是一种元素的观点。但也有一些人不这么认为。

其中之一就是约瑟夫·布莱克（Joseph Black，1728—1799）。布莱克来自苏格兰血统的家庭，虽然他的父亲出生于爱尔兰，但布莱克却是在法国的波尔多出生和长大的，因为他的父亲是那里的一名酒商。

当布莱克到苏格兰的格拉斯哥大学学习之后，他就成了一个真正的苏格兰人了。在格拉斯哥大学，他随一位非常好的老师学习医药学和解剖学，那位老师了解玻意耳和他关于空气实验的最新成果。虽然布莱克想成为一名医生，但他对科学研究也很痴迷。从做过的一些对肾结石等的原创研究中，他认识到，大自然中的物质和人体中的物质是相似的。

肾结石是在泌尿道中形成的晶体状，有的甚至和高尔夫球一样大。（不要担心，这种情况是很少发生的。）它是由尿液中析出的矿物质形成的，如同蒸发海水形成食盐晶体一样。（喝足量的水有助于防止肾结石的产生。）钙（Ca）元素是构成肾结石的一种常见的矿物质元素，也是构成人的骨骼和牙齿的重要物质。

石灰石中含有大量的碳，这早已不是秘密了。碳是生命所必需的基本元素。你体重的约 18% 是碳元素。石灰石是由死去的生物体（如古代海洋生物的甲壳和骨骼等）构成的。白垩岩是一种软的粉末状的石灰石，它的成分几乎全部是碳酸钙。（另一种石灰石含有镁，称为白云石。）英格兰著名的多佛尔白色悬崖（右图），就是由天然的白垩岩构成的。生成它的海洋生物可能与最后的恐龙共存过，即在约 6 500 万年前。

如果你"位于石灰光灯中"（in the limelight），那么你一定是位于舞台上大家关注的中心。这个词语源于电灯出现之前，那时剧院的舞台是用石灰（氧化钙）来照明的。石灰在气炬（氧和氢）火焰中燃烧而发出耀眼的白光。下图由让 - 安托万·华托（1684—1721）所绘，其中一个喜剧演员就手持一盏石灰光灯。

布莱克是一位完美主义者。他在做实验时，都必定对每一成分进行精确的称重和测量。他曾从地上取来一些白垩岩（其大部分成分是碳酸钙，化学分子式为 $CaCO_3$），通过猛火加热后，就会发现有气体从中产生，他将其称为"固定空气"。而剩下的固体物质即为氧化钙（石灰）。他对此感到很新奇：没想到从普通固体中还会产生气体。

布莱克口中的"固定空气"其实是二氧化碳，或写作 CO_2（但当时他尚不知这些术语）。布莱克还发现，这种"固定空气"与普通空气不同，在这种气体中，物质不会燃烧，人也不能吸进过多这种气体。他观察到实验中所剩下的石灰会缓慢地变回碳酸钙。他通过推论认为，这是石灰通过摄取房间中空气里的"固定空气"而发生的。由此，他得出结论：有些碳酸钙（特别是白垩岩，石灰石的一种形式）在自然风化过程中会放出这种"固定空气"，构成了我们呼吸的空气的一部分。所有观察到的现象都帮助他理解了：空气，这种被人们普遍认

表示物质的词

物质可被分成两种类型，即纯净物和混合物。

纯净物（substance）全部都是由同一种物质构成的。它的一种类型为单质（element）。一般情况下，单质是不能再进一步分解的。例如，黄金是一种单质，氧气也是一种单质。纯净物的另一种类型为化合物（compound）。化合物，如水（H_2O），是由多种元素键联而成的。这种键是可以用化学的方法（非物理方法）将其断开的，如水就可以通过电解作用分解为氢气和氧气。

混合物（mixture）中含有两种或多种物质（既可以是单质也可以是化合物），但它们的原子间不存在键联关系。如在糖的水溶液中，糖和水的比例是可以改变的（但在作为化合物的水分子中，总是具有两个氢原子和一个氧原子），且糖和水都保持有各自的性质（而在水分子中的氢和氧则不是这样）。我们可以通过诸如蒸发等物理的方法将糖和水分开。水和油混合后，重力的作用也能将它们分开：密度小的油浮到水面上。

这些不是矮胖的玩具，而是水分子的模型。"飞"起来的是被蒸发的水分子。

为是不可分的基本元素，实际上是由多种气体混合而成的。这是一个全新的观点。

当布莱克于 1756 年发表了这一发现时，他还是一名学生。据此，他不仅获得了博士学位，还立即蜚声科学界。

布莱克很快就成了格拉斯哥大学的医学教授和化学讲师。后来，他又来到同是位于苏格兰的爱丁堡大学任教。他讲授的课程极为精彩，学生都远道而来听课。其中一位名为本杰明·拉什（Benjamin Rush）的学生，将成为美国的第一位化学教授。

除此之外，布莱克还是一位优秀的临床医生。他的病人中包括苏格兰著名的经济学家亚当·史密斯（Adam Smith）、哲学家戴维·休谟（David Hume）、地质学家詹姆斯·赫顿（James Hutton）等名人。

即使他的病人再多，也没能使他的科学实验停下。利用一支丹尼尔·华伦海特的温度计，他发现热量和温度两个概念间是存在差异的（见第 23 页的小栏目），并明确了那个重要差异之所在。

你呼吸的都是些什么？

我们现在知道，空气实际上是一些气体的混合物（暂不提水蒸气、尘埃、植物孢子和细菌）。下面是它的气体成分。

气体	体积百分比
氮气（N_2）	78.08
氧气（O_2）	20.95
氩（Ar）	0.93
二氧化碳（CO_2）	0.033
氖（Ne）	0.0018
氦（He）	0.00052
甲烷（CH_4）	0.0002
氪（Kr）	0.00011
氧化二氮（N_2O）	0.00005
氢气（H_2）	0.00005

1766 年，亨利·卡文迪什发表了 3 篇论文，其中包括关于"非天然"空气的实验。此处的"非天然"指的是在实验室中制造的。右图显示了卡文迪什获取在化学实验中产生的"非天然"气体的过程。

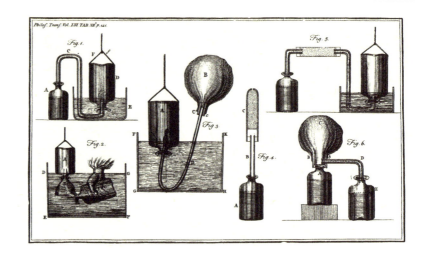

过去一直被人们认为是如同谜一般的气体，从此开始被人们认真地考虑为物质的一种状态了，就像固体和液体一样。也有一些其他的科学家开始认同布莱克的观点，将气体视作可分析的化学物质了。

英国科学家亨利·卡文迪什（Henry Cavendish，1731—1810）就是其中之一。他相信自己已经发现了人们推测的火元素，即所谓的燃素了。他在实验中发现一些金属在与酸发生反应时，能放出一种易燃的气体。卡文迪什称其为"火空气"。燃素是不存在的，但他不知道这一点。他所发现的其实是氢气，一种无色无味的元素。

氢是宇宙中最丰富的元素，约占宇宙中原子总数的 93%。

在地球上，氢大多是以与氧结合成水的形式存在的。它的英文名称 hydrogen 也和水有关。因为 hydro- 源自希腊语，其意为"水"。

1772 年，瑞典有一位名叫卡尔·舍勒（Karl Scheele，1742—1786）的药剂师发现了氧。舍勒发现空气中存在着氧气、二氧化碳及另一种新发现的气体，即氮气。在英格兰，丹尼尔·拉瑟福德（Daniel Rutherfood）也已经分离出了氮气。至此，很清楚，空气是一种混合物，它不可能是一种元素。

可怜的舍勒共发现了 8 种元素（氯、氟、锰、钡、钼、钨、氮和氧），却很少获得科学界的承认。他还发现了一种不用尿液来制造磷的方法，这使瑞典的火柴制造业在世界上处于领先的地位，他却没能从自己的这一发现中获得任何经济上的利益。舍勒有一个可怕的习惯，即在实验时要用嘴尝一下实验用的试剂。无人能确认是什么毒死了他。他在 43 岁时，被发现死于工作台上。他的实验室中摆满了有毒的试剂。

卡尔·舍勒的众多发现在当时被人们忽视了，即使他于 1777 年出版了著作《对空气和火的化学观察和实验》（右图）后依然如此。在两个多世纪后的今天，舍勒终于被承认是发现氧气的第一人。这本他唯一的著作的最初版本，拍卖出了约 2 万美元。

在舍勒后不久，约瑟夫·普里斯特利（Joseph Priestley，1733—1804）也发现了氧气。因为舍勒发表研究成果的著述被他的出版人延迟了，普里斯特利对这些成果一无所知。但他却肯定知道氧气和火有一定的联系，因为着火的物体在这种气体中会因为燃烧得更旺而

谈谈冷和热

热量和温度这两个概念间的差异是非常重要的，但也是很微妙的。为此，这里试图作一澄清。

每个人好像都知道"**热**"（heat）是什么，但在试图定义它时，你将发现自己在绕圈子了。它的定义是：物质中振动的分子或原子**由于运动所具有的内能**（被称为动能）。这可参阅第 101 页中科学家使用"**热能**"（thermal energy）而不使用"热量"一词的原因。

温度（temperature）**是粒子所具有的平均热能（或热量）的度量。**分子动得越快，温度就越高。

这种差异可能会引起混淆。为便于比较，这里给出一个例子：2 加仑温度为 10℃的水，它所具有的热能是 1 加仑温度同样是 10℃的水的 2 倍。因此，这说明不同体积的水虽然具有相同的温度，但却具有不同的热能。

换一种方式来看：温度是可以用温度计来测量的，它表示程度。而热能则是一个量值。我们可以从盛水容器中取小部分样品来测量温度，得到的温度即为整个容器中水的温度。但

要知道容器中水的热能，你需要测量整体的数量。因此，热能是对总量的测量，而温度则是对冷热程度的测量。

这里还有一些关于"热"的概念：当你将水烧开时，它达到了 100℃。但若你继续对它加热，其温度就不会再升高了。那么，这些热能哪里去了？它被用于将水从液态（水）变为气态（水蒸气）了。这一所需的热能称为**潜热**（latent heat）。它表征了在温度不变的情况下物相变化所需的热能。

纯水的沸点为 100℃。但若继续对它加热，沸水的温度也不会再升高。

右图所示的普里斯特利的实验设备取自他 1774 年所著的《对各种空气的实验和观察》一书。其中的试管是集气用的，可用它来分离气体，其中包括氧气（他不知道舍勒 3 年前就发现了这种气体）。普里斯特利还对动物进行了呼吸实验。注意图中有几只老鼠被困在前面的玻璃瓶中。据说普里斯特利总是尽力让他的老鼠保持温暖和舒适。

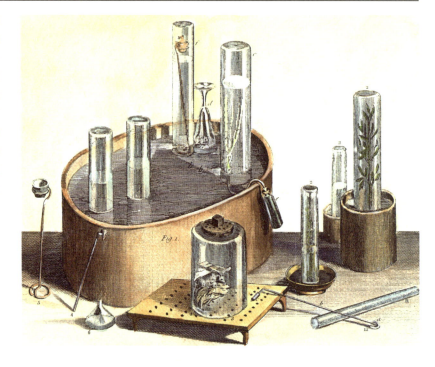

1768 年，约瑟夫·普里斯特利将一些二氧化碳溶解到水中，再在里面加入糖和调味品后，这种碳酸水就转化成了汽水。普里斯特利将这一发明出售给了一个同事施韦普（Schweppe）先生。今天你仍可以在有些食品杂货店找到"舒味思"（Schweppes）品牌的开胃水和姜汁汽水。

发出耀眼的光芒。他由此坚信火元素，即燃素是存在的。普里斯特利还发现，当一只老鼠被这种"新"气体包围时，会表现得更加有活力。他说当自己也呼吸了这种气体后，也感到了"轻松和舒适"。

约瑟夫·普里斯特利的住处靠近一家啤酒厂，那里每时每刻都在向外排放带有啤酒味的二氧化碳气体。因此，他也对二氧化碳进行了实验。普里斯特利在一个有普通空气的容器中放入了一支点燃的小蜡烛，然后将容器封闭，结果看到蜡烛熄灭了。这时容器中充满了二氧化碳气体。他再将植物薄荷放在一瓶水中后，放入这个封闭容器中，然后将它们端到阳光明媚的窗台上。结果这枝薄荷长得更加茂盛。几个月过去了，一只老鼠可以在容器中存活和呼吸，而且，火在容器中又可以燃烧了。发生了什么事情？现在我们已经知道，阳光下的植物可以通过光合作用将二氧化碳转化为氧气。普里斯特利由此发现了一个线索，即植物和动物都要生活在化学平衡的环境中，这种平衡使得地球的大气是可呼吸的。

除了氧气之外，普里斯特利还确定了另外 9 种气体，包括"碱性空气"（氨气）、"海洋酸性空气"（氯化氢）、"燃素氮空气"

（一氧化二氮，即笑气）、"辛辣空气"（二氧化硫）等（这些加引号的名称是他自己命名的）。但普里斯特利没有放弃他关于"燃素"的观点。他一直在坚持寻找实际上不存在的火元素。21世纪的作家约翰·格里宾曾经说过："作为化学家，普里斯特利是一个伟大的实验学家，但却是一个糟糕的理论家。"

普里斯特利是一位慷慨大气，但不墨守成规的英国牧师。他还是声誉极高，受人尊敬的科学家本杰明·富兰克林的朋友。富兰克林和其他一些实验学家一样，被人们称为"电学家"，他们都在探究天空中的闪电和地球上的静电间的关系。

在伦敦，普里斯特利和富兰克林共享图书资料，交流各自的观点。当这种关系持续发展之时，英国和美国在波士顿和威廉斯堡互相对抗，于是战争爆发了。富兰克林对此评论说："从来就没有好的战争和坏的和平。"

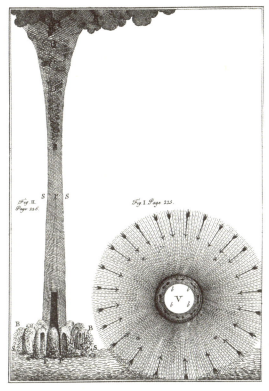

1734年，在本杰明·富兰克林的帮助下，美国哲学学会在美国费城正式成立了。它也是现在的美利坚合众国国土地上第一个科学学会。上图的版画取自富兰克林1751年发表的《对电的实验和观察》论文。这是一幅水龙卷的画，富兰克林把它描绘成了强旋风。这一现象只发生在水面上，而不是在陆地上。他观察到，不论哪一种情形，当轻的热空气与重的冷空气碰撞时，便形成了一个旋转上升的空气柱。空气本身是看不到的，但底部的水在顶部遇冷后就会变成云朵。右侧的轮形结构是空气柱的截面图。

机遇偏爱有准备的人

你认为大多数科学家在从事研究时知道自己在做什么吗？可能有一些人是知道的，但另一些人，如约瑟夫·普里斯特利，不少的发明和发现是在好奇心的驱使下产生的。这是命运，还是幸运？普里斯特利是怎样发现氧气的呢？当时他正在加热氧化汞，在将一支蜡烛放到所产生的"空气"中时，烛焰突然变得如同火炬一般闪耀。这一奇特现象引导他发现了氧气。这里是普里斯特利的原话：

在这一时刻，我不能回想起我在做这一实验之前的所有想法，不过我确实记得当时我并没有意识到真正的问题。因为我对做这类实验已经在很大程度上有所准备，故只要存在着轻微的……动机便足以引导我去做这些。然而，万一我的面前没有一支点燃的蜡烛，则我也许不会试着去做了。那么，和这种空气有关的一系列后续的实验也就无从谈起了。

约瑟夫·普里斯特利有一些非常规的信念。他支持美洲殖民地反对国王乔治三世（George Ⅲ），也反对奴隶制，痛恨宗教偏见，并认为法国大革命是一件好事。暴徒焚烧了他的家。作为一神论的牧师，他在下一个星期日的布道时说："主啊，原谅他们吧，他们不知道自己在做什么。"上图为1791年的漫画，名为《燃素说博士，是政客还是政治牧师》。图中他脚踩名为《圣经解读》的小册子，手持写有"革命祝酒"和"政治说教"等煽动性语言的宣传册。

约瑟夫·普里斯特利一生中写过150余部著作，其中一本是《电学的历史和现状》。他也写过关于宗教和哲学方面的书。这些著作都反映出他对自由的信仰和追求，这却激怒了一些人。在1791年，一伙英国暴徒在"三天暴乱"期间烧毁了普里斯特利的家和实验室。这一暴乱是针对那些崇尚自由的思想家和自然哲学家们的。理性时代似乎到了衰亡的时期。普里斯特利简直难以相信，这些毫无头脑的暴徒们"已经将我的那些手稿付之一炬了。要知道，这些可都是我多年来耗尽心血从事研究而得到的成果。我永远无法再把它们全部重写出来了。而这件事是针对一个从未伤害过你，甚至从未想过要伤害你的人"。1794年，他不得不逃亡到宗教信仰比较宽容的新国家，即美利坚合众国。

与此同时，容易害羞且对政治不感兴趣的亨利·卡文迪什也正忙于进行二氧化碳的实验。他发现二氧化碳的密度是空气的1.5倍（现代测量值为1.52倍）。

1784年，卡文迪什发表了一篇论文《关于空气的实验》，描述了自己的一个发现：氢气和氧气结合后能够产生水。但卡文迪什并不知道，他的实验已经证明了水是氢和氧的化合物。作家理查德·莫里斯（Richard Morris）曾说过："他的思想被燃素说的理论束缚住了，当时化学中只有这么一个理论。"

但所有这种利用气体和加热的实验都是没有经过严密组织的，即各人做各人的。很多人都在做类似的实验，其中一个重要原因是利益的驱动：对能源的需求正不断地增大，但人们对能量的本质仍一知半解。能量能被驾驭吗？公众想要的是科学应用的结果。这能做到吗？

测冷热

丹尼尔·华伦海特（1686—1736）一直在逃跑，为的是躲避警察的追捕。原因似乎有些不可思议，他想制造一种可靠的温度计。

事情的前因后果容下文慢慢道来。

华伦海特一家住在波兰的丹泽，在他15岁那年，他的父母就因为误食毒蘑菇而双双去世了。这时，丹泽市政厅需要对这一家的5个孤儿作出安置。其中4个较为年幼的孩子都找到了寄养家庭；最年长的丹尼尔，因为既机敏又聪明，便被安排到一个商人那里当学徒。于是，这位商人就将他带到了荷兰的阿姆斯特丹，教他做生意。

当时是18世纪初，温度计是这些繁忙的商人必备的物品，因而在以商业经营为主导的阿姆斯特丹成了一种畅销品。当时的温度计都不太准确，样子千差万别，上面的刻度也不均匀。即便如此，在年轻的华伦海特看来，温度计仍是一个奇迹。特别是当他知道温度计显示水总在同一温度沸腾后，他简直被惊呆了。他后来对此写道：

下面的版画显示了17世纪和18世纪研制的一些温度计。其中有一个古怪的螺旋形温度计（下排左边第二个）来自佛罗伦萨，它上面有300个刻度值。

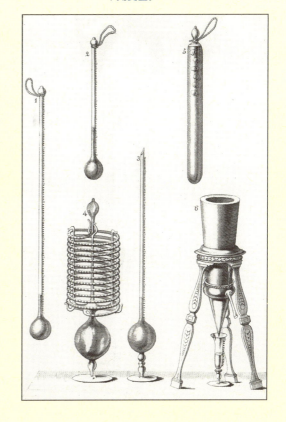

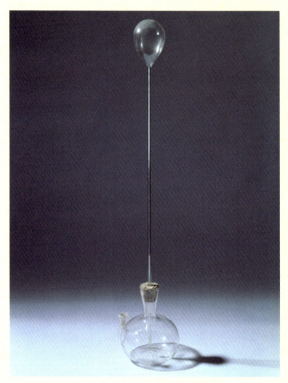

伽利略的测温仪是温度计的雏形。它没有刻度值，故只能测量相对温度，即温度在升高还是降低。

　　大约十年前，我从巴黎皇家学会发行的《科学史》中读到，著名的阿蒙东（Amontons，一位法国科学家）利用一支他自己发明的温度计，发现当水被加热到一个固定的温度后即会沸腾。这立即激起我强烈的愿望——做出一支这样的温度计。这样，我就能用我的眼睛感知这种美妙的自然现象，并确信实验带来的真理了。

　　这是处于理性的时代，人们都有着渴求知识的激情，并且追求着知识的真实和精确。探险家和地图绘制者正将地球变成自己的实验室。精确测量在当时令人痴迷。科学家们察觉到了人们对可靠的温度计和标准的温度标度的需求。

　　对科学有着强烈爱好的丹尼尔·华伦海特从来都没有想让自己成为一名商人。为了能更好地研究科学问题，他便从学徒处逃走了。（学徒制有一种法律约束力，学徒是不能做自己想做的事情的。）于是，丹泽市政厅派出警察到处追寻华伦海特。他离开荷兰，先后跑到了丹麦、德国、瑞典和一些其他地方。但无论到哪里，他都坚持学习和研究。到24岁时，他已是一个成人了。他最

终合法地获得了自由。这样，他就可以致力于温度计的研究了。

　　生活于一个世纪之前的伽利略·伽利莱（1564—1642），也常被人们称为是温度计的发明人。但他只制造了一种测温仪，一个没有刻度的温度计，只能指示温度升高或降低。与伽利略同时代的科学家桑托里奥·桑托里奥（Santorio Santorio）可能是第一个在温度计上加数字刻度的人（约在1612年）。他的温度计是利用空气作为测量柱的，但由于他不懂空气压强的效果，因此测量的效果也是极差的。1654年，托斯卡纳大公斐迪南二世（Ferdinand Ⅱ）将一些酒精封装到一根玻璃管中，由此制成了一种新型的温

这支法国水银温度计（约 1790 年）是最早使用摄氏温标的温度计之一。其上刻度的范围为 –35 度（水的冰点之下 35 度）至 100 度（水的沸点）。这支温度计盒上有一些手写的标签，它记录了值得纪念的温度，诸如 1738 年里昂一个闷热的夏天温度为 37℃；1740 年乌普萨拉一个极冷的冬天为 –24℃。

度计。但是，这位大公设计的温度计也不十分准确。艾萨克·牛顿曾尝试用亚麻籽油来制造一支温度计。还有一些人则试着用水或红酒制造温度计。所有这些温度计，都是利用物体的体积在温度升高时会发生膨胀，从而观察或测量其膨胀多少的原理制成的。但早期的温度计都不太准确。另外，由于没有统一的标度，故无法对两支温度计进行比较。

丹尼尔·华伦海特用的是酒精温度计，他决定制订出一种标度，使之成为对所有温度计都适用的温度标准。他将冰、水和氯化铵（一种盐类化合物）混合，得到了一种他所能得到的最低温度，他将这一温度值定为 0 度。从这一点开始，他试验了一个又一个标度数值，最后将水的冰点定为 32 度，而将水的沸点定为 212 度。（180 度的差值是为了便于数学计算。）这就成为华伦海特温标（简称华氏温标，用℉表示）。美国现在仍广泛使用这种温标。

华伦海特 28 岁时，他将一些汞严密地封装进一根玻璃管中。汞是一种银白色的元素，人们通常称之为水银。汞能在较高和较低的温度下均保持液态，且在温度变化时能均匀地膨胀或收

缩。之前已经有人尝试过制作水银温度计，但华伦海特使其更加完善了。利用他的营销技能（大概是当学徒时学会的），他对这种温度计进行了广泛的宣传。没过多久，他就使自己这种温度计上带有的温标成为欧洲科学界的温度标准了，也使这种温度计行销欧洲。艾米莉·杜夏特莱、奥勒·罗默（Ole Roemer）等都是他的顾客。（当时和现在一样，科学是没有国界的。）

但丹尼尔·华伦海特的标度在数学计算过程中并不易用。故在 1742 年，一位名为安德斯·摄尔西斯的瑞典天文学家想出另一种温度标度，他将水的冰点定为 0 度，而将水的沸点定为 100 度。这样就使计算容易了许多。起初，这种温标被称为"百度温标"（centigrade，来自拉丁文，意为"一百步"）。1948 年，国际上将其重新命名为摄尔西斯温标（简称摄氏温标，用℃表示）。除了美国之外，世界上大多数国家都在这一年接受摄氏温标为法定温标。

然而，很多科学家使用的是另一种温标。

选择温标

起初，华伦海特在他的温标中选用了较小的数值，他把一种化学混合物的冰点设为 0 度，而水的冰点为 4 度。这样，人体的正常体温就变为 12 度。由于温度的间隔实在太大了，鉴于此，华伦海特将每一度都乘以 8。因此，水的冰点就成了现在熟悉的 32°F，而人体的正常体温也变成了 96°F，虽然比实际的 98.6°F 低，但却是一个较方便的整数。

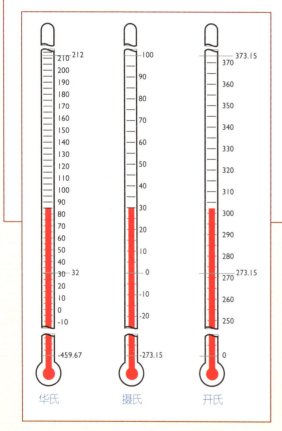

华氏　摄氏　开氏

"让我们到摄尔西斯的地方去吧，我听说那里只有 36 度。"

1848 年，威廉·汤姆森（William Thomson，他在苏格兰被称为开尔文勋爵，在英格兰则为开尔文男爵），在摄氏温标的基础上，又将其基点扩展到了

绝对零度而创建了开尔文温标，也称开氏温标或绝对温标。（更多关于开尔文的内容见第 17 章。）

因此，华伦海特、摄尔西斯和开尔文被认为是三种温标的创建者。对温度计而言，现代测温仪器的工作原理已与华伦海特的水银温度计有很大的区别了，有一些是测量分子速度的，还有的是测量物体的红外辐射的。耶鲁大学教授罗伯特·J. 施尔科普夫（Robert J. Schoelkopf）博士发明了一种温度计，它能测量原子互相碰撞时产生的噪声，噪声越大，则温度也就越高。

称量地球

（亨利·卡文迪什）于 1766 年，在他 35 岁时，才第一次公开发表论文，内容是关于化学测量的。他的最后一篇论文发表于 1809 年，也就是他去世的前一年，内容是关于天文测量的。在这之间，他对大量的物体进行了精确的测量，其中之一便是对地球的称量。

——罗伯特·P. 克里斯（Robert P. Crease, 1953—），美国哲学家和科学史学家，《三棱镜和摆》

宇宙包含了大量可被测量的物体。（卡文迪什）关于宇宙的理论似乎只是数字和测量的集合体。他好像认为自己的工作就应该是：称量物体并给出具体数值。在上帝给予的 70 余年时光中，他一直在测量尽可能多的物体。

——乔治·威尔逊（1818—1859），苏格兰传记作家，《亨利·卡文迪什传记》

亨利·卡文迪什（1731—1810）被认为是 18 世纪中最伟大的实验科学家。但如果你和他生活在同一时代，那么你很可能都不知道他的存在。确实，当时极少有人知道他。他的第一位传记作家乔治·威尔逊（George Wilson）就把他描述成"有一个善于思考的聪明大脑，有一对善于观察的敏锐的眼睛，有一双善于实验和记录的灵巧的手"。

那些认识他的人，都能体会到卡文迪什确实如以上描述所言。但他的害羞程度几乎到了病态的程度。当他乘车外出时，他都是蜷缩在车厢的一个角落中，尽量不让别人看到自己。他选择在晚上外出散步，好让黑暗遮住自己的身影。他从未结婚，不过有一个女管家。他偶尔给她下指示，都是通过写字条的方式。一次，他偶然和她在楼梯上不期而遇，他为这次相遇心烦意乱，以至于他又新建了一个后楼梯，以免这样的事情再度发生。

亨利·卡文迪什非常富有，但却对金钱毫不在意。他只花费自己需要的钱，其他的大部分财富都给了他的家庭成员。他们家族的一个后人，即威廉·卡文迪什（William Cavendish），后来成了剑桥大学的名誉校长。1870 年，威廉以卡文迪什的名字捐建了一个实验室。这个现已闻名于世的实验室在原子核物理方面作出了巨大的成就。DNA 结构也是在那里被发现的。詹姆斯·克拉克·麦克斯韦是它的第一任主任。（这是实验室幸运的开端，详情见第 146 页。）

上图是人们所知的唯一一幅亨利·卡文迪什的肖像。这也是在秘密的情况下绘制的。皇家学会成员请一位画家来参加晚宴，而这位画家就和这位避世独处的科学家坐在一起。他仔细研究了卡文迪什的面部和身材，后来画出了这幅画。卡文迪什对此却一无所知。

卡文迪什家族的一些成员：穿红衣的是亨利的祖父威廉·卡文迪什（William Cavendish），德文郡第二公爵；站立者是他的叔祖父詹姆斯·卡文迪什（James Cavendish）；中间的是詹姆斯的岳父伊莱休·耶鲁（Elihu Yale），他出钱在康涅狄格州建立了一座学校。右边的人物是"滕斯托尔（Tunstal）先生"和一位男仆。

但他和父亲一样，都同属于英国皇家学会。因此，他们要一起参加一些会议或宴会。我们从一些皇家学会成员的回忆中，可以了解到亨利的一些事迹。他们说，亨利几乎从不讲话。当他讲话时，他的音调很高。

当亨利40岁时，他继承到了一大笔钱。可这一点也没有改变他的生活方式，他只是在自己屋子的前面建了一个大平台，从那里他可爬上一棵大树进行天文观测。另外，他还在自己的房顶上安放了一个硕大的温度计。这也成了当地的一个地标。除此之外，他的生活很节俭，生活习惯严格不变。每天晚上他吃相同的晚餐——羊腿肉。他决不会为追求时尚而使自己受到打扰。因此，成年后，他每次都让他的裁缝为他制作相同款式的服装；到了老年后，他的着装就越来越跟不上潮流了。但是他就是对这些服装情有独钟，其中就包括那顶竖起了三个角的老式帽子。

按照传记作家乔治·威尔逊的说法：

他始终如一地将帽子挂在同一颗钉子上。当他去参加皇家学会俱乐部的会议时，他的手杖总是放在自己的靴子中，且总是那同一只靴子……他的大脑似乎只是一部计算机器……他的心脏也只是一个解剖器官……这就是他的生活，一个奇妙的智慧钟表……他好像对什么都没有激情。

这种说法应该是不对的。怎么能说卡文迪什对什么都没有激情呢？他对科学充满了深深的爱，这对他来说就足够了。他并没有将他的全部著作出版，而且也肯定不会谈起他的成就。因此，在他去世一个世纪后，他的许多研究成果才被发现。

当他在做他的最著名的实验时，已经将近 70 岁了。他决定要找出地球的平均密度。在当时，地球的大小是已知的，但却不知道它的质量①。因此，密度也就是未知的了。那他将如何称量地球呢？

按照牛顿的理论，如果已知地球对两个物体的吸引力，且你已知这两个物体间的相互吸引力，那么你就可以根据这些数字间的比例求出地球的密度了。

听起来容易吗？测量得到的地球对你的引力即你的重力。这是很容易测出来的，用一台卫生间里使用的体重计就可以称量出来。但问题是如何测量出同在地球上的两个物体间的相互吸引力。你和你所坐的椅子彼此间就存在着相互吸引力，但试试测量出这个力的大小。引力是十分微弱的力。只有两个非常庞大的物体间，如行星和太阳间的万有引力才是巨大的。那么，能测出炮弹和教堂间的万有引力吗？牛顿好像考虑过，但却认为这是不可能的。"整座山都不足以产生任何看得到的效应。"牛顿对测量地球上万有引力的可能性这样写道。

因此，当艾萨克想知道地球的密度时，他只能勉强作出了一

用现代数学名词，牛顿的万有引力（F）公式为：

$$F = G\,\frac{m_1 m_2}{r^2}$$

m：物体的质量

r：物体间的距离

G：万有引力常数（这一符号牛顿从没使用过，但在他的公式中包含了这一概念）

注意：

质量是物体中含有的物质的量，可由它的惯性测量出来。在同一地点，相等的质量受到的地心引力（用重量来量度）也相等。

重力（重量）是地心引力施加在物体上的力。在地球上，它取决于物体质量的大小以及地球引力的强度——随着离地球表面距离的增加而减小。（你在高山顶上的重力要略微小于海平面处的重力。）

牛顿能够计算出行星间的相互吸引力——那是相对的事，但他却不能算出木星或地球等的平均密度，也不能确信他的结果。他估计木星的密度约为地球的四分之一，他已经很接近了——真实值是 24% 而非 25%。

译者注：① 原文为"重量"。

两个令人震惊的公式

对那些想了解更多物理知识的人，这里给出一些较为深入的叙述。

亨利·卡文迪什和与他同时代的大多数科学家一样，都对电学产生了浓厚的兴趣，并在那个领域做了重要的实验。他发现了静电力。（当我们的皮鞋和地毯发生摩擦后，我们再去扭动房门上的金属把手，往往就会受到电击。这就是一种静电作用。）而且，卡文迪什是第一个得出与万有引力公式相似的静电力公式的人。但出于他典型的行事风格，卡文迪什从没发表过他的成果。

夏尔－奥古斯丁·德库仑和亨利·卡文迪什都设计了扭秤来测量极微弱的相互吸引力。图中的这一缩小的模型是基于库仑的设计。

法国军事工程师夏尔－奥古斯丁·德库仑（Charles-Augustin de Coulomb, 1736—1806）为寻求安宁，转而从事科学研究。他在静电力研究方面和亨利·卡文迪什作出了相同的发现，但他发表了这一成果。因此，他得到了学术界的认可。

库仑所建立起的公式在形式上与牛顿的万有引力公式非常相像，而且也遵从"平方反比律"。这也意味着，和万有引力一样，两个带电物体间静电力的大小，和这两个物体间距离的平方成反比。若你使这两个物体间的距离加倍，则它们间的静电力降为原来的四分之一。（你的手指离门把手多远时仍能产生电击呢？）

这里将两种力（F）的公式并排放在一起：

静电力	**万有引力**
$F = k\dfrac{q_1 q_2}{r^2}$	$F = G\dfrac{m_1 m_2}{r^2}$

在这里，r 表示两物体中心之间的距离。代替质量 m，两个 q 表示物体所带的电荷。和 G 一样，k 也是一个常数，但它们的大小却有着巨大的差异。在国际单位制中，k 的值为：

$$k = \frac{8\ 987\ 552\ 000\ \mathrm{Nm^2}}{\mathrm{C^2}}$$

注意：这一常数虽很长，但其中没有小数。后面的几个 0 表示 k 非常大（而 G 非常小）。静电力比万有引力强得多，这也说明了一些尘埃不直接落到地上而被你的袜子所吸引的原因。k 中的大写字母 C 是电荷量的单位"库仑"，以纪念库仑对静电力研究的贡献（静电力也被称作库仑力）。

这两个公式还有另一个有趣的差异：万有引力只有相互吸引力，而静电力则既能吸引也有排斥力，原因是电荷 q 可以有正负，而质量 m 则只有正的。正电荷和负电荷（+−）相互吸引，但两个相同的电荷（++ 或 −−）则相互排斥。

测量的基础

现在我们使用的"国际单位制"（简记为 SI），由质量、长度、时间等基本单位开始。所有的测量单位都可由这 7 个基本单位导出。其中的 3 个是：

- **千克**，表示质量；
- **米**，表示长度或距离；
- **秒**，表示时间。

G（万有引力常数）使用了所有上述 3 种单位。它可表示为"牛·米^2/千克^2"，用符号表示则为 Nm^2/kg^2。1 牛顿（N）的力即推或拉 1 千克（kg）的物体使其具有 1 米 / 秒^2（m/s^2）加速度所需要的力。

$$G = 0.000\,000\,000\,066\,7\ Nm^2/kg^2$$

在小数点后有 10 个 0——万有引力是极微弱的。

个大致且不失精明的猜测。他知道一些常见物质，如水、各种岩石、金属等的密度，并利用它们估算出了整个地球的质量。"好像地球上物质的总量，大约比地球全部由水构成时的大 5 至 6 倍。"牛顿曾这样写道。他在很大程度上是对的，但对追随其后的一些科学家来说，结果还不够精确。

这也是 1772 年凸显的科学问题。英国皇家学会指定了一个"吸引力委员会"，试图求出地球的平均密度。这个委员会的目标是使"物质的万有引力显而易见"。换句话说，山峦、房屋、碗碟以及地球自身，都具有万有引力，那么，是否存在着某种方法能测出这些万有引力呢？你可以先从它们的密度开始。你能确定地球的密度吗？英国皇家学会决定一试，于是派出了一支科学考察队，试图测量苏格兰境内一座山和一根铅垂线（加重的绳）之间的相互吸引力。科考队的科学家们想让当地的村民协助工作，于是便送了他们一桶威士忌酒。谁知这些村民在喝光了酒后，一把火将考察设备全部付之一炬。这次考察就以这样的结局收场了。

放弃了以山作为实验对象后，英国皇家学会会员约翰·米歇尔（John Michell）决定要看他能不能测出两个相距一定距离的已知物体间的吸引力。他想，如果他能测出这两个物体间的吸引力的大小，再将其与它们和地球间的吸引力（与它们的重力相同）进行比较，就能由此算出地球的平均密度了。然后，用简单的乘法运算，便可得到地球的质量了。

对大多数人而言，这一过程似乎就是对地球进行"称重"。但地球不能像普通物体那样被放到秤上，因此这听起来像是在玩一项难度极大的杂技。（当时无人知道这一实验能得到意想不到的回报。）

米歇尔设计了一台扭秤，想用它来测量两个大铅球之间的引力，但此后他不幸去世了。没有其他人想要接着做这一实验。（因为它看起来困难得毫无希望。）

亨利·卡文迪什决定将这一实验做下去。他从米歇尔的设想开始（他对米歇尔给予了充分肯定），选择了两个小金属球和两个大球。他知道地球对它们的吸引力（即它们的重力）和它们之间的距离。他要测量的则是这些球之间的相互吸引力。

下面两图分别是卡文迪什扭秤的侧视图（上图）和俯视图（下图），显示了这种扭秤的基本构造。由两个沉重的铅球组成的哑铃式结构吊在箱顶，并可以绕枢轴自由转动。一对直径约 2 英寸的小铅球固停在框架内（俯视图中由棒两端的小圆圈表示）。大小质量间的吸引力导致小球运动起来，从而使绳或金属丝发生扭转。

为了实施这一测量，卡文迪什自己设计和制造了一台扭秤（左图）。他对这台扭秤有过如下的描述：

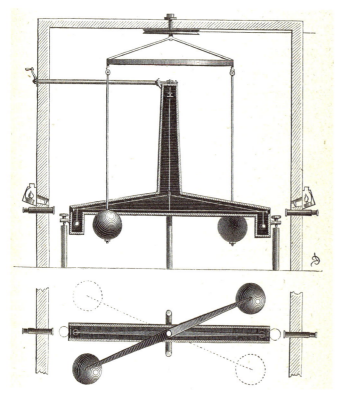

这台仪器非常简单。它有一个 6 英尺长的木臂，做得既轻又结实。这个木臂又用一根 40 英寸长的细金属丝悬吊并处于于水平状态。在木臂的两端各挂一个直径约为 2 英寸的铅球。再将整个装置封闭在一个狭窄的木盒之中，以防止风对它产生影响。

卡文迪什知道，哪怕外界丝毫的

影响，甚至人的呼吸，都可能会使实验失去意义。这可能就是他所说的："我的解决方法是将这个装置放到一个一直保持封闭的房间内……从外面用一台望远镜来观察臂的运动情况：用如此的方法将沉重的铅球吊起来，我不用进入房间就能使它们动起来。"

他制作了一个滑轮，用它能缓慢移动两个较重的铅球（每个重约 350 磅），将它们移到很轻的 2 英寸铅球附近。（这里都没有使用国际单位制，因为卡文迪什用的是英制单位。）那么轻重铅球间的万有引力能大到使木臂偏转到足以进行测量的程度吗？

卡文迪什在木臂上加了一些微小的标志，并在密闭的房间的墙壁上安装了望远镜，以观察木臂所产生的任何运动，他知道这种变动将是缓慢的和微小的。他把一只眼睛放到望远镜上，然后等着，常常一等就是数个小时。是的，卡文迪什测量到了木臂产生的非常微小的振荡（前后摆动）。因为他是一位非常优秀的实验学家，为了确认实验结果，他重复做了 29 次实验。

知道了各球的质量和它们间的距离（从中心到中心），以及木臂的移动量，他据此计算出了大小铅球间的万有引力！"利用这个实验可得出，"卡文迪什说，"地球的平均密度是水的 5.48 倍。"这一结果与现代的数字 5.518 倍非常接近，而且直到 20 世纪都一直是最好的结果。（在超精密的实验之后，卡文迪什像其他凡人一样，在他的数学中犯了一些小错误。这被后来的科学家发现了。）带着几分骄傲，他将自己得到的结果写为"具有了不起的精确性"。这个评论是恰如其分的，他确实精确地测量了地球。

下图中是卡文迪什于 1798 年设计的扭秤的缩小模型。请将它与上一页中的图作比较。

密度的计算

　　为了知道包括地球在内的所有物体的密度（ρ），就必须知道它们的质量（m）和体积（V）：

$$\rho = \frac{m}{V}$$

　　求地球的体积是很容易的，只要将地球的半径（r）代入下面求球的体积（V）的公式中即可：

$$V = \frac{4\pi r^3}{3}$$

　　地球并非是一个精确的球体（在赤道处鼓出一些），但非常接近球体。

　　求地球质量的公式也是相对容易的。如果你知道了 G 的值，即对宇宙中所有物体都适用的万有引力常量，即可用下面的公式计算地球的质量（m）了：

$$g = \frac{Gm}{r^2}$$

　　关于这个小写字母 g，你在《科学革命——牛顿与他的巨人们》关于伽利略实验的描述中，就可知道地球的吸引力导致的自由下落物体的加速度，它就是 g。公式中的 r，再说一次，是地球的半径。因此，知道 G 的值才是求出地球质量 m 的关键。卡文迪什测量重球和轻球间万有引力的实验为后来的科学家得出 G 的值提供了工具。

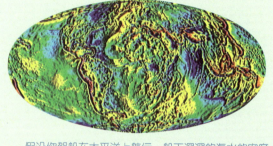

　　假设你驾船在太平洋上航行。船下深深的海水的密度稍大于 1 克/厘米³。这是相当小的，如你考虑到普通岩石的密度都是它的 2～5 倍，而铅更是大到水的 11 倍。因为海水的密度较小，故地球的引力场（或引力对你身体的拉力）在那里就相对较弱。而如果你是站在一块巨大的岩石或金属上，那么你受到的引力就要大一点（意思是你要重一点）。这种差异是非常小的，但可用称为"毫伽"（以纪念伽利略）的测量单位表示出来。上图为用计算机绘出的地图，给出了地球上各地由于密度的变化而导致的引力场的变化情况。图中深蓝的区域引力弱，鲜红色的区域引力强。

　　为得到地球的平均密度，用地球的质量除以地球的体积即可。为什么是"平均"？其中一个答案就在上图的彩色世界地图中。地球由淡水、海水、岩石、熔岩、重的金属（如铁）、轻的气体等各类物质构成。所有这些物质的密度是不同的。因而也就不存在所谓的"地球密度"了。只能有"平均密度"，即由所有物质的总质量除以所有物质的总体积而得到。

　　右边的地球引力分布图揭示了深埋在墨西哥尤卡坦半岛下的陨石撞击坑的清晰的环状边缘，它一半在陆地下，另一半在水下。这一陨石坑的名称为"希克苏鲁伯"，以纪念古玛雅的一个沿海村庄。但也有人将其称为末日火山口。6 500 万年前，一颗巨大的小行星在这里撞入地球，撞击导致了地球上气候和大气的变化，也结束了当时恐龙和许多爬行类动物统治地球的历史。

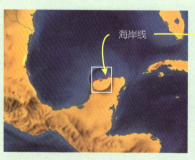

海岸线

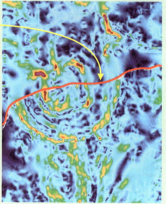

但卡文迪什及其同时代的科学家们错失了牛顿万有引力公式中所隐含的一些内容。它就在那里，却被忽视了。

牛顿的万有引力定律中含有一个在宇宙中任何地方都不变的常数，即万有引力常数。现在我们用字母 G 来标示它。（见右下边缘中的注解和第35页的小栏目。）奥勒·罗默发现光速是一个恒定的量；不然的话，这种数值不变的恒量的观点直到19世纪末期也不会引起人们的注意。卡文迪什时期的数学家将注意力都集中到了比例上，对常量不太关注。随着现代数学的发展，牛顿的公式也被改写了，且物理学家们很快就意识到：利用卡文迪什的实验，他们可以很容易地确定 G。而一旦 G 被确定，就不难计算万有引力了。

现在，学习自然科学的学生经常重做卡文迪什的实验（使用激光等现代技术）。他们不是在求地球的密度，而是在验证 G。这一实验，现在已被列入有史以来最重要的科学成就之列。

常量 G 定义了能将宇宙中的所有物质维系到一起的力。"用这个数字，人们能够计算出在轨道上绕地球旋转的物体的行为、太阳系中各个行星的运动情况，以及宇宙间各星系在大爆炸后的运动情况。"科学史学家罗伯特·P.克里斯曾这样写道。

最遗憾的事情莫过于亨利已不在，他没能认识到自己生前所做工作的伟大意义。但他从不愿意吸引别人对他的注意力，可能这一结果也正是他想要的吧。

再次提醒：在数学中，常数是一个固定的数值，它不会随着其他变化的数值（叫作变量）的变化而变化。在物理学中，有些数被认为是普适恒量，如真空中的光速。

科学家们现在仍在测量 G，以追求更高的准确度。在2000年，华盛顿大学的物理学家延斯·贡德拉赫（Jens Gundlach），利用左图所示的仪器，将 G 的不确定小数控制到0.0014%之内，并用这一改善了的 G 重新计算了地球和太阳的平均质量。

一旦确定了 G，就可以利用万有引力公式（连同开普勒行星运动定律）计算任何带有卫星的行星或带有行星的恒星（包括太阳）的质量。这也意味着你可以计算地球的质量了。

北边和南边，哪个拉力大？

　　1763 年，英格兰在美洲的两个殖民地马里兰州和宾夕法尼亚州因为边界争端问题，在共同的边境上打了数年的仗。实际上，这是著名的佩恩（Penn）家族和同样著名的卡尔弗特（Calvert）家族间的争斗。为此，他们甚至将他们间的这一争端闹到了英国的法庭上。于是，两位具有高超测量技能的天文学家，查尔斯·梅森（Charles Mason）和杰里迈亚·狄克逊（Jeremiah Dixon），被派往美国处理这一勘界问题。他们的任务是按照纬度线来划界。但当他们远渡大洋到达美洲后，梅森和狄克逊所划的边界远超过这两个富有的庄园主的预想。这一边界即为著名的梅森 - 狄克逊线，它是自由州和蓄奴州的界线，也是美国北部和南部的分界线。

　　亨利·卡文迪什对政治、金钱、边界诸事都毫不关心，他思考的是另外一些事。他认为梅森和狄克逊不可能划定准确的界线。他知道大而重的阿巴拉契亚山脉会对他们的测量仪器施加一点万有引力，这个力不可能被南部和东部较轻的平原和海水所平衡。他一直在关注测量准确度的问题，所以想到这些以后，亨利·卡文迪什思考起了地球的密度问题。

　　梅森 - 狄克逊线标出了马里兰州、宾夕法尼亚州（北部）和特拉华州（马里兰州的东部，即图中右侧）的边界线。

这正适合他

> 在这一时刻，在那些人中出现了一人，他高瞻远瞩、纵览全局地审视了混乱的拼图块，从中看到组合成图案的方法……1772年，当他28岁时，他勘察了现代对气体进行研究的整个历史，并且认为迄今为止我们已经做的就如同完成了一根巨大链条上的分散环节，需要不朽的具有导向作用的实验将它们整合到一起。
>
> ——赫伯特·巴特菲尔德（Herbert Butterfield, 1900—1979），英国历史学家，《现代科学的起源》

> 他真正做了两件事。其一，他在元素和化合物间画出了一条明确的界线，因此人们能够非常清晰地理解世界构成的方式；其二，他发现了在化学中应用数学的方法……只要你在任何领域中应用了数学，就将它变成了自然科学，且给予了你巨大的预测能力，可以非常准确地检验自己的观点。
>
> ——P.W. 阿特金斯（P.W. Atkins, 1940—），英国化学家，引自梅尔文·布拉格（Melvyn Bragg）《站在巨人的肩膀上》

在 18世纪初，美洲大陆上有一群思想激进的人——乔治·华盛顿（George Washington）、托马斯·杰斐逊、约翰·亚当斯（John Adams）等，他们都受够了英国人的统治。虽然他们的主要精力投放在了政治上，但如同在启蒙时期的大多数具有思想的人一样，他们对科学有着浓厚的好奇心。

例如，他们都有时间去了解一位法国征税员的发现与成就。这位法国人尽可能多地把时间用于科学实验，他有着在头脑中形成草图的能力，而且能将其具体化、详细化。他能设计出极好的科学研究装置，并花费自己的大部分财富去建造它们。他对自己所做的每件事都进行仔细的记录。可以说，他是一位真正的科学家，虽然他研究了最出色的炼

化学曾被定义为对决定元素性能的定律进行研究的科学。英国化学家约翰·里德（John Read）的定义是："化学是科学的一个分支，它的研究对象是物质。换言之，它研究的是构成宇宙的'材料'的性质。"现在，化学和物理学在许多领域常常相互交叉融合。

为得到蒸馏水，要将水烧至沸腾，然后收集其散发出的蒸汽，再使其冷却变回液态。为什么？因为大量的杂质——盐、矿物质、脏的颗粒等——被留了下来。这一方法也可用于蒸馏其他液体。右图说明了这一过程，取自《化学元素》一书。注意左上角为"鹈鹕"装置。

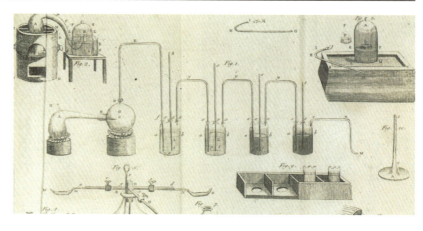

在本书中，有很多测量被我描述为"精确的"和"准确的"。请注意：我并非意指它们字面上的含义。现代科学家将告诉我们，即使用我们最精密的设备也不能做到准确测量。

金术士的工作，但他从不接受他不能验证的观点。

炼金术士们把各种成分结合起来制成混合物，但他们对各种配料的称量往往很粗糙。但这位法国人是精确的，他甚至专门制造了一台天平来称量。仔细测量对科学是非常重要的。

水可以像当时人们广泛认为的那样变成土吗？这位法国人决定自己来试验。于是，他称量了一些蒸馏水，也称量了一只被称为"鹈鹕"的玻璃器皿的重量。"鹈鹕"的名字来自它那弯曲的、长嘴的形状（左图和上图左上角中的装置），与鹈鹕相像。然后他将水倒进"鹈鹕"的一只长颈瓶中，并将它的口封闭在另一个容器中。之后，将其中的水加热至沸腾，使蒸汽在凝结后流入第二只长颈瓶。在这一过程中，这个封闭的系统的重量没有发生变化。但在101天后，他发现在长颈瓶中出现了一点残留物。他分别称量了长颈瓶、水和残留物的重量，发现鹈鹕失去的重量恰等于残留物的重量，炼金术士说水能变成土，但这位法国人通过精确测量，证明是沸腾的水对长颈瓶造成了一点损坏，那些残留物都来自玻璃，而非来自水。水是不能变成土的！

关于氧

氧对生命是必需的，我们身体中几乎所有的分子中都有它的存在。它也是地壳中最丰富的元素。在那里，它通常都是与其他元素结合成氧化物而存在于岩石和矿物质中。

作为一种气体，氧气占了地球大气的20.95%。在大气层中，它以双原子分子 O_2 的形式存在。双原子分子（diatomic molecule）意味着每个分子都是由相同元素的两个原子构成的。

那么，什么是臭氧呢？

臭氧 O_3 是一种三原子分子（triatomic molecule）。它直到 1804 年才被发现。普通的氧气是无色无味的。但臭氧的颜色会根据浓度的不同而变化，其颜色范围从无色透明到很深的蓝紫色。它还有着强烈的刺激性的气味，我们在雷雨时会闻到，因为闪电会产生臭氧。臭氧也是汽车尾气的成分之一，它会对动物的肺组织和植物造成损害。但地球大气平流层（在大气层的顶部）中的臭氧，能有效遮蔽太阳发出的对生物造成伤害的紫外辐射。

左图为科学家安托万·拉瓦锡在做两件事的版画：将氢和氧结合生成水；研究人在睡眠时的呼吸。一些实验者引爆了一种"易燃空气"后发现它们竟然凝成了水。拉瓦锡将这种气体命名为"氢"，它取自希腊文 hydrogène，意为"水的创造者"。

当这位法国人听说有英国的实验学家已经能将水分离成氢气和氧气后，也开展了自己的实验。实验结果肯定了英国人的工作。此后，人们对"水不是一种元素，它是由两种气体构成的"这一说法不再有疑义了。

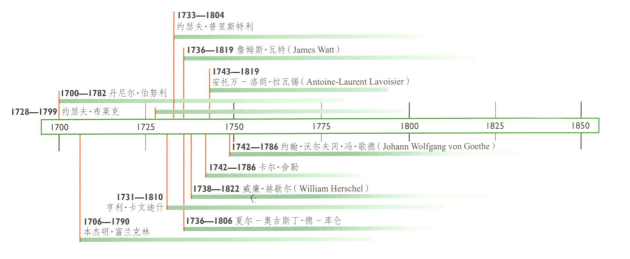

1733—1804
约瑟夫·普里斯特利

1736—1819 詹姆斯·瓦特（James Watt）

1743—1819
安托万－洛朗·拉瓦锡（Antoine-Laurent Lavoisier）

1700—1782 丹尼尔·伯努利

1728—1799 约瑟夫·布莱克

1700　　1725　　1750　　1775　　1800　　1825　　1850

1742—1786 约翰·沃尔夫冈·冯·歌德（Johann Wolfgang von Goethe）

1742—1786 卡尔·舍勒

1738—1822 威廉·赫歇尔（William Herschel）

1731—1810
亨利·卡文迪什

1736—1806 夏尔－奥古斯丁·德－库仑

1706—1790
本杰明·富兰克林

很多事物是不会改变的，质量就是其中之一。换言之，物体的形状可以发生变化，但物体所含物质的量是不会发生变化的。物质在封闭系统中燃烧不会发生质量的损失。这一规律被称为**质量守恒定律**。这是一条重要的定律。记住它，我们以后还将用到它。

这位法国人相信，一定存在着一些不能被进一步分解的物质：它们是元素。当各种元素相互结合时，就产生了化合物（如水），而这些化合物也不能被轻易分解。

他认为空气既不是一种元素，也不是一种化合物。他这样判断是因为他发现锈蚀物体的重量并没有像人们普遍认为的减少，而是增加了。他的测量证实了这一点。但这怎么可能呢？他假设这是因为被锈蚀的物体从空气中吸引了某种粒子。结果证明，这种粒子就是氧。如果空气能释放出氧气且仍然是空气的话，那么空气就必须是多种气体的混合物，而并不是单一的化合物。

锈蚀和燃烧——氧气的功过是非

锈蚀是一种缓慢的氧化（即氧和其他物质结合）过程。一辆自行车在生锈后重量比以前增大了，这是因为氧与车体中的钢（铁占大部分）结合后生成了氧化铁（Fe_2O_3）。这种结合实际上是一系列的化学反应过程，它需要空气和潮湿的环境。

当一个苹果被擦伤或一片苹果变成棕色时，表示氧化发生了：受损的苹果细胞外表破了，果肉细胞中的酸性分子开始与外界接触。

而空气中和苹果中都存在着氧气，在一种酶的帮助下，氧气和酸结合，从而使苹果的颜色变成了棕色。

当食物腐败时，通常也是因为氧化的缘故。真空包装食品的目的就是隔离氧气。

燃烧是一种快速的氧化方式，也是最主要的能量来源之一。当燃料在汽车的发动机中燃烧时，燃料经历了爆炸式的氧化过程——一个释放出大量热能的过程。一个典型的低强度氧化的例子，就是人体把食物中的营养物质作为燃料来"燃烧"以获取能量。你细胞中的氧与含碳化合物（如葡萄糖）结合，释放出热能和二氧化碳。

氧很容易和其他物质结合，但它不是仅有的一种活性物质。现在，"氧化"一词有着更广泛的含义，以至于不一定要有氧参与。只要是不同物质间发生电子转移的过程，就都被称作氧化反应。（后面我们将看到更多的关于电子和其他比原子小的粒子的内容。）

用肉眼观察，一根铁钉看起来光滑闪亮。但若将它放到高倍显微镜下，将会看到其表面覆盖着氧化物腐蚀层（左图），即铁锈。

约瑟夫·布莱克的助手詹姆斯·瓦特利用关于气体的新知识（特别是玻意耳定律）设计了改进型的蒸汽机。蒸汽机将木柴和煤中丰富的能量转化成机械功。先前，这种机器被用来抽煤矿中的水，以防矿井被淹，然后又被用于将煤运到矿井外。但瓦特蒸汽机的功能远不止于运煤，它被广泛应用于驱动纺织机、火车和轮船。当人们真正了解了它的本领后，工业革命就开始迅速向前推进了。左图为当时的画家所绘的一种瓦特蒸汽机。

他并非是发现氧气的第一人，其他研究者在这一方面抢了先。但他却是第一个宣布氧是一种元素的人。

这位法国人不仅研究了玻意耳、布莱克、普里斯特利和舍勒等多位科学家的实验，并且重做了他们的实验，以便确认他们得到的结果。他认为这些实验就如同是一根巨大长链上的各个环节，需要将它们焊接在一起。他决定成为那个手握焊灯的人。

他发现，在将一根木柴燃烧的过程中，冒出的是烟，最终剩下的是灰烬。木柴的大部分好像都消失了。但当这位法国人将一些可燃物放进一个封闭的容器中燃烧后，再非常仔细地称量剩余的残留物，重量没有发生变化。由此他意识到：燃烧不能改变宇宙中物质的量，而只能改变物质的存在形式。这是一个非常重要的观点。

物质不会消失，它可以变化，但不能被消除。科学家将这一规律称为质量守恒定律[①]。

然而，这并非是他发现的全部。他还发现：**燃烧是两种或多种物质**（通常要有氧气和其他物质）**间发生的化学反应。这种反应会放出热和光。**

那么，所谓的燃素又是什么呢？在当时学校传授的知识中，人们都相信这一理论物质的存在。但这位法国人对燃烧实验的描述都不需要燃素。他又由此认识到：火元素是不存在的，燃素

这位法国人认为氧气在燃烧过程中是必需的。后来，科学家发现，也可以用其他一些气体。

质量绝不会消失吗？感谢阿尔伯特·爱因斯坦（Albert Einstein），我们现在知道质量和能量是可以按他的著名方程 $E=mc^2$（E 为能量，m 为质量，c 为光速）相互转化的。目前太阳就在把质量成吨地转变成我们称之为阳光的能量。但这些在 19 世纪仍不为人所知。

激荡的年代

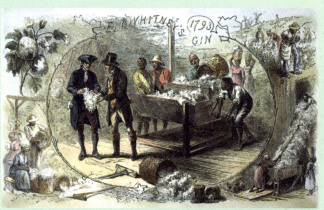

革命热具有传染性吗？ 1770 年，当美国的反叛者发动了反对英国统治的斗争时，他们是要追求政治上的自由，他们得到了他们想要的。而经济自由则是另外一个问题。到 1790 年，工业革命在大不列颠得到了快速的发展。在那里发明出了新型的纺织机。而且与此同时，涌现出了一些技术天才，如詹姆斯·瓦特，找到了用蒸汽高效驱动机器的方法。这在当时是了不起的事。这将改变货物的生产方式，且使货物以较低的价格行销到世界各地。但是，其他国家，如处于婴儿期的美国，由于没能掌握这项新技术中的秘密，只好从英国购买商品。

英国想保持这种对工业品的垄断，他们试图围绕他们的岛国建立起一种保守秘密的壁垒。但这绝非易事。美国的商人就拿出很大一笔钱奖给任何能在美国为他们建造纺织机器的人。这时，纺织徒工萨姆·斯莱特（Sam Slater）来到了美国。在他的头脑中已将旋转纺织机的图纸牢牢记住了。于是，工业革命就越过了大洋来到了美国。在后来的 1793 年，伊莱·惠特尼（Eli Whitney）又发明了轧棉机，将这种革命又向前推进了一步，并改变了美国南方的经济状

美国人伊莱·惠特尼前往南方考察，认为有必要采用一种方法将棉纤维从棉籽上分离出来，便发明了一种机器（上图）。没想到的是，这使奴隶主们大大获利了。右图为他的专利图。

况和奴隶制的未来。

同时，在法国，另一场关于自由的革命正在酝酿之中。在 1789 年 10 月，愤怒的巴黎人涌向街头，反对面包价格上涨。他们游行到皇家宫殿凡尔赛宫，抓住了国王和王后，并且要求制定新的宪法。一开始，法国似乎有可能变为君主立宪制的国家，但后来革命失控了。这在下一章中你会看到。

也是**不存在的**。发现了这一点，就如同给俘虏摘除了锁链：它使科学从错误观点的束缚中解放了出来。

这位法国人究竟是谁？ 他的名字叫拉瓦锡，安托万－洛朗·拉瓦锡（1743—1794）。他常被人们尊称为“化学之父”。他长相英俊，而他那美貌的妻子，也应是我们故事的一部分。像牛顿为物理所做的事那样，拉瓦锡也想为化学做一些事——写一部将当时所有这一领域的知识汇集到一起的著作。他做了所有他想做的研究，并且时常超出预想。他将在科学领域引发一场革命。

当拉瓦锡在皇家学院宣读他关于燃素的论文（说没有燃素这回事）时，他的发言立即被嘲笑声所打断。会员们难以接受这个新观点。

具有最强大脑的人

在任何时候，我们都应该用实验来检验我们的推理。要寻求真理，除了通过实验和观察的必然道路外，是没有其他道路可走的。

——安托万 – 洛朗·拉瓦锡（1743—1794），法国化学家，《化学基础论》

假说就如同是竖立在建筑物面前的脚手架。当建筑工程完工后，脚手架就要被拆除掉。它们对建筑工人而言是不可或缺的，但是，绝不应把脚手架也当作建筑的一部分。

——约翰·沃尔夫冈·冯·歌德（1749—1832），德国诗人和科学家，《格言与反思》

在我们的宇宙中，所有的物质，无论其是可燃烧的、可挤扁的、可分割的、可击打成小块的，都是不会被消灭的。我们周围的各种物质，不论是结合、再结合，它们的总质量一定是守恒的……利用拉瓦锡的精确称量和化学分析而得的结果，研究人员可以开始追踪这一守恒过程具体是如何进行的。

——戴维·博登尼斯（David Bodanis, 1956—），美国科学史学家，《$E=mc^2$》

安托万 – 洛朗·拉瓦锡的父母都希望他能成为一名律师，像之前他的父亲、祖父一样。因此，他专门来到巴黎学习法律。但是，当时已是开明的 18 世纪了，大学里到处都在谈论的热门话题是科学发现的最新进展情况。在听了一位科学教授的讲座后，拉瓦锡的思绪就完全被其中的内容所俘获了。此后他就经常去听更多此类的讲座。

这以后，他明白了，自己的兴趣完全在科学上，而不是法律。

但在当时，科学家的收入并不高，至少是无法过上富足生活的。而拉瓦锡一直过的就是上层社会的生活，他决定既要成为一名科学家，也要过上锦衣玉食的生活。因

我们已经知道，所有来自动物和蔬菜王国中的氧化物和酸性物质都是由少数简单元素构成的……我们理应公正地赞美大自然，它利用如此简单的方法，就造就了复杂多样的世界。

——安托万 – 洛朗·拉瓦锡（1743—1794），法国化学家，《化学基础论》

在右侧这幅1789年的法国版画中，一位辛勤劳作的农民的背上，还驮着一位贵族和一位神甫。画的标题是《让这种游戏赶快过去吧》。这是游戏吗？这是一个剥削劳动阶级的政治体制，也正是这一体制引发了法国大革命（1789—1799）来改变这种游戏。

此，在从事科学研究的同时，拉瓦锡也成了一个精明的投资人。他在为国王征税的公司中买了股份，这为他带来了可观的收入，从而使他有更多的时间从事科学研究工作。

对农民而言，国王的税收是一项特别沉重的负担。而这一征税系统好像专为富人服务，让他们获取丰厚的利益（他们有着巨大的影响力），也更像是对穷人的惩罚（他们没有影响力）。

拉瓦锡支持并致力于改革法国的征税系统，但他没有走得太远。每当农作物歉收而农民出现饥馑时，他都会向农民提供无息贷款。在他的帮助下，农民的老年退休金系统得以建立。他还在教育委员会中担任职务。他在对医院中穷人的就医情况进行调查后，提出了改善这一状况的建议。没有人否认，这些都是对广大人民有好处的。但作为一个征税人，他通过对人民征收苛捐杂税获得了滚滚财富，也享有了很多特权。

征税也给了他另外的好处——娶了一位美丽聪慧的妻子。

当时，法国征税公司的主席有一个女儿。她不仅貌美如花，而且是一位天才的艺术家。在他们结婚之时，新娘玛丽－安妮·皮埃雷特·波尔兹（Marie-Anne Pierrette Paulze）只有13岁，而新郎安托万－洛朗·拉瓦锡的年龄是新娘的2倍多（13岁的新娘在当时并不少见）。这种年龄上的差异并没带来多大的问题，因为新娘的思想能跟得上新郎的步伐。

拉瓦锡的家在当时的巴黎是最具活力也最优雅的家庭之一。几乎每个夜晚，都是宾客如云。受邀前来的客人们要么参加宴

拉瓦锡每天都要牺牲几个小时的时间去处理他负责的事务，但科学研究仍是占用他时间最多的工作。他每天早晨六点钟起床，研究科学问题至八点。在晚上还要从事科学研究，从七点直到十点。每星期都有一整天的时间全部用在实验上。而这一天，就是拉瓦锡所说的"幸福的一天"。

——拉瓦锡夫人（1758—1836），关于她丈夫的文字

会，要么进行学术交流。本杰明·富兰克林和雅克－路易·大卫（Jacques-Louis David，法国处于引领地位的画家，也是玛丽的老师和朋友）是他们家的常客。詹姆斯·瓦特前来讨论技术问题。（他当时是约瑟夫·布莱克的助手，也是新型蒸汽机的设计者。）古弗尼尔·莫里斯（Gouverneur Morris，他起草了美国宪法的大部分）的到来让这里的探讨更加深入并且有趣。费利切·丰塔纳（Felice Fontana，在蛇毒研究方面享有盛名的意大利科学家）更是频繁到访。托马斯·杰斐逊作为一位特殊的朋友，来时会带着小提琴，并用他的广泛兴趣使每一位来访者都感到新奇有趣。医生约瑟夫·吉约坦（Joseph Guillotin）会在谈话中加入关于社会的话题，他建议用机器斩首来执行死刑，认为这比绞死或用斧头砍死囚犯更进步。晚宴时客人们还谈起最新的技术和科学、艺术、音乐、政治和美食等话题。

　　在白天，拉瓦锡要从事征税的工作。当国王要改进火药的生产时，拉瓦锡应邀前往提供帮助，最终使问题圆满解决。拉瓦锡研究了巴黎街道的照明系统。他将自己的窗户遮起来，整整 6 个星期他都在黑暗中进行研究，他使用了他所能找到的各种燃料，最终得出了"巴黎街道用橄榄油来照明是最佳方案"的结论。他还因此赢得了奖金。

　　当他用电荷"打火花"的方法使氢气和氧气变成水时，他的听众们都充满了敬畏感。是啊，谁能想到这两种气体能变成液体呢？他和一位地理学家合作对地图进行研究，揭示出地球表面的地层能告诉我们关于地质

这幅安托万·拉瓦锡和玛丽·拉瓦锡的肖像由他们的朋友雅克－路易·大卫所绘。注意椅子上的画，那是玛丽的绘画集。如果你研究了这一时期大多数艺术家的风格，你往往会看到呆板的人穿着经典的长袍。大卫改变了所有这些陈规旧俗。他在画中做了拉瓦锡在科学中所做的：使画变成真实的。纽约大都会艺术博物馆的一位馆长说，这幅画是新古典主义最伟大的画作。你现在仍可在这座博物馆中看到它。

电解是如何实现的?

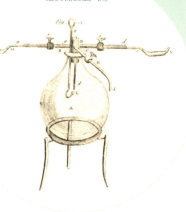

氧气　氢气

水中电极

阳极（正极）　阴极（负极）

电子流

电池　＋　－

电解是将两根电极插到液体中（左图中为水）。从电池流出的电子通过负电极、水、正电极后回到电池中，形成一个闭合回路。在阳极处水分子中的氢氧根离子放出了电子（被称为氧化）而产生了氧气，在阴极则是氢离子获得电子（被称为还原，是氧化的相反过程）而产生了氢气。一个水分子中有2个氢原子和1个氧原子，故电解水放出的氢气是氧气的2倍。

亨利·卡文迪什、约瑟夫·普里斯特利和安托万-洛朗·拉瓦锡利用静电装置"打火花"将氧气和氢气转变成了水。只有拉瓦锡知道水是由两种气体构成的。其他人都将燃素包括在了化学方程式中。现在，燃料电池被用于在宇宙飞船中将氧气和氢气转化为饮用水，也被用于驱动用氢气而非汽油作燃料的汽车。

拉瓦锡的氢气灯

变迁的故事。此后这一认识变成家喻户晓的常识。他还设计了一座示范农场，其使用的都是科学的耕种方法：精确称量所播种子以及肥料的重量，再称量收获的粮食的重量。而在那之前，农民都是用估测的方法来做这些事的。甚至连乔治·华盛顿也从美国的弗吉尼亚写信来咨询拉瓦锡的耕种方法。

凭着他那有条理的科学头脑，拉瓦锡重新组织了税收系统，并使它的效率更高。他甚至想在巴黎周围修起一堵墙，使任何进出巴黎的人都要纳税，否则就不能进出。他的这一想法一经提出，立即就树敌无数。毫无疑问，大多数巴黎人都恨这堵墙。

拉瓦锡25岁时，便被法国科学院接收成了受人尊敬的院士，而在所有的科学院院士中，第二年轻的是50岁。科学院立即将他

约瑟夫·吉约坦（1738—1814）是法国医生，也是断头台的发明人。用这种机器斩首可以做到既快又干净。

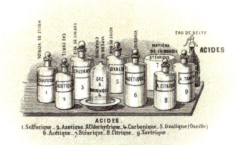

安排到专门研究万有引力、漂白、水供应、监狱状况等方面的多个委员会中工作。他知道，清楚地表达（特别是用笔）能使自己的观点更加有力量。因此，他在写报告时都非常认真，尽力使页面整洁，文字优雅，言简意赅。最终，他成了科学院的领头人。这意味着他要统领更多的专业委员会，并且要做比以往更多的事务性工作。但这些都没能减缓他对纯科学的研究。

拉瓦锡在玻意耳的研究基础上更上一层楼，彻底摈弃了希腊人的土、空气、火和水是 4 种基本元素的观点。由此他得出了一个更为清晰的元素定义：**元素是不能再细分成更简单的物质的物质**。然后，他又创造出了一种十分有用的分类系统。他通过对所有已知元素的探查、列表和组织，将它们按性质组成了一张表格。他认为自己发现了 33 种元素。他并不完全正确，因为其中有一些并非元素，而是化合物，如二氧化硅、氧化镁等。但无论如何，他做了一项开创性的工作，并为之付出了艰辛的劳动。虽然在一些细节上出了差错，但他的基本观点是正确的。他认为光也是一种元素的说法是错误的，他提出的"热质"（caloric）理论也被证明是错误的。

什么是所谓的热质呢？拉瓦锡认识到，燃烧是利用氧气来进行化学反应并放出热量的过程。但热量又是什么呢？他百思不得其解。当他将一块炽热的煤放到一块冰上时，煤放出的热量就把冰融化了。在这一过程中是有什么跑到冰里去了吗？拉瓦锡认为，这是一种看不见的流体，他称其为"热质"。为此，他还专门创建起了一套理论。

上图取自法国 19 世纪时的版画，是酸（左）和氧化物（右）的示例。氧化物是氧与其他元素（如钙、钠、铁、铜等）结合的产物。金属氧化物通常呈碱性，能和酸反应而生成盐。

所谓"纯科学"，即专门为增加我们对世界的认识而进行研究的科学。而"应用科学"则是在实际中利用这些知识的研究，如高效地实现街道照明、使农作物长势更好、制造更好的火药等拉瓦锡做过的工作。在当今，科学家通常都在这两类科学中选择其一进行研究。

乔治的行星？

威廉·赫歇尔（1738—1822）是一位教堂管风琴演奏员。在读了牛顿的著作后，他也想研究星空了。因为没有较好的望远镜，他开始自学光学，学习磨制透镜的方法，并凭此开始制造望远镜。后来，妹妹卡罗琳（Caroline）也前来帮忙。他们一起努力，很快便制造出了当时最好的望远镜。

赫歇尔兄妹决定以最新的方式系统地研究天空。赫歇尔将他们观察到的现象写到了论文中。在1781年3月13日这个星期二的夜间，他们用望远镜搜寻着星空，突然发现了一颗"让人好奇的既像模糊的恒星又像彗星"的天体。它实际上是一颗行星。

从古代以来，人们凭肉眼观察就已经知道了5颗行星。虽然十分不情愿，地球也被列入了行星的行列。因此，人们当时已知的行星一共有6颗。赫歇尔发现的天体，很快就由它的轨道确认，是一颗行星，即第7颗行星被他们发现了。又发现了一颗行星！这简直是一个爆炸性新闻。当时的大多数人认为，在牛顿之后，将不会再有什么可被发现的了。

赫歇尔出生于德国，但却生活在英格兰的巴斯。在发现这颗行星后，他想将其称为乔治星，以此纪念英国国王乔治三世。也有一些天文学家则趋向于将其命名为赫歇尔星。但传统的做法占据了上风。因为其他的行星都

左图为威廉·赫歇尔建造的4层望远镜，但天王星却不是用它找到的。因为天王星即使不用望远镜，甚至用肉眼即可看到，但看到的是一个较为昏暗的点。以前人们看到它后，就没有再去观察它。而赫歇尔却认识到这个点应是一颗行星，因为相对于背景中那些固定的恒星，它是运动的（非常的慢，要通过几个星期的观察才能觉察到）。天王星绕太阳运动的周期和赫歇尔的寿命一样，都是84年。

天王星到太阳的距离是土星到太阳距离的2倍。但"旅行者2号"太空探测器能够飞越所有的4颗气体巨星。它在1979年飞越木星后，又于1981年飞越了土星。1986年，它近距离拍摄了蓝绿色的天王星的照片（上图右侧）及其卫星米兰达。"旅行者2号"于1989年抵达了海王星。赫歇尔时期的人们都不知道海王星的存在。

是用古希腊或古罗马神话中的人物来命名的。因此，这颗新发现的行星就被用希腊神话中的天神乌拉诺斯（Uranus，农神之父）之名命名为天王星。

赫歇尔也成了皇家学会的成员，并且由国王册封为骑士。由此，赫歇尔成了当时最为显赫的天文学家。他的妹妹卡罗琳（上图）也因发现过8颗彗星，而被皇家天文学会授予了金牌以资奖励。威廉·赫歇尔唯一的儿子，约翰·赫歇尔（John Herschel），后来也成了一名集天文学家、物理学家和化学家于一身的优秀科学家。

当拉瓦锡将所谓热质称为一种元素并将其放在他的表中时，他实际上已经偏离了正确的方向。由于他当时具有极高的声望，因此大多数科学家都愿意相信他的理论是正确的。而实际上，热质说并不能帮助科学家分析热量的性质。当他们自认为是在测量热质时，实际上他们是在测量热量。但我们也应看到，假说即使是错误的，也很可能是科学前进的重要一步，因为它能给你一个起点。每当科学家证明或证伪这些假说后，科学就能得到快速发展。

如果人们不能形成假设或给出合理的猜想，那么科学在很大程度上就不会有进步。在大多数研究中，拉瓦锡都是朝着正确的方向前进的。他最重要的观点之一就是**质量守恒**（感谢爱因斯坦，现在已经表述为质量－能量守恒了）。他知道，当物体在改变形状或大小时，自然界中绝不会有物质的消失或盈余。（仔细想想这一理论，它起的作用太大了。）

拉瓦锡在一个专业委员会中工作，这个委员会促成了公制单位的建立。他想为所有的化学物质建立起一个统一的命名系统，使混乱无序的物质名称规范起来。经过较长时间的酝酿，他写了一本将当时所有已知的化学知识整合在内的书。当这本书出版后，他和妻子的庆祝仪式竟然是将炼金术士的著作付之一炬。焚烧书籍通常是一种令人生厌的行为，但拉瓦锡却想用此来表明自己的观点：炼金术应该被抛入历史的垃圾堆。

拉瓦锡的这本书是《化学基础论》，它于1789年问世。很多人认为它能与牛顿的《原理》相媲美。（拉瓦锡写

在拉瓦锡时期的英格兰，人们称氧化铁为"涩火星花"，而将氧化锌称为"哲学羊毛"。但在法国，人们又用其他的名字来称呼它们。当约瑟夫·普里斯特利到拉瓦锡家作客时，没有一个人知道他说的"红铅"指的是什么。（他其实说的是氧化铅。）

很明显，科学家必须对物质命名做些什么。化学中需要一种通用的语言。对此，拉瓦锡和居顿·德莫沃（Guyton de Morveau）建立了一套化学物质命名法。例如，对于金属和非金属的化合物，他们都采用加后缀 –ide，如 iron oxide（氧化铁）。这一系统沿用至今。

绝佳的教科书！

拉瓦锡所写的《化学基础论》为现代化学奠定了基础，而牛顿的《原理》为现代物理学奠定了基础。但拉瓦锡和牛顿的不同在于：拉瓦锡写得更加清晰，人们更容易看懂和理解他的观点。这也无形中增加了这本书的影响力。下面是这本书前言的一部分：

自然科学的每一个分支都含有三个环节：作为科学研究目标的系列事实，描述这些事实的观点，以及表述这些观点所用的文字。它们如同是相同内容的三个要素。文字中能显现出观点，而观点又勾勒出事实。思想是通过语言来保持和交流的。这意味着，如果没有同时改进科学本身，我们就无法改进任何一门科学的语言。

上面这幅画为玛丽·拉瓦锡所作。内容为她的丈夫及助手们在收集人呼吸的气体，分析这种气体的构成并对呼吸进行研究。她将自己也画在了画中右侧的位置上。

此书的目标也是如此。) 它为现代化学的到来打下了坚实的基础。

拉瓦锡可谓是日理万机，他是如何协调好所有工作的呢？每天他都会制作工作日程表，并与他的妻子合作进行研究。

安托万每次做实验都非常仔细，追求精确，并且要进行认真的记录。玛丽则常常将他的工作状况详细地画下来，这其实也是另一种工作记录。炼金术士的工作常常是杂乱无序的，但拉瓦锡夫妇为之后的化学家制订了必须遵守的基本规则，从而使化学成为一门真正的科学。

玛丽·拉瓦锡具有语言方面的天赋，而安托万·拉瓦锡则没有这一特长。玛丽在掌握了英语后又学会了拉丁文，她能读懂很多国家的科学家的著述并将其翻译过来。

这幅图摘自让-保尔·马拉（Jean-Paul Marat，1743—1793）所写的一本电学书。马拉一直坚信自己的成果没有得到科学界应有的重视。图中的莱顿瓶在当时是一种新奇的装置，它能储存并按需要提供电荷。

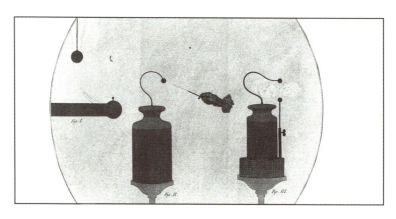

凭借着自己的天赋和能力，以及他们几乎无私的公民工作，拉瓦锡夫妇拥有了大量的崇拜者。但他也因成为政府征税系统的一部分而饱受诟病。拉瓦锡还有一个死敌，那完全是个人恩怨造成的。

这个人就是让－保尔·马拉（1743—1793）。

当马拉想进入法国科学院时，拉瓦锡在表决时投了反对票，因为他认为马拉不是一个优秀的科学家。马拉当时虽然只是一个新闻记者，这件事却深深地刺痛了他，也激怒了他。这件事恰好发生在美国大革命将英国国王赶走，而人们高呼"不要税收，不要收税代理人"之后。

LE TRIOMPHE DE MARAT.

法国农民也听到了这些事情，于是法国也沸腾了。是因为国王和贵族们的腐败，是因为可恶的征税制度，是因为恰逢其时，故在法国也爆发了自由大革命。这是在 1789 年。

后来，这一革命脱离了原来的方向。（很多革命都会产生这样的结局。）国家进入了恐怖统治，马拉也成了杀人狂欢的领导人。很多人，无论是哪一类别的人，特别是和国王的征税体系扯上关系的人，都会突然被人拖走，并被送上断头台处死。这种断头台就是那位好心的医生约瑟夫·吉约坦发明的。彼时，法国迷失了方向。

拉瓦锡也被送上了断头台。断头台不仅让拉瓦锡失去了头颅，也使科学界从此失去了一个聪明的头脑，玛丽失去了丈夫。大数学家约瑟夫－路易·拉格朗日（Joseph-Louis Lagrange）说："砍下这颗头颅只用了一瞬间，但可能数百年也长不出一颗这样的脑袋来了。"

后来，法国人民在巴黎竖立起了一尊拉瓦锡的塑像，以表达对他的敬仰之心。他们感到痛心，但太迟了。现代化学之父已斯人远去，但他的观点还长驻人间。

上图中标语牌上的"VIVE MARAT"意为"马拉万岁"，但他却是短命的。1793 年因大革命而成了一个血腥的年份。为了阻止马拉那激进的雅各宾派斩首迫害更多的无辜平民，夏洛特·科黛（Charlotte Corday）将马拉杀死在了浴缸中。拉瓦锡就是这数以千计的受害人之一。

如果你想了解更多关于法国大革命时的情况，建议你读一下查尔斯·狄更斯（Charles Dickens）所写的《双城记》。

法国人唱的是公制调

下图为 1795 年的法国用于说明新的公制系统的版画。其中：（1）升；（2）克；（3）米；（4）角度的度；（5）法郎硬币；（6）立方米，即 1 立方米的木柴。用法郎取代了里弗或镑，但后者还在英国使用着。

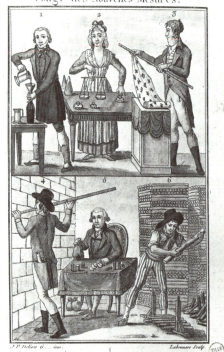

Usage des Nouvelles Mesures.

1. le Litre (Pour la Pinte)
2. le Gramme (Pour la Livre)
3. le Mètre (Pour une Aune)
4. l'Are (Pour la Toise)
5. le Franc (Pour une Livre Tournois)
6. le Stere (Pour la Demie Voie de Bois)

在 1792 年 6 月，两位年轻的法国人各自乘车离开了巴黎。其中一位是优雅的让－巴蒂斯特－约瑟夫·德朗布尔（Jean-Baptiste-Joseph Delambre），另一位是谨慎的皮埃尔－弗朗索瓦－安德烈·梅尚（Pierre-François-André Méchain）。他们都是能力不凡的天文学家，各自的车上载的都是最新的科学设备。他们每人都带有一位训练有素的助手。德朗布尔的行程向北，而梅尚则是向南。

他们离开的巴黎此时正处于大革命的风暴之中，但乐观主义和对新前景的信心正充斥在周边的气氛中。大革命许诺将使全人类处于平等、自由和公正的环境中。德朗布尔和梅尚都相信革命者们的诺言。他们的同事约瑟夫－热罗姆·勒法兰西·德拉朗德（Joseph-Jérôme Lefrançais de Lalande，他也是伏尔泰的朋友）也是如此。他曾毫不谦虚地评价自己为"宇宙中最著名的天文学家"。[他的情妇路易丝－伊丽莎白－费利西泰·杜皮尔（Louise-Elizabeth-Félicité du Piery）也是巴黎第一个教天文学的女性。] 他们还有着其他的支持者，其中很多是著名的数学家和科学家，拉瓦锡就是他们当中的一位。另外还有当时集数学家和物理学家于一身的皮埃尔－西蒙·拉普拉斯（Pierre-

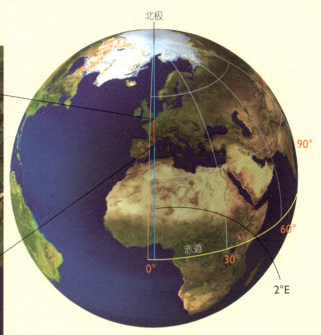

上面的地球图显示了公制发明者的数学构想。他们决定取从地球北极到赤道（黄线）距离的千万分之一来作为 1 米。无人曾踏上过北极（此后两个世纪也没有），因此勘探者只能测量其中的一段。他们沿着呈弧线的地球表面，走过了贯穿欧洲心脏地带的经线（2°E，图中的红线），再利用已知的地球圆周来完成他们的计算。你也可以试着用尺子测量一下这种曲线，对自己进行挑战！

Simon Laplace）。其他大部分来自国王政府中的成员（当然是大革命前的旧政权），也有一些当时热心的革命者。他们决定要改善当前的世界，且他们相信凭自己的智力是能做到的。

受到大革命对全体人民都享受普世权力承诺的激励，他们也计划向全世界人民奉献一套对宇宙万物都适用的测量系统。其中心思想是："适用于所有人；适用于所有时代。"他们的标准是基于对一部分地球表面的测量，取从地球北极到赤道距离的千万分之一（0.000 000 1）作为长度单位，将其称之为"米"（meter）。他们想去测量一条子午线（经线），再由此计算出 1 米的长度。

上图为一张欧洲地图，你可以从中追踪这条子午线（东经 2 度，即 2° E），它通过法国北方尖端部的敦刻尔克，直接向南通过巴黎、布尔日、

中央地块（山区），然后经由比利牛斯山脉（更多的山）再通过西班牙的巴塞罗那。德朗布尔和梅尚用了 7 年的时间对这段子午线进行了仔细测量。这可以说是经受了常人所不能的辛劳。他们曾爬上过教堂尖塔的顶部，也曾攀登上高高的火山的峰顶。但如果他们留在巴黎的话，因为大革命的风暴，他们也都有可能难逃被送上断头台的命运。（他们这项工作的一些支持者，如拉瓦锡，没有他们幸运。）梅尚死于疟疾。

但最后，他们还是得到了想得到的"米"。在1799 年于巴黎召开的世界首次国际科学大会上，法国科学家向法国的新统治者拿破仑·波拿巴

在有了单位米后，巴黎的科学家们又需要体积的单位。他们还制作了一个边长为 0.1 米（1 分米）的立方体容器，在其中注满水，称这些水的质量为 1 千克（kilogram，其中的 kilo- 意为"千"）。因此，1 千克又可分为 1 000 个 1 克。

应记住的公制单位

在本书中，你会看到我们使用的单位大多都是公制的，而所用的英寸、磅多是放在括号中的。英制单位在历史上也曾被广泛应用。下面是这两种单位的比较：

- 1 米近似为 1 码（yard）
- 1 千米稍大于半英里
- 1 千克比 2 磅多一些
- 体积通常的单位是立方厘米（cm^3），1 000 立方厘米等于 1 立方分米（dm^3），1 立方分米即 1 升，也约为 1 夸脱（quart）

（Napoléon Bonaparte）献上了用铂金制成的米原器棒。拿破仑庄严地宣布："征服可能有成有败，但这项工作是永恒的。"

但拿破仑不知道的是，尽管这些科学家工作认真，受尽艰辛，但在测量中存在着一处重大失误，即他们把地球考虑成完美的球形了。实际上，它的表面也是凹凸不平的。因此，1 米并不精确等于从地球北极到赤道距离的千万分之一。但其实这一点也没有关系，因为要有一种全世界都适用的测量系统的想法是非常有意义的。

但每种大的变革通常是难以被广泛接受的。法国在各个方面的对手——高傲的英格兰，就不准备接受这样的公制单位系统。法国曾帮助美国赢得了独立战争，他们不应该怀有感恩之情吗？于是，法国人越过大西洋给美国人送去了铜制的米尺和千克标准（它们现在仍被保存在首都华盛顿的国家标准和技术计量局中）。托马斯·杰斐逊和乔治·华盛顿都试图推广这一标准，但却没能赢得国会的通过。

即使在发源地法国，大多数人也仍依附于旧有的质量和长度标准。这时拿破仑的态度也开始转变了，他曾讥讽科学家道："看来，这并不足以使 4 000 万人（当时法国的人口数）高兴，公众想要的是全宇宙的标准。"这时已是 19 世纪中叶了，法国也没能全面推行公制单位。到了 1965 年，英国宣布进入使用公制单位的过渡期。

在进入 21 世纪后，公制单位已在世界范围内普遍使用起来，但美国却成了坚决不使用这一系统的唯一的主要国家。在国际事务和科学中使用公制单位已经变得越来越必要了。"只有很少的美国人认识到，在他们的国度中正在悄无声息地进行着一场革命，这就是在全球经济的压力下对测量系统的改革。"说这话的人叫肯·奥尔德（Ken Alder），是在他的《万物的尺度》一书中提出来的。这本书主要是讨论公制单位的。现在，距离德朗布尔和梅尚从事的历史性探险活动已过去 200 多年了，在包括美国和其他国家在内的科学界，已广泛开始使用公制单位了。

7 道尔顿让我们重温古希腊的原子理论

原子在任意时刻都在持续不停地运动着。它们有的沿直线下落，有的沿曲线转弯，还有的经过碰撞后反冲……这些运动没有起点，是原子和虚空导致了这种运动的产生。

——伊壁鸠鲁（Epicurus, 341—270B.C.E.），古希腊哲学家，《给希罗多德的信》

如果我们想在太阳系中加入一颗新行星，或消灭一个已经存在于那里的行星，那就如同创生或消灭一个氢粒子那样。

——约翰·道尔顿（John Dalton, 1766—1844），英国化学家和物理学家，《化学哲学的新体系》

如果时光倒流回公元前 5 世纪时的古希腊时期，留基伯（Leucippus）和他的学生德谟克利特（Democritus）都认为，如果我们想认识宇宙的话，那就要知道构成宇宙的最小极限单元，即尽可能最小的粒子，亦即不可能再继续分解下去的粒子。他们将这种粒子称为原子（atom）。其希腊原文为 atomos，意为"不可再分的"。留基伯认为，宇宙中只存在着两种东西，即原子和虚空（空无一物的空间）。并且他还认为原子都是在永不停息地运动着的。

一个世纪之后，一位名叫惠施的中国哲学家提出了相同的观点。他认为自然界中一定存在着最小的构成单元。

当然，古希腊哲学家亚里士多德对此也有深入的思考。但他认为不可能存在所谓的原子。他说，如果你将一个元素切成两个更小的粒子，然后又将这个粒子分成两半，然后再将其分成两半，再分成两半……这个过程永远不会停止。亚里士多德认为，所谓终极的粒子是不存在的。古希腊人因受技术的限制和知识的局限，尚无法对这一理论进行证明，因此这看起来好像是一个没有答案的问题。

在希腊语中，atomos 一词可分解为 a– 和 tomos 两部分。a– 意为"不"；而 tomos 则意为"可分开的"，它是外科手术中的常用术语。有些人可能做过诸如切除阑尾、扁桃体等手术，它们都是和身体"可分开的"。

计算机断层扫描是一种三维 X 射线技术，用它可显示体内各层面的 CT 扫描图像。

借助 CT 扫描技术，人们可以从任意角度将人体"切"成一个个薄片，再形成三维图像。下图为俯视看到的正常的心脏。

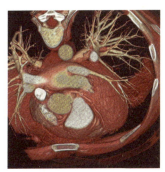

诗篇中的科学

德谟克利特被古希腊人认为是他们那个时代中最博学的人。他生于公元前 460 年，而且是一位较长寿的人。德谟克利特一生中写过很多著作，但保留下来的只有一些为数不多的残篇。他的著述涵盖了数学、音乐、伦理和科学等多个领域。但我们现在对他的了解，大部分是来自别人对他本人及他提出的问题的转述。从中我们也知道他具有极大的影响力。

德谟克利特相信，世界上存在着一种人眼看不到的极微小的终极粒子，所有的物质都是由这种粒子构成的。并且，他认为这些粒子都在不停息地做着运动。既然这些粒子是在运动的，那么它们就需要一个其中空无一物的空间，亦即一个虚空（即我们现在认为的真空）。他所说的这一切都被证明有着惊人的先见之明。

在约公元前 56 年，古罗马诗人卢克莱修（Lucretius）写了一首重要的诗《物性论》。这是一首长达 6 卷的长诗，其中很多内容是基于德谟克利特的观点写成的，主要是介绍关于原子的情况。

一个又一个世纪过去了，几乎所有的《物性论》都散失掉了，只有一本流传了下来。但这对我们来讲已经足够了。在约翰尼斯·谷登堡（Johannes Gutenberg）于 1453 年发明了改进型的活字印刷机后，印刷的第一部书是《圣经》。之后他印刷的著作之一就是卢克莱修的这部长诗，从而使其得以广泛流传，也使古希腊人的原子观为人们所认识。

但此后，问题变得复杂化了。卢克莱修是一个无神论者，他不相信上帝。

卢克莱修曾说过："自然是自由的且不受控制的……它自己使宇宙演变而不需要任何神的帮助。"

相信原子存在的原子论者们都被认为是无神

这是一幅由萨尔瓦多·罗萨（Salvator Rosa）于 17 世纪创作的版画，主题为冥思中的德谟克利特。

论者。在以教会为统治主导的中世纪，他们的观点无疑都被视作异端。因此，在 1624 年，当有 3 位法国学者宣布将要在巴黎举办以原子为主题的讲座时，教会当局立即查封了这场讲座，并销毁了所有能找到的关于原子的文字材料。耶稣会的神甫也被禁止在布道时提到原子。

你认为相信世间万物都由不可分割的粒子构成的观点与是否相信上帝间有任何关系吗？过去很多人认为有。（现在仍有人这样认为。）

多少个世纪过去了，一些思想家终于相信原子是存在的，但大多数的思想家仍不这么认为。托马斯·哈里奥特（Thomas Harriot, 1560—1622）就是一个相信原子的人。现在，很少有人知道哈里奥特，但在他那个时期，他被人们认为是一位伟大的英国自然哲学家。当约翰尼斯·开普勒（Johannes kepler）向他求教一个光学问题时，哈里奥特在一封信中给予了解答，并将光描述为可以在真空中传播，且能被一个原子反弹到另一个原子上。

在同一封信中他还写道："我现在已将你引导到了大自然这一房间的门口。在这间房子中，藏着很多自然之谜。如果你因为房门过于狭窄而不能进入的话，那么就缩小自己，将自己变成一个原子，这时你就能轻易地进入了。以后，当你再从这个门出来时，请你告诉我在其中看到的奇妙景象。"

现在看来，他在信中描述的实验是多么神奇，"缩小自己，将自己变成一个原子"，然后再观察、报告你所看到的一切。这是一个多么具有创新思维的头脑呀！

哈里奥特和沃尔特·雷利（Walter Raleigh）爵士一起到了新大陆，并将他的探险写入了一本非常流行的著作中。当然，他也写学术性很强的著作，如数学、天文学、物理学等。艾萨克·牛顿爵士肯定读过哈里奥特的著作，并和他一样（当然和亚里士多德的追随者们不一样），也相信原子说。牛顿甚至认为自己可以将原子画出来。他曾写道："在我看来，上帝最初在制造物质时，可能最先制造的是实心的、厚重的、坚硬的、不能穿透但可移动的粒子。"原子并非实心的、不能穿透的，但说它是可以移动的则是正确的。

牛顿在学术上的敌人，德国哲学家和数学家戈特弗里德·威廉·莱布尼茨则认为整个原子学说都是无稽之谈。"当我还很年轻的时候，曾经相信关于虚空和原子的说法。但后来，理性将我引导到了正确的道路上。"莱布尼茨在 1716 年 5 月 12 日写给威尔士公主卡罗琳（Caroline）的信中如是说。

托马斯·哈里奥特与伽利略在同一年利用望远镜观察了木星的卫星，他先于艾萨克·牛顿发现了红光和绿光的折射现象。他也是一位集天文学家、数学家、物理学家、地图学家、人类学家、生物学家、作家、探险家、地理学家和历史学家于一身的全才。他与开普勒和伽利略互相交流观点，并致力于不断学习。他可以被视作文艺复兴时期学者的典范。

查理－路易·孟德斯鸠（Charles-Louis Montesquieu）和让－雅克·卢梭（Jean-Jacques Rousseau）是法国两位 18 世纪时的著名哲学家。他们利用对科学的观察创作文学。对启蒙时期的思想家而言，所有知识都是相关的。当时，对新观点感兴趣的，几乎都对科学有兴趣。

在贵格会教徒的集会上，任何成员都可以自由发言。这有时会导致一些听众昏昏欲睡（右图）。你可以在美国波士顿艺术博物馆中看到这幅 18 世纪的画。

约翰·道尔顿利用这本小册子中的线图来测试自己的色盲情况。

罗伯特·玻意耳（这位爱尔兰科学家归纳出了气体定律）相信，气体是由很多微小的物质"小球"组成的，这些小球之间则是大量的空无一物的空间。那么，牛顿所说的粒子和玻意耳所说的小球指的都是原子吗？除了丹尼尔·伯努利外，可能没有人会关注这个细节。

最后，在 18 世纪末，一位名为约翰·道尔顿（1766—1844）的英国贵格会教徒走上了历史舞台，他决定认真研究原子问题。他赶上了好时候。

约翰·道尔顿出生时，社会的风气已经发生了巨大的变化，清新的自由之风正吹拂着欧洲。牛顿的著作已经帮助人们理解了科学、政治和哲学间的关系以及它们共同的作用。因此，从这一点来讲，道尔顿是幸运的，他降生在这一世界上正当其时。

否则的话，他就不会有好的未来。他的父亲是一位贫穷的纺织工。当时的纺织机都是用手摇的，劳动量特别大不说，所得的收入几乎不能让全家人糊口。道尔顿的身体也是"先天不足"，不仅是色盲，而且发出的语音非常微弱。另外，他十分内向和害羞。但道尔顿却非常聪明。在 12 岁时，他就能在一所小的贵格会教徒学校中任教了。你会让一位 12 岁的老师来教你吗？他的学生们对此并未多想。他们一走了之，退学拉倒。

于是，道尔顿来到了相邻的村子中，他在那里可以学到更多的东西，甚至可以到学校去教学。在这段时间中，他开始坚持记日记。其中除了其他的内容外，还有 200 000 多条气象记录。他迷上了对天气的观测，自制了很多仪器，并用它们记录每天的气温、湿度、风力风向和云况等。

在道尔顿时代，英格兰的曼彻斯特是一座新兴的城市。纺纱工业正在从家庭作坊向工厂转移。（道尔顿的父亲也在两间房的家中操作自己的纺纱机。）这是一幅 1840 年描写曼彻斯特棉花加工厂的石版画。

后来，他的日记被正式出版了，他也因此获得了英格兰曼彻斯特新学院教授的职务。"新学院"是专门为长老会成员、贵格会成员和其他"反对者"而建的。所谓的"反对者"，就是那些不愿意到牛津大学和剑桥大学去学习的人，因为这两所著名的大学都只对英格兰教会的成员开放。（关于这一点，请阅读一些英国历史读物，就可以理解其中的原因了。）

但被聘为教授的道尔顿并没有在那里干很长时间，因为他想有更多的时间来从事科学研究和进行实验，他通过俭朴的生活和对学生的课外辅导做到了这一点。他唯一的娱乐可能就是每周四晚上去打室外保龄球了。

他通过对气象学的研究认识到，蒸发了的水以气体的形式存在于大气中，并成为大气的组成部分。水是以何种方式驻留在大气中的？道尔顿通过研究后认识到，如果空气和水都是由离散的粒子构成的话，那么蒸发过程就能将水粒子和空气粒子混合起来。

气象学是研究天气变化规律的科学。其英文 meteorology 来自希腊语，原意表示的是"天上的物体"，包括诸如流星、小行星、彗星等"下落的星"。现在这些都属于天文学的范畴了。它甚至和流星 meteor 是同一词根。

有一点要感谢拉瓦锡，因为他已经认识到世界上存在着基本的元素，如铁、氧、氢、硫和碳等。这些基本元素都不能被分割成更小的成分。那么这样的话，又是什么原因使一种元素有别于另一种元素的呢？为什么铁总是铁而不能变成碳呢？对这一点，尚无人进行

DALTON COLLECTING MARSH FIRE GAS

在上面的画作中描绘了道尔顿正在收集沼气。沼气其实是无色无味的甲烷气体，是在细菌分解动植物遗体时产生的。它由氢和碳构成（所有的生命形态都含有碳），道尔顿测量得这两种元素的比例为 1：4（CH_4）。现在我们还知道甲烷能阻止地球上的热量散发到太空中，是全球变暖，即温室效应的重要因素之一。

道尔顿认为：属于同一种元素的原子的重量是相同的；但是不同元素的原子的重量是不同的。现在，我们一般不使用"重量"，而使用"质量"来表述。并且我们也知道，同一种元素的同位素原子间的质量有些许的不同。

认真的思考，但道尔顿却对此发起了挑战。

一个气象学中的问题使他对物质的构成进行了深入的思考。

道尔顿将牛顿的《原理》一书中关于粒子的认识和观点认真地抄到了自己的笔记本中，并在抄写过程中进行了深入思考。渐渐地，他对这些观点进行了发展。他最先用德谟克利特的 atom（原子）来取代牛顿的 corpuscle（小球），并开始认识到：**所有物质，并非只有气体，都是由这种小粒子组成的**。然后，道尔顿在认识上跨越了一大步。他假设是原子的重量使得一种元素（如铁）和另一种元素（如碳）之间呈现出了差异。他在用原子"结伴"来描绘化学变化（如氢和氧转变成水）方面也前进了一小步，现在我们称之为"化学键"结合。

对于这一假设，他写道："于是，我需要开展一系列的调查，既要关注任何一种类型的化学基本粒子的结合过程，还要判断出参与其中的所有粒子的数量和重量。"

现在，如果他能够发现原子重量与元素结合过程中的重量变化之间的规律，那么他就能证明他的假设了。"确定元素间的相对大小、相对重量以及参加反应的各元素的相对原子数，成了我的一项目标。"他这样写道。

那么，他的实验结果告诉了他原子是由什么构成的吗？没有，他由此判断自己是无法确定这些的，也因此不再将全部的精力投在这里。他曾经非常正确地假设原子间的差异包括了原子间的重量不同。但应该如何称量它们的重量呢？道尔顿知道在当时是无法做到这一点的。但他认为可以找出原子间的相对重量，这一目标成了他研究的重点。

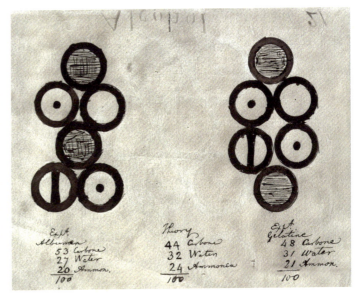

此前尚无人这么做过。"探究构成物体的终极粒子间的相对重量成为研究的主题。正如我所知道的，这是一个全新的领域，"他写道，在描述了自己选择的路径时如是说，"我最近开始实施这一探究行为，并已取得了显著的进展。"

在对化合物的分析中，道尔顿发现在每一种化合物中，不同元素间的重量的比例总是保持不变的，且无论它们分布得如何混乱，总是有此规律。这一规律被称为**定比定律**（Law of Definite Proportion）。这一发现为他的研究找到了突破口。他对这一做法的描述为：

假定在一个柳条箱中装有相同数量红色的餐盘和绿色的咖啡杯。箱子不慎从叉车上摔下，里面的器皿都碎了，它们都变成了混乱的破

你如何作出你看不到的物体的图？道尔顿将原子都画成圆形，并用将不同的原子按固定比例成"簇"地画在一起的方法来表示化合物。上图为他画的蛋白质。其含有一个氮原子（带竖条的圈），两个碳原子（灰色圈），两个氢原子（含点的圈），一个氧原子（空心的圈）。

在 20 世纪，科学家发现了独特的同位素。它的质量和它的兄弟姐妹（都具有相同的质子数，故属于相同的化学元素，但有着不同的中子数）的稍有差异。

值得复述的信息

原子是能保留一种元素的性质不变的最小形态（如氧和金等）。

我们现在知道，原子也是由比它更小的粒子构成的。那么我们如何看待德谟克利特的问题呢？是否有一种不可再分割的，构成粒子的最小"砖块"呢？

现在，也有一些科学家相信，他们已经发现了终极的不可再分割的粒子。他们将其描述为振动着的弦或膜，是它们构成了我们所见的所有物质和能量。但也有很多科学家对这一观点并不认可。他们认为在这一点上亚里士多德是正确的，粒子都是可以无限再分割下去的。请关注这一问题的最新研究进展。

道尔顿的圆圈

约翰·道尔顿用符号来表示原子。他先画一个圆圈，并在圆圈中加标记以区分各种不同的原子。但这种原子符号过于相似，很难将其排版印到书中。

瑞典化学家约恩斯·雅各布·贝采里乌斯（Jöns Jakob Berzelius, 1779—1848）提议，可用各元素的拉丁文名称的首字母来代替这些符号。他建议氢（hydrogen）用字母 H 表示，而氧（oxygen）则用字母 O 表示。但对那些首字母相同的元素应如何呢？贝采里乌斯又提议用 C 表示碳，用 Co 来表示钴，而用 Cu 来表示铜（拉丁文为 cuprum）。

贝采里乌斯还提议，当相同的原子结合在一起时，则原子的个数应用上标标示出来，如水为 H^2O 等。后来，又被改为下标标示了，水则为 H_2O 了。

道尔顿对贝采里乌斯的这种标示法很反感，称其为"可怖的"。他认为这些字母符号很可能会"使老科学家感到困扰，使学习者丧失信心，并且会在原子理论的美丽和简洁性上罩上一层

乌云"。换言之，他对自己创作的图形符号偏心眼，并认为科学就应使用他的这种符号。但他最终还是失败了。

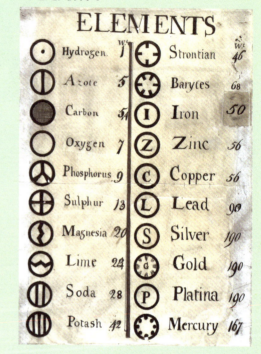

约翰·道尔顿于 1805 年出版了上图所示的元素表，各元素最右边的数字为与氢相比的相对重量（氢为 1）。氮的重量是氢的 5 倍，而氧则为 7 倍。奇怪的是，他将碳的相对重量定为 5.4，是唯一的小数。他竭尽全力计算出了这些相对重量，但其中的大多数是错误的，如氮

其实是比 14 多一点，氧比 16 少一点，碳比 12 多一点等（可参见第 92 页中的原子质量表）。并非道尔顿偷懒而只列出这几种元素，当时 92 种天然元素中的绝大部分尚未被发现，且还有的化合物，如石灰石（表中的 Lime）等也被当成了元素。

瓷片。你可以将这些红、绿碎瓷片分开并堆成两堆，但这时已经没有完整的盘子和杯子了。如果你想知道盘子和杯子的相对重量的话，该怎么办呢？你可以分别称量这两堆碎瓷片的重量。红色碎瓷片和绿色碎瓷片的重量之比即为一个红色盘子和一个绿色杯子的重量之比。

依此道理，道尔顿知道，如果要称量相同数量的两种元素的话，他可以假定它们含有特定数量的单一品种的原子。如果他能得出两种元素间的重量比值，虽然他不能知道单个某种原子（例如铅）的确切重量，但却可以知道它和另一种单个原子（例如氢）的重量比。他

正确地假设氢是最轻的元素。因此，他可以利用氢来作为比较元素轻重的标准，即将所有其他元素的重量都视作这种最轻元素重量的倍数。一旦他能得出一些原子间的相对重量，他就可以得出规律了。

道尔顿还列出了原子重量表。（这是一个好办法，但这仅是开始。）它为科学家提供了对元素进行分类的新思路。

道尔顿坚持认为：**原子既不能被创生也不能被消灭**，而化学反应仅是起到了将原子进行重新排列的作用。他的这一观点充实和佐证了拉瓦锡的质量守恒理论。

道尔顿也意识到，化合物和混合物间也存在着差异。这一认识是非常重要的。

道尔顿对分子的了解是不够的，因为分子是由两个或多个原子键联而成的。分子理论知识出现后，将有助于解释大量自然界中的现象。

在道尔顿去世的一个世纪后，科学界出现了一则真正的大新闻，即科学家发现原子并非是坚硬的和不可再分的。它们不是如道尔顿、惠施和牛顿所想的硬球。在原子内部，还存在着诸如中子、质子和电子等更小的粒子。科学家后来甚至还能测量出原子中质子的数量，并将其作为元素分类的依据。但这种方法在很大程度上并没有改变元素的排列顺序：氢依然是质量最小的，它只有 1 个质子，故仍保留序号 1。

是的，道尔顿在一些细节上出了错，但他的原子理论总体上是正确的。在此之前，原子只是哲学和数学中的观点，但道尔顿将其理解成了实实在在的东西。

当道尔顿的理论著作于 1808 年出版后，立即引起了人们的注意。这位书呆子式的科学家也立即变成了名人，甚至国王也想面见他。当时面见国王的礼仪繁多，要求他穿及膝马裤、带扣的鞋，还要佩一把剑。贵格会教徒是不允许佩剑的，且道尔顿也没有时髦而昂贵的服装。

这位害羞、腼腆的科学家要怎么办呢？他就穿着大学的长袍解决了这个问题。

道尔顿利用这种木球来作为原子的模型。他认为物质是由坚硬不可再分的原子构成的。但实际上，原子既不是坚硬的，也是可再分的。这已经被证明了。但他于 1808 年出版的《化学哲学的新体系》（第一卷）对物理学和化学的发展都有重要的影响。

原子有多大？一个普通原子的直径约为 1 米的十亿分之三。这意味着将 100 万个原子一个接一个地排列起来，其长度也不过 3 毫米，相当于一个粗砂粒的直径。对现代物理学而言，原子直径都已经是非常大的尺度了，因为在它的内部还包含着很多粒子。故原子是不能称为如道尔顿认为的终极粒子或基本粒子的。

道尔顿的部分理论可以归纳如下：

· 所有的物质都是由十分微小的粒子构成的。

· 一种元素中的所有原子都是同种的并具有相同的质量。（道尔顿当时不知道同位素的概念。）

· 原子既不能创生，也不能消灭，也不能通过化学反应而发生改变。（我们现在知道原子核可以通过裂变或聚变而产生新原子核。）

· 元素以简单的整数比例关系组合形成化合物。

· 化合物可以各种比例形成混合物。

· 化学反应是原子结合或分开的过程。

道尔顿的原子理论使得化学真正成为一门精确科学。对化学过程的定量化精确测量的重要性，卡文迪什、普利斯特利、拉瓦锡及其他同时代的科学家都已经明确意识到了。但因为没有元素的基本理论，这些数字……就如同测量一条河的深度或一个蚁群中的蚂蚁数，它们都不能揭示系统的任何基本原理。

——菲利普·鲍尔，专栏作家和科学作家，《物质构成：元素世界导游》

当道尔顿去世时，有 4 万多人瞻仰他的灵柩。这是一个极尽奢华的葬礼，这肯定不是这位谦虚的贵格会教徒所期望的。但所有英国人都因为他在科学上的引领地位而感到骄傲和自豪。很多人可能对原子一无所知，但他们知道这个人曾经合理地解释了他们世界的构成。

8 一个研究分子和数字的人

如果事物之间缺少内在的相互结合的倾向，甚至在特别基础的层次上（事实上也就是分子的层次）也是如此，自然界也就不可能出现相亲相爱这种高层次的感情了。

——皮埃尔·泰亚尔·德日进（Pierre Teilhard de Chardin, 1881—1955），法国哲学家、科学家和耶稣会神甫，《人的现象》

分子是由两个或多个原子键联在一起的组合。单一元素构成的分子中含有一个或多个相同的原子。而一个化合物分子中则含有两种或多种通过化学键结合在一起的不同原子。从简单的氢气分子（H_2）到蛋白质的大分子，不同分子的大小和性质的复杂性都是不同的。

——布罗克汉普顿，《科学辞典》

阿莫迪欧·阿伏伽德罗是出生在意大利东北部山地皮埃蒙特大区首府都灵的一个名门望族之家。你只要把他记成"分子先生"就对啦。

阿伏伽德罗的全名很长，叫作洛伦佐·罗马诺·阿莫迪欧·卡洛·阿伏伽德罗（Lorenzo Romano Amedeo Carlo Avogadro）。他出生于 1776 年。他一开始的工作是一名律师，但后来却对科学研究情有独钟，并因此而放弃了律师的职业，成为一位物理学教授。（类似的故事经常上演。）

阿伏伽德罗通过研究发现，大多数的气体都是由包含有两个或多个原子紧密结合而成的粒子构成的。他将这种由原子键联而成的粒子命名为分子（molecule，取自拉丁文，意为"小块"）。他是第一个区分原子和分子的人。他的这种观点后来又扩展进了液体和固体。

阿莫迪欧·阿伏伽德罗在 16 岁时就获得了他的第一个学位，在 20 岁时获得了法学学位。但在成为一名律师后，他还修习了科学课程，并迷上了化学和物理学。

阿伏伽德罗是对的，只有少数分子是单原子的（如氦气、氩气等）。但大多数分子中都含有键联在一起的原子。我们知道，氢（元素符号是 H）在自然界中通常是以两个原子联在一起的分子的形式（H_2）出现的。

二氧化碳（CO_2）分子是由不同原子——一个碳原子和两个氧原子结合到一起而构成的。

理解单原子和多原子组合（即分子）之间的差异，这听起来很简单，但这在科学上却是向前跨了一大步。（道尔顿就没有向前跨出这一步。）原子和分子的观点是现代化学的基础。

道尔顿告诉我们：**元素的最小形式（仍能保持该元素所有性质）是原子**。阿伏伽德罗告诉我们：**化合物的最小形式（仍能保持该化合物所有性质）是分子**。若将一个分子分解成原子（如将水分子分解为两个氢原子和一个氧原子），其性质就会发生变化了，它们都不再保持原来分子的性质了。

阿伏伽德罗经过研究后，独立总结出了一条定律，即我们大家都应知道的**阿伏伽德罗定律**（Avogadro's Law）：**具有相同体积的不同气体，在相同温度和压强下，含有相同数目的粒子（可以是原子或分子）**。请认真思考，它为科学家提供了非常有用的研究工具。

但很多科学家在第一次听说了阿伏伽德罗的这一学说后非常抵触，有人甚至认为这是妄想。他们已经意识到，构成不同气体的粒子的大小是不相同的。他们是对的，如氢气分子（H_2，只有两个质子和两个电子）既小又轻，而其他分子都比它重。

因此，既然构成各种气体的粒子的大小和质量都是不同的，那么相同体积的不同气体在相同的温度和压强下，粒子数怎么可能相等呢？你总不可能在相同大小的盒子中装入相同数量的橘子和橄榄吧！但阿伏伽德罗才不去关心会不会挤的问题。他的观点只有对分子彼此相隔很远，即有很大空隙的气体才有意义（对液体和固体亦如此）。通过对气体的研究，他已推论出构成气体的粒子间存在着非常大的空间。（想象一下，如果橘子或橄榄

你可能知道二氧化碳（CO_2）也具有固体的状态，即干冰。大气层中的二氧化碳可以导致酸雨，也是造成温室效应（阻止热量辐射到太空中），使全球气候变暖的重要因素。在你喝的汽水中，是 CO_2 通过碳酸化作用使其产生气泡的。

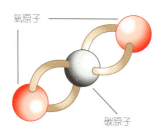

氧原子

碳原子

都在一间很大的房子中运动起来，偶尔相互碰撞或与墙壁碰撞，有着足够的空间去漫游。）

给出了他的观点和他的定律（具有相同体积的不同气体，在相同温度和压强下，含有相同数目的粒子）后，阿伏伽德罗就可以从一个新视角来观察化学世界了。利用自己的定律，他给出了水的正确分子式，此前尚无人完成这项工作。当水分子被分解成氢和氧后，分别收集这些气体，氢气占据的体积是氧气的 2 倍。按照阿伏伽德罗定律，如果氢气占据的体积是氧气的 2 倍，那么它的分子数也就是氧气的 2 倍。由此，阿伏伽德罗算出了水的分子式是 H_2O，而不是如道尔顿认为的 HO。（请记住，水分子在任何情况下都是含有 2 个氢原子和 1 个氧原子，它总是符合整数比的。）

阿伏伽德罗睿智的洞察力导致了一个不会改变的量，即一个常量的诞生。它可以用于计算一种物质中原子和分子的数量和质量。现在，它被称为**阿伏伽德罗常数**（Avogadro's number），即 6.02×10^{23}，是一个非常大的数。但这一定律问世后的几十年中，一直无人关注它，更无人认识到它的重要性。阿伏伽德罗的运气似乎不佳，在他生前，他所创立的理论几乎都被人们忽略了。后来，他才变得名闻天下。这可能在很大程度上与他生活在意大利的都灵有关，那里远离科学的中心——当时的英国。

> ## 摩尔节快乐！
>
> 每年的 10 月 23 日从上午 6:02 到下午 6:02 是国际摩尔节。这并非要求大家去挖出鼹鼠（mole）的日子，而是化学家要庆祝的日子（至少是部分化学家）。
>
> 摩尔（mole）是关于原子或分子的阿伏伽德罗常数（6.02×10^{23}）的另外一个名字。它是由威廉·奥斯特瓦尔德（Wilhelm Ostwald）于 1900 年新造的单词，取自拉丁文"小块""堆"等意（与"分子"一词有相同的词根）。
>
> 国际摩尔节那天，热心于化学的人建议用"pi à la mole"和唱"rock-'n'-mole"主题歌《摩尔快乐》的方式进行庆祝。

这座"古桥"架在意大利都灵的波河上，正如阿莫迪欧·阿伏伽德罗天天看到的那样。这座美丽的城市坐落在意大利西北部的角落里，靠近法国的边境。这幅画由贝尔纳多·比诺托（Bernardo Belloto，约 1721—1780）所绘。

数一下摩尔数?

我们有可能知道物质中所含原子或分子的数量吗？能！对此吃惊吗？在阿伏伽德罗之后，约翰·约瑟夫·洛施密特（Johann Joseph Loschmidt，1821—1895）又基于阿伏伽德罗的观点和于 19 世纪 60 年代发展起来的原子运动理论，通过一系列的实验进行了研究。洛施密特当时是一位高中教师，他通过计算得出了我们现在所熟知的阿伏伽德罗常数。现在为了方便，将阿伏伽德罗常数称为摩尔。在科学中，它的单位用符号 mol 表示，它是计量极微小粒子的关键。

什么是阿伏伽德罗常数？请先深呼吸，再数下面的数字。当前的精确数字是 602 214 199 000 000 000 000 000。但这一数字既大又不便于记忆，科学家为方便往往取近似值 602 000 000 000 000 000 000 000，或用科学计数法记为 6.02×10^{23}。你现在知道他们为什么简称其为"摩尔"了吧！

请将这一数字记住。它是我们在计算给定质量的某一物质中的原子、分子或其他粒子的数量。明确你计算的是哪一种基本粒子至关重要。你不能说"1 摩尔的氧"一类的话，而应说"1 摩尔的氧原子"或"1 摩尔的氧气分子"，等等。

洛施密特最早使用氢气进行研究。他知道氢气是由氢气分子（H_2）组成的，而氢气分子又是由两个氢原子结合而成的。因此，氢气分子的质量数为 2。洛施密特发现：在标准的温度和压强（STP）条件下，22.4 升氢气的质量为 2 克，其中的氢气分子数等于阿伏伽德罗常数。

利用阿伏伽德罗常数，洛施密特又计算出了一个氢气分子的实际质量，即用 2 克除以 6.02×10^{23} 得出。既然相同体积的气体中的粒子数是相同的，则在标准状态下，22.4 升体积的任何气体都含有 1 摩尔的粒子。换一种问法：

在标准状态下，22.4 升的氢气中含有多少个分子？又 22.4 升二氧化碳（CO_2）气体中含有多少分子？其实，它们都是 6.02×10^{23} 个。

现在，阿伏伽德罗常数可用于计算在整个 20 世纪所发现的所有粒子，如电子和质子等。另外，若 1 摩尔对你来讲是不够的（也可能是过多的），你可以在摩尔前面加上前缀，例如京摩尔（Gmol），即 10^9mol；纳摩尔（nmol），即 10^{-9}mol；阿托摩尔（amol），即 10^{-18}mol 等单位。

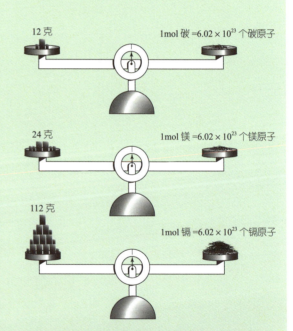

12 克　　　1mol 碳 = 6.02×10^{23} 个碳原子

24 克　　　1mol 镁 = 6.02×10^{23} 个镁原子

112 克　　　1mol 镉 = 6.02×10^{23} 个镉原子

请记住：摩尔是一个数字。它如同我们常说的"1 打"（12 个），是一个固定的数字。用它可以合理地比较物质的质量。一打鸡蛋比一打西瓜轻，但你可以肯定的是它们具有相同的数量。同理，1 摩尔碳（C）的质量比 1 摩尔的镁（Mg）小一半，即 12 克∶24 克（上图）。但 1 摩尔的镉（Cd）的质量却更大，达到了 112 克。一个碳原子的质量也比一个镁原子小一半。原子是如此之小，计量它们质量的单位也要比克小非常多。因此，我们创建了原子质量单位 amu。

道尔顿的原子论一直广为人知，但阿伏伽德罗的理论问世 50 多年后，科学界才开始关注它。但是，如果你对分子不了解的话，也就不可能对原子有更深入的了解。因此，对原子的研究没有多少进展。随着时间的推移，原子理论还受到了质疑。原子被称为是"有用的虚构"。对这一说法应该不难理解，因为原子小得超出想象。

那么，原子有多大呢？

想象一下，若将一滴水的尺度放大到 24 千米宽，你就能看到水分子内部的原子了。但这时仍是不清晰的，需要放得更大。这也就是用光学显微镜看不到原子的原因。现在，扫描隧道显微镜可以用探测电子的方式"看"到原子。

或者画一个苹果，再将这个苹果放大到和地球一样大。现在，原来苹果中的原子就和没放大前的苹果一样大。

也可以这样想象：2 亿 5 千万个氢原子排成单列，其长度也不过是 2.5 厘米。

关于分子，化学家布赖恩·L.西尔弗（Brian L. Silver）曾写道："分子被确认为一个非常小的实体……如果全世界的人都来数一茶匙水中的分子，每个人一秒钟数一个，需要超过一百万年才能数完。"

科学家刘易斯·沃尔珀特（Lewis Wolpert）也说过："一杯水中的水分子数，远比所有海水所含的杯数多。"我们如何知道这些事的呢？这是因为我们有阿伏伽德罗常数来帮助计算。

试想，在无法见到它们的情况下，如何确定原子和分子的存在。道尔顿和阿伏伽德罗所做的工作确实非常伟大。但没有证据，科学家们又开始重新思考道尔顿的理论。他们甚至开始取笑这一理论，就像古希腊的科学家们对待德谟克利特那样。怀疑论者认为，没有任何人能看到原子。他们对此深信不疑。如果你没有关于它们存在的无可辩驳的证据，你会相信原子和分子的存在吗？

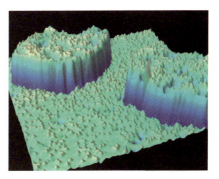

上图是用扫描隧道显微镜（STM）揭示的铁晶体上的氧原子（黄色颗粒）。STM 上有一个比图像小很多的探针，可以探测原子尺度的表面。探针的针头能产生隧道效应，使电子能穿过几个原子直径的距离，而计算机则可将电子的径迹转换成三维的图像。

对牛顿而言，他不必去计算原子的重力和运动情况。但要想了解物质，就必须了解原子。认识到物质在宇宙各处的同一性是科学上的一大飞跃。你脚趾中的原子也可在宇宙中的其他地方发现。

凯库勒的"香肠"

知道原子和分子的存在,使人类在知识的阶梯上又上升了一大步。但原子是以何种方式彼此连接到一起而形成分子的? 爱德华·弗兰克兰(Edward Frankland)就是一位试图得出这种规律的化学家(可参阅第75—78页中的相关内容)。弗里德里希·凯库勒(Friedrich Kekulé)是另一位有相同想法的化学家。他刚开始从事的是建筑设计,在听了几次化学讲座后就决定改变自己的专业。大概是因为他曾有艺术类职业的背景,他有极强的图形思维能力,这种能力对他在各领域中都有很大的帮助。一天,他在乘车时做了一个梦:

在伦敦时,我在克拉珀姆路生活了很长时间。但晚间我经常和住在城市另一端的朋友一起度过……我们谈起过很多事情,但主要还是关于化学的。在一个美好的夏日夜晚,我乘末班车回家……通过空无一人的街道,在其他时间这里是车水马龙的。我很快进入了梦乡。我的眼中闪现出了原子,我之前见过它们的运动。每一个原子都是那么微小,我从来没有想清楚过它们运动的规律。这一次我看到两个较小的原子频繁出现并结合形成了原子对,然后一个较大的原子又"拥抱"较小的原子,然后又一个较大的……从而形成了一根串着较小原子的链……售票员

一声"克拉珀姆路到了"的叫喊将我从梦中唤醒了。但我在这个夜晚将这个场景画到了纸上。就是这种梦中形成的草图,是我的分子结构理论的开端。

其他化学家将凯库勒所画的草图称为"凯库勒香肠"。它们显示了原子间的化学键结合方式。凯库勒在他于1858年发表的论文中,完善了他的这一"香肠"理论。凯库勒强调说,碳原子更趋向于以1:4的比例与其他原子结合(碳的化合价,亦称氧化数是4)。这看起来好像每个碳原子都有4个能与其他原子相结合的"接口"。这也使他描绘出了碳原子形成巨型分子的图像,这是通过四价的碳原子彼此连接形成分子链实现的。凯库勒据此写出了分子式。他得到的结果和弗兰克兰的相同,但两人的方法是不同的。

1865年,凯库勒又走得更远了。他认为碳原子不仅能生成原子链,而且它还能形成原子环。他是正确的。化学家很快就开始以碳链和碳环为乐,这使得有机(以碳为基本元素)化学正式诞生了。几乎就在同时,化学家们创造出了以碳为基本元素的无数有机物。凯库勒以自己那神奇的图画而成为化学这一领域的领军人物。由此也可以看出,可视化是具有创造性思维的人"描绘"复杂事物的重要途径。

苯是一种无色易燃的液体,也是凯库勒的最爱。它的分子中有6个碳原子和6个氢原子(C_6H_6)。但碳和其他原子键联的比例应是1:4。凯库勒解决这一问题的方法是在他如下图所示的"香肠"上"开沟",以6边形环的方式重新分布原子。在一个"C"的两侧,一侧是双键,一侧是单键,并保证使每个碳原子都有4个键。右图右侧的图形为现在我们使用的苯的符号,其既不表示双键也不表示单键,而是介于两者之间。

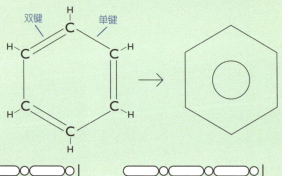

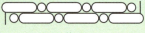
苯

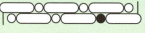
氯化苯

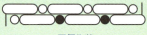
二氯化苯

化学键

究 竟是什么让原子结合到一起而形成分子的呢？
这当中是否存在着什么固定的规律？而找出这种规律，则是化学家们面临的重大挑战。

1847年，年轻的爱德华·弗兰克兰（1825—1899）非常幸运地和罗伯特·本生（Robert Bunsen）一同工作了3个月。本生是世界上著名的化学家，而弗兰克兰则仅是一个22岁学习化学的英国青年学生。当时，弗兰克兰在德国的乌堡大学攻读博士学位。3个月的时间不算很长，但一位伟大的名师能够改变学生的一生。本生应该就是这样的一位名师。

直至当时，化学家们在对诸如碳、氢、氮、氧、硫等众多非金属元素的研究上花费了很多的时间和精力。但人们对占据了自然界元素数量达四分之三的金属元素的研究是远远不够的。

本生相信原子和分子的存在，他当时正在研究那些能使金属与其他元素发生反应的化学物质。当弗兰克兰来到英国时，本生正将研究的注意力特别集中

利用在火焰燃烧时发出的颜色，能够确定金属的种类。下图中为钾在本生灯的火焰中燃烧时发出蓝光。

干涉金属

金属是什么？我们可以很随意地叫出一些常见金属的名称：金、银、铂、铁、铜、锌、锡、铅、镍等。还有一些不常见的金属，如镉、锂、钙、锶、钡、铀等。是什么使这些金属具有共同的性质？又是什么使金属具有金属性？

这些过渡金属都位于第 92 页中的元素周期表的中部，因为它们都具有相似的性质。主要的特征是它们都容易形成合金（金属的混合物）。图中间的是铜。从左按顺时针方向排列依次为铝粒、镍－铬矿、镍棒、钛棒、铁镍矿、铌棒、铬粒。下图为金，右下图为水银滴。

19 世纪时，化学家是利用观察物质的性质来确定金属元素的：金属有特有的光泽、密度，且易于成型。你可以弯曲它们，用锤将其击打成薄片，或将其拉成细细的长线。它们的大多数是灰色的或银白色的（铜和金是例外）。金属是电和热的良导体。它们中的大部分具有很高的熔点和沸点（水银除外，它是唯一在室温下也呈液态的金属）。

我们现在知道，这些性质并非是意外、巧合或偶然形成的，而是由一种潜在的原因，即原子结构形成的。

电子（带负电荷的一种微小的粒子）在一定壳层的轨道上绕着原子核旋转。金属原子的最外层壳层中的电子数非常少。而另一方面，非金属原子最外层壳层中的电子几乎是满的。

因为在最外层壳层中只有极少的电子，且距离由质子构成的带正电荷的原子核较远，这种状态是不稳定的。因此，金属原子最外层的电子非常容易"弃主"而去。它们在从原子上脱离后，要么成为到处游荡的自由电子，要么加入到别的原子中去。我们已经知道，电流是导体回路中的电子流。这也就是金属容易导电的原因。自由电子也能使金属具有特有的光泽。

当一个金属原子（如铁）遇到非金属原子（如氧）时会发生什么情况呢？它们会生成化合物，例如氧化物——氧化铁，亦即俗称的铁锈。大多数金属都容易和氧结合，这是因为金属最外壳层中的电子非常少，而非金属元素氧的最外壳层中的电子则非常丰富。

19 世纪末叶，化学家们尚不知道关于电子结合的奥秘，但他们中的一些人已经对此提出猜想了。继续阅读本书你将能知道其中更多的奥秘。

上图为铍原子的模型。你是如何知道的？数一下其中的质子数（蓝色球），并在元素周期表中找出它的原子序数。橘黄色的球表示的是中子，灰色球表示的是电子。

上图中的岩石称为条带状铁矿石。它含有多层赤铁矿，是一种氧化铁矿。

在含锌的化合物上。弗兰克兰写道，当将水加入这些含锌化合物时，将会有"几英尺长的蓝绿色的火焰从试管中喷出来，使在场的人极其兴奋，并在整个实验室中散发出非常难闻的气味"。弗兰克兰发现了这些金属化合物的一个规律。他认识到，元素间的结合（无论是金属的还是非金属的），总是遵循着整数比的关系。例如，不存在半个一种原子和四分之三个另一种原子结合的情况。他还发现每一种元素中的原子都有一定的"结合数"，而且这一数字是不会发生变化的。他由此提出："一种元素结合其他元素的潜力……总是被相同数目的原子所满足。"弗兰克兰将这一性质称为原子价。

据我们所知，使用"键"这个词描述原子组合成分子所需要的吸引力，弗兰克兰是第一人。他认为，每个原子形成的键都有确定的数量，且只能是这个数量。这就是弗兰克兰于 1852 年提出来的化合价（valence）理论。（现在，我们通常不使用化合价一词，而更多是从电负性的角度考虑化学键。这是基于电子的当代理论。）

一种元素的化合价就是它每一个原子所能形成的化学键的数量。弗兰克兰是通过对氢和氧的研究得出这一结论的。正是这两种元素给了弗兰克兰研究的起点。当氢气和氧气通过燃烧结合成水时，氢原子上形成一个键，而氧原子则形成两个。因此，氢的化合价是 1，而氧的化合价是 2。对其他元素而言，它的化合价通常是（但不一定是）能和它结合的氢原子的数目。例如，当氮原子和氢原子结合生成氨分子时，1个氨分子中含有1个氮原子和3个氢原子（NH_3）。则由此可知氮的化合价是3。

弗兰克兰发现，只有一个原子的所有成键能力都用上时，形成的分子才是稳定的。例如，当一个氢原子和另一个氢原子结合时，形成了一个氢气分子（H_2），就用完了所有能用的键。碳元素具有4个潜在的键（即化合价为4），因此它具有较大的可变性。

这张1880年的照片中的人是罗伯特·本生的搭档爱德华·弗兰克兰爵士。

这些规律需要通过某种方式进行记录，以方便化学家们在日常研究之中使用。

正是弗兰克兰想出了用化学符号表示分子结构的方法。在他的这套符号系统中，水是H-O-H，以后它将演变为H_2O。

上述理论在那一百年内是相当有用的，但无人知道它为什么是这个样子的。后来，电子被发现了，人们发现它就是化学键中起作用的"黏结剂"。若想知详情，可参阅《量子革命——璀璨群星与原子的奥秘》。

科学家也玩模型，因为它既有趣也很有效。下图为一个1875年的分子模型套件，其中的每个球都表示一个原子。它们可以通过钉子结合成为"分子"。球上的钉孔数即表示了特定元素中原子的键（或化合价）数。

让元素变得有序

元素周期表无论是从原理上，还是在实践上，都可以说是化学中最为重要的观念……它用事实明确地证明了化学元素不是杂乱无章地堆放在一起的"谷堆"，而是一个有规律趋势的有序大家庭。

——P.W. 阿特金斯（1940—），英国化学家，《周期王国》

门捷列夫知道他的研究的重要性。这可能是向着在未来世纪中揭示物质的终极秘密，生命赖以存在的规律，甚至是宇宙起源的奥秘迈出的第一步。

——保罗·斯特拉森（Paul Strathern, 1940—），英国科学作家，《门捷列夫的梦：探索元素的奥秘》

科学家从不相信魔术。理性和证据是科学的特性。可那位留有白色胡须的德米特里·伊万诺维奇·门捷列夫（Dmitri Ivanovich Mendeleyev）好像为科学带来了具有预言性质的魔法。他预言一些特定的未知元素将会被发现，并且描述出了这些元素的性质。此后，他便坐在实验室中静待佳音。

大多数人对门捷列夫的这种做法感到非常可笑。当他预言过的元素第一次被发现时，人们解释说这仅是巧合。但当一种又一种元素不断涌现出来时，立即引起了世界的关注。

谁是德米特里·门捷列夫？

他出生于一个有着 14 个孩子的家庭中，他是年龄最小的。他的父亲是一所高中的校长。他们一家生活在俄国的托博尔斯克，这是位于西伯利亚的小村庄。他的外祖父是俄国自愿到与世隔离的寒冷地区生活的先驱者之一。他的外祖父办了西伯利亚的第一家报纸《额尔齐斯》，并在托博尔斯克开办了一家玻璃品厂。

在门捷列夫的故乡托博尔斯克镇上，有一座带有金色圆顶的东正教教堂。

为了接受更好的教育，年轻的门捷列夫随着母亲和一个姐姐，通过步行或乘马车穿过西伯利亚来到了莫斯科，最后又到了圣彼得堡。但此后不久母亲和姐姐就死去了，他自己也患上了肺结核（这在当时是非常严重的病）。但门捷列夫仍坚持学习。

在门捷列夫还非常小的时候，他的父亲就双目失明了。门捷列夫的母亲集美丽和坚强于一身，重新开张了玻璃厂，并为厂里的工人建了教堂和学校，撑起了全家的生计。门捷列夫13岁时，他的父亲去世了。

西伯利亚是俄国统治者流放政治犯的地方，特别是那些反对沙皇统治的人。它对那些被强迫到那里居住的人来讲，就像是世界的末端。门捷列夫的一个姐姐就嫁给了流放过来的人。这对门捷列夫来说是件好事：他的这位姐夫是一位科学家，不仅回答这个男孩的问题，还教给他全世界的科学知识。

当一场大火烧毁了玻璃厂后，门捷列夫的母亲带着他和他最小的姐姐离开了西伯利亚，一直向西到了莫斯科。门捷列夫在托博尔斯克的学校里学到的很少。他的母亲决心让自己的儿子接受好的教育。他们用搭乘马车的方式完成了2 000多千米的行程。

在莫斯科，很多学校都不认可门捷列夫的西伯利亚身份，将他拒之门外。母子三人只好继续前行，这次他们来到了圣彼得堡。在那里，他母亲有一位朋友。在官僚制度下的俄国，凭着朋友的帮助，门捷列夫终于被中心师范学院（一所非常好的学校）录取了。母亲告诉他，"多做，少说"并"耐心去寻求神圣的、科学的真理"。10个月后，他的母亲去世了。她的话在门捷列夫的一生中都激励着他。

但对他来讲，苦难并未轻易结束。他的姐姐死了，他也患上了肺结核。当时没人认为他能活下来。住院后，门捷列夫仍跑到学校去上课。实际上，这反而给了他更多的自由。这位孤儿成了学校和医院里的福星。他被允许按照自己的想法，自由地学习和做实验。他对科学的热情被激发了出来，很快他就能开展原创性的科学研究。1855 年，他以全班最优秀的成绩毕业了。这也给他提供了很多机会。他的身体好像也康复了。他的朋友亚历山大·鲍罗丁（Alexsandr Borodin），是一位第一流的化学家和作曲家，鼓励他到法国读研究生。到了法国后，他非常幸运地师从一位优秀的实验化学家。接受这种训练对他以后的工作大有用处。

此后，他又从法国到了德国。在德国，他更加幸运，和罗伯特·本生一起工作。本生是一位伟大的教师和发明家。他发明的本生灯现在仍在科学实验室中使用。当时，本生正在像牛顿那样研究用三棱镜将白光分解为彩色的光谱。但本生更进了一步。他用本生灯加热元素，将其发出的光通过棱镜的折射后发现：每一种元素都发出特殊的光谱。用它可以作为确定各种元素种类的"指纹"。这其实就是光谱学。当时的德米特里·门捷列夫已经置身于尖端科学的中心了。

但化学尚处于一种混乱的状态：一种简单的化合物可能被 10 位化学家写成 10 种不同的形式。要把它统一起来几乎是不可能的。当门捷列夫在研究道尔顿给出的原子重量，即描述给定元素中的原子质量的数值后，他认识到，几乎没有人会认可道尔顿所给出的原子重量数值。而阿伏伽德罗关于原子和分子的观点在当时多半已

下图是罗伯特·本生（中）和从事化学研究的朋友古斯塔夫·基尔霍夫（Gastav Kirchhoff）和亨利·罗斯科（Henry Roscoe）的合影。除了著名的本生灯之外，本生还发明了本生冰量热器，用它可以测量物质中的热能。

只有一种元素，能产生右图所示的光谱图样。它就是镉（Cd），一种软而发银光的过渡金属，与锌相似，但非常稀少。该图样记录的是镉原子吸收或发射辐射的波长。其他原子的图样都与此不同。分光计是用于收集和测量原子辐射的仪器。

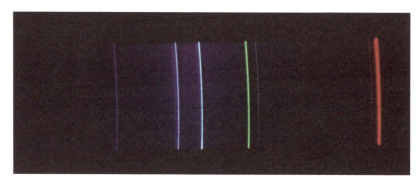

被人们遗忘了。

1860 年，为结束化学中的混乱状态，在德国的一个名为卡尔斯鲁厄的小镇召开了第一届国际化学大会。会议的目标是将原子和分子的质量标准化，使全世界的化学家都能简捷而放心地使用它们。这次会议是由弗里德里希·凯库勒发起的。

门捷列夫参加了这次会议。在此期间，他对一位意大利科学家斯塔尼斯劳·坎尼扎罗（Stanislao Cannizzaro）产生了深深的敬佩之情：他发现并证实了阿伏伽德罗的研究成果，并毫无保留地向同行们进行了介绍。（阿伏伽德罗已于 4 年前去世了。）在这次会上，坎尼扎罗还清晰地给出了原子和分子间的重要差异，并说明了使用阿伏伽德罗定律的方法，甚至还散发了自己写的关于这一主题的小册子。坎尼扎罗是卡尔斯鲁厄会议的主要话题。通过这次会议，全世界的化学家对分子式的形式和原子的重量等方面的观点达成了一致。（19 世纪时，人们仍将原子的质量称为原

1860 年，很多先导的化学家仍然认为水的分子式是 HO 而不是 H_2O，正如道尔顿 60 年前认为的那样。但化学家认为，相同的原子因为带有同种电荷的电子而只可能会产生相互排斥的作用。因此，对双原子分子的讨论——什么是原子、什么是分子，成了卡尔斯鲁厄会议的中心议题之一。

"本生，我必须告诉你，你所研究的化学光谱学是十分奇妙的，如同你在光化学领域的先导性工作一样。但让我印象最深的，可能还是你发明的那种小巧的灯。"

子的重量。）

在这次会议后的一年，1861年，门捷列夫返回了俄国，并在圣彼得堡大学取得了教职。门捷列夫身材较高，长着一双蓝眼睛。他是一个具有特立独行性格的人，思想也较为激进，有时脾气也不好，说话几乎都是直言不讳。他比较好认：长着大胡子和下垂的长发。每年春天时，牧羊人用羊毛剪为他修剪一次"美发"。一些到访俄国的苏格兰人对门捷列夫的评价是一位"很特别的外国人，他头上的每一根头发好像都和其他头发不一样"。

对那些了解他工作的人来讲，他简直是一位天才。门捷列夫对科学的激情和不爱讲废话的风格激励着他的所有学生，也吸引了世界各地的学生前来求教。其中有一位名叫普林斯·克罗波特金（Prince Kropotkin）的学生（后来成了一名无政府主义者）回忆道："在他的讲课大厅中总是挤满了学生，可能要有二百多人……但对我们少数能够理解他所讲内容的人而言，他的课程是智力的兴奋剂，充满科学思维……并给人留下深刻印象。"

1869年，门捷列夫35岁。作为一位化学教授，他也面临着和其他化学教师一样的问题：没有好的化学教材供学生使用。因此，他决定自己来写一本。但在处理有关元素的内容时，他不知道如何安排元素的先后顺序。于是，他由具有相似性质的元素开始写起。如卤素（氟、氯、溴、碘等）就具有明显相关的元素性质，它

上图是门捷列夫的照片。拍照时距每年一度的"剪羊毛"时期不久。

美国内战开始于1861年，这也是俄国给予农奴自由的同一年。在此之前，俄国的农奴属于地主，和奴隶的地位差不多。没有经过战争，几乎是一夜之间，他们就都获得了自由。

卤素的英文是 halogen，它来自希腊语 halos，意为"盐"。

铷是一种稀有金属（红宝石中也存在着铷，它的光谱线是深红色的）。若将其放到水中，它则会剧烈燃烧，即使在空气中它也会燃烧起来。这听起来很奇特，故它通常被保存于煤油中。

右图中，钠是一种碱金属。它的化学性质过于活泼，故在液体和大气中找不到纯净的钠。但它又是地壳中排名第六的最丰富的物质，并存在于很多非常有用的化合物中。钠是一种银白色很轻的金属，它能漂浮在水面上。但它和铷一样，遇到水即"嗞嗞"作响并冒出气泡，在水和空气中都会自行燃烧起来。

比重，即相对密度，是指某种物质的密度与水的密度的比值。（水的密度是 1 克 / 厘米³。）比热是 1 克某种物质的温度升高或降低 1℃所吸收或放出的热量。

们都易于和钠、钾等元素发生反应而生成盐（其中最著名的化合物莫过于氯化钠，即食盐），故属于同一类。然后，他又描述了元素钠和钾。再以后，他就碰壁了。他找不到具有清晰逻辑关系的下一组元素了。他认为一定可以将它们分组的，但怎么分？

门捷列夫遇到的困境是困扰化学界的难题之一。元素是科学的基础，但它们看起来没有清晰的顺序规律。到 1869 年，人们已经确定了 63 种元素，最早发现的有金、银等（古代就已被人们认识），新近发现的有铷（1861 年被罗伯特·本生和古斯塔夫·基尔霍夫发现）等。

即使元素中存在着统一的规律，也是难以捉摸的。门捷列夫确信这种规律的存在，其他人也同意他的看法。谜题亟待解决。

显然，元素的重量是很重要的。63 种元素的原子都有一个特定的质量。这是一种区分于其他元素的性质。门捷列夫知道，这就是解开谜题的关键所在，由它能解释一些元素具有相同或不同性质的原因。

门捷列夫开始搜寻线索。他按原子重量列出了各种元素的清单，也按诸如比重、比热、密度、室温下的状态（固体、液体或气体等）、化合价（与其他原子结合的能力）等各种性质列出清单，但看不出清单间的联系。

1869 年 2 月的一天，门捷列夫坐在他那位于牛顿、笛卡儿和伽利略画像下方的办公桌旁，他已经在那里心无旁骛地对元素的规律苦苦思索了 3 天。

碳的故事

　　每种元素都有自己的故事。而碳的传奇则是大家都知道的：如果没有碳，就没有生命。化学中的一个重要分支，即有机化学，则全部是关于碳的化合物的。碳经常形成长链或环，且能与其他原子结合。DNA 双螺旋结构（下图）的主干，是依赖于称为脱氧核糖的含有 5 个碳的糖的键联能力。而脱氧核糖核酸（即 DNA）是所有生物体内的遗传物质。

　　碳原子在没有其他原子存在的情况下（即纯碳），也能以不同的方式链接形成同素异形体（当一种元素能以多种自然形态存在的话，这些形态就称为同素异形体），就如同金刚石和石墨

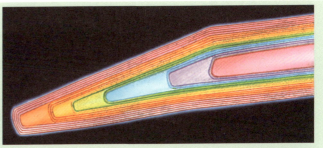

碳纳米管（电子图像）

一样。令人惊奇的是，如此坚硬的金刚石和如此柔软的石墨竟然都是完全由碳原子构成的。

　　一种在实验室中创造的同素异形体是由 60 个碳原子构成的分子。它看起来像一个足球（下图）。它的绰号为"巴基球"，而其正规的名称为富勒烯，以纪念创造出这一种结构形态的发明家巴克敏斯特·富勒（Buckminster Fuller）。富勒烯可能在将来成为一种高效的超导体材料。

　　在对巴基球的实验中，科学家发现了碳的第四种同素异形体，即碳纳米管（上图）。它是由多层碳原子结合到一起形成的圆柱形管子。2004 年，科学家宣布又发现了碳的第五种同素异形体，称为碳纳米泡沫。它既是一种半导体，也是第一种纯碳磁体。

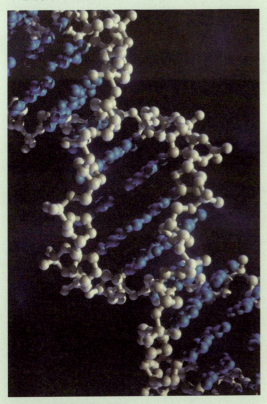

DNA 的双螺旋结构（模型）

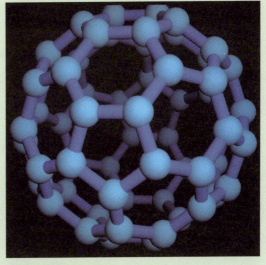

巴基球（模型）

当门捷列夫按原子重量排列当时所知的 63 种元素时，是从氢（1）开始到铅（207）。现在，氢在元素周期表中仍然是排在第一位的，但铅在所有的 92 种天然元素中原子序数是 82。按照化学物质分类法，元素周期表不仅为化学带来了秩序，还有更深远的预见性。

他受邀在奶酪制造商们召开的会议上讲话，且马车已经等在门口了，但他仍沉陷于自己的问题中。他将这一问题视作自己一生中最重要的科学问题。"科学大厦不仅需要建筑材料，也需要设计图。"他如是说。

一封来自奶酪制造商的邀请信静静地躺在他的桌子上。他喝着早茶，在信的背面写笔记。（这封信依然保存着，上面的杯印仍清晰可见。）他将一些元素的相同性质按水平方向写在纸上，其中就包括了原子的重量等。这些元素重量分布得很广，他从中看不到任何门道。于是他又在下面列出了第二行，写出了不同组的一些元素及其重量，然后又在下面写了第三行……之后，他的目光又看到了竖直方向上，上下观察而不是左右观察。在这种排列方式下，他没想到竟然发现各元素的重量是按一定顺序排列的。于是，门捷列夫让马车回去。这肯定会使那些奶酪制造商们大失所望。

门捷列夫经常玩纸牌。于是，他将所有原子的重量写到纸牌的白面上，每一张牌上写一种元素和它的原子重量，以及性质。然后他开始"玩"，将这些牌按行和列组合，并将其钉到了实验室的墙上和楼梯上。他知道自己离答案很近了，但仍不能肯定可以得到它。

他累极了，就将自己浓密的长发抓在手中，伏在办公桌上睡着了。后来他对别人说："我梦见了一张表，所有的元素都位于表上自己应该在的位置上。醒来后，我立即将这一情况记录到了纸上。"

门捷列夫画了一张较大的含有水平的行和竖直的列的矩形表格。在列中，他按照原子的重量从轻到重依次排列元素；而在行中，他则按照元素的相近性质来排列元素。通过对这张表的观察和思考，规律终于出现了！每一行中的从左到右，原子的重量按一定的数量规律增大。在一些位置上，他发现这种规律好像并没有起作用，于是他在这些空白的格子里加了问号。门捷列夫将

惹怒沙皇

　　德米特里·门捷列夫还被认为是石油和化学工业的专家。1876 年，他受邀到美国。在那里，他提议石油公司不应只是到处寻找石油资源，而是应该更有效地发展。一些专家现在仍在提这种建议。

　　门捷列夫在政治信仰上也是激进的。他允许女人去听他的讲座。（虽然他没有激进到认为女人和男人应平等的地步。）他离过婚并且又再婚，这种行为在沙皇俄国时期是不被认可的。

　　后来，在 1890 年，他在一份给沙皇的请愿书上签名，以抗议他所在的大学给学生的待遇太差。这显然是一个错误。沙皇是一位专制的独裁者，对别人提出的抗议十分反感。于是，门捷列夫被迫辞职，从此再也没有被录用为大学教师。不过这没有关系，沙皇只不过是历史中的一个注脚而已，而门捷列夫则是一颗永远的明星。

这种表格视作一种拼图游戏。他相信那些仍然空着的格子将会被新发现的元素所填上。他将他所画的表称为"周期表"。由此他摘取了化学中的"字母"，即元素的原子，就像撰写文章那样将这些"字母"按词、句子和段落的形式有序地排列起来。

　　对门捷列夫的批评者来说，这些听起来就像来自俄国的神秘主义。但当元素镓（现在的原子序数为 31）、钪（原子序数 21）、锗（原子序数 32）分别于 1875 年、1879 年和 1886 年被发现，并成功地填入了周期表中空着的格子，而且它们也都具有他所预言的性质时，门捷列夫立即成了世界名人。

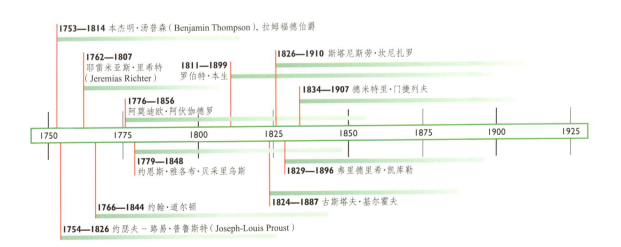

坚定的信念：门捷列夫的周期表

批评者们要求门捷列夫解释一些原子的重量与他的元素周期表不相符的原因。门捷列夫从不说"我不知道"或"可能在我的周期表中存在着错误"之类的话。他断然地说，是原子量存在错误。他坚持认为它们是在测量或计算的环节出现了错误。

门捷列夫为什么如此肯定自己正确，而其他聪明的化学家是错误的呢？其中的重要原因是在化合价上。和爱德华·弗兰克兰一样，他也是罗伯特·本生的学生。他知道弗兰克兰通过研究建立了化合价理论。这一理论他完全认同，并将其作为自己建立周期表的关键。在 19 世纪的术语中，化合价是一个原子与其他原子结合的能力。如氢原子的化合价是 1，则只可能与另外的 1 个原子结合。而铍的化合价是 2，则它能和两个其他原子结合。

当门捷列夫按照原子的重量将它们安置到周期表中，并在行中按它们的其他性质排列元素。在列中恰巧是按化合价排列的。氢（H）和化合价同为 1 的锂（Li=7）都在第一列。第二列则是以化合价为 2 的铍（Be=9）打头。各列的化合价出现了令人惊奇的规律，打头的元素分别为：化合价为 3（硼）、为 4（碳）、为 3（氮）、为 2（氧）、为 1（氟）。即化合价的规律为（1，2，3，4，3，2，1）。除了少数几个例外之外，各行中的元素均重复这一规律。

这是元素化合价和重量间的清晰联系，不可能出自偶然，也正是它使得门捷列夫确信自己做出了正确的排序。在现在的元素周期表中，除了氢自属一类外，上述元素都在第二行中，从锂（原子序数 3）到氟（原子序数 9）这一行的最后一个为惰性气体元素氖（所有惰性气体的化合价为 0）。而直到 19 世纪末，惰性气体才被发现。

上图为门捷列夫于 1871 年制订的元素周期表。它巧妙的排列使其能预言尚未发现的新元素。在第三列的中部有"？=68"和"？=70"字样。按照门捷列夫的预见，果然发现了镓（原子质量数 69.723）和锗（72.61 或 72.64），他还预言了这些元素和同列中的其他元素具有相同的一些性质。后来，化学家又重新修订完善了门捷列夫的周期表。

现在，我们已经知道了原子间的结合，取决于它们失去、获得或共享电子（带有负电荷的粒子）。这一发现导致科学家将简单的化合价（数字范围为 0 至 4）用较为复杂的电负性（最大值为 3.98）来代替。

请注意：我们这里使用的"重量"一词均为当时的术语，现在我们使用的多是"质量"。

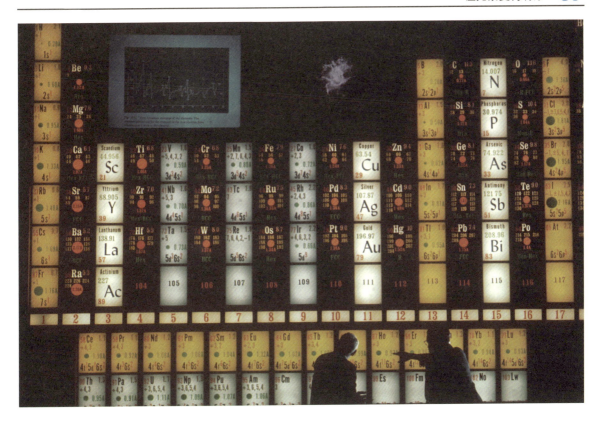

至 1955 年，一种现代化的元素周期表出现在全世界几乎所有的科学教室中。这一年，美国加利福尼亚大学伯克利分校中的一个科学家团队，其中包括艾伯特·吉奥尔索（Albert Ghiorso）和格伦·西博格（Glenn Seaborg），用人工合成的方法制造出了一种新元素，它的原子序数为 101，他们将其命名为钔（mendelevium）。

在 2004 年，俄罗斯科学家与美国科学家联合发现了两种新元素，它们的原子序数分别为 113 和 115。乔舒亚·B. 帕京（Joshua B. Patin）博士在谈起元素周期表时说："这简直就是科学研究中的艺术品。我们还没有完成它，对它的研究是无止境的。没有人可以预见将来到底会如何。但这恰恰是最激动人心之处。"

上图中，两位科学家在美国加利福尼亚大学伯克利分校的劳伦斯科学大厅中的元素周期表前显得较为矮小。他们所指的是 67 号元素钬，这是一种银白色的金属。

公众可能要经过很长的时期才能明白科学发现的重要意义。在 19 世纪，大多数学生仍在学习旧理论：宇宙是由四种"元素"——土、空气、火和水构成的。

元素周期表：物质大家庭的谱系

伯纳德·贾菲（Bernard Jaffe）在他的《坩埚》一书中写道："俄国农民在门捷列夫时期从未听说过元素周期律，但他们都以另外的原因记住了德米特里·门捷列夫。一天，门捷列夫为了拍摄日食的照片而乘气球升到了空中，他们知道了这位'乘气球刺穿了天空'的人。"虽然门捷列夫对气球原理所知甚少，但他也完成了目标并安全着陆。

到目前为止，我们已经发现了 92 种天然元素（见元素周期表）。在实验室中，通过原子核之间的相互碰撞，又产生了更多的元素，从原子序数 93 的镎到原子序数 115 的 Uup 都是按周期表中"规定"的顺序排列的。

门捷列夫将天然元素（已知的和未知的）按照原子重量和其他的性质进行分类。氢是最轻的，因此它排在第一位。但不同的同位素所具有的原子质量是不同的，因此，现在的元素周期表都是基于原子序数来排列的，即按原子核中含有的质子数来排列的。如第 11 号元素钠，即表明它的原子核中含有 11 个质子。无论何种情况，只要是原子核中含有 11 个质子的原子，则一定是钠元素无疑。

有一位名为尼尔斯·玻尔（Niels Bohr）的丹麦科学家，他猜想是原子序数决定了原子（因此也是元素）的性质。他的猜想后来被证明切中要害。

如果把元素的这些性质比作家庭成员的不同特性，元素周期表看上去就如同一种有着不同分支的化学大家庭的谱系。它的分支就是表中的列（称为族）和行（称为周期）。如果你上下审视各族的话，你能从数字中看出其中隐含的规律吗？

如果世界是由很少种类的原子或元素构成的话，那么物质能够如此丰富多彩吗？

这里举一个有趣的例子：在第一族中，元素是以氢元素（H）打头的，且它们的原子序数都是奇数。在相邻的一族中，则是以铍元素（Be）打头的，它们的原子序数都是偶数。到了第三族，原子序数又都是奇数了。继续下去会如何？为什么会有这种规律？

在一个普通的原子中，其原子核中所含有的质子数与在绕核的轨道上旋转的电子数是相等的。例如，氢原子中有一个质子和一个电子。而所有这一族中的原子的最外壳层上，都只有一个电子在绕原子核的轨道上旋转（但内层轨道上还有电子）。单个的电子都有结合成对的倾向。因此，第一族的元素都能很容易地与其他原子结合起来。你可能想起能独立存在的氢气不是 H_1，而是 H_2，即两个氢原子各拿出一个电子形成了共享的电子对。

从原子的观点看，比偶数电子更好的是在最外面的壳层上有 8 个电子。在元素周期表的最后一族，即第 18 族，它们的最外层都形成了电子对（氦是一个例外，其一共只有两个电子）。它们都被称为惰性气体。你可以进一步把它们想象成"势利鬼"。它们不易和其他的原子结合（除非在一些极端的条件下），它们不需要这样。氦甚至连同类都不结合。

元素间存在着一个简单的规律："奇数向往配对，配成八才高贵[①]。"但究其根源，是原子核的构成才使元素呈周期性，也使元素的性质千变万化。

Uup 和 Uut

一群科学家站在大型回旋加速器（一种使带电粒子加速到极高速率的设备）前，其中一些是美国人，另一些是俄罗斯人。他们向镅元素发射了钙的同位素。当它们碰巧发生碰撞时，具有 20 个质子的钙原子核与有 95 个质子的镅原子核发生聚变，从而产生了原子序数为 115 的元素。这种情况共发生了 4 次。

这是一种此前从不知道的新元素，因此被命名为 Uup（ununpentium）。几秒钟后，放射性衰变使它又失去了两个质子，从而变成了原子序数为 113 的另一种不为人所知的新元素 Uut（ununtriium）。这两种新元素都是"超重"元素，因为它们的原子质量非常巨大。它们都能在很短的时间内衰变成已知的元素。

这些科学家在 2004 年公布了他们发现的新元素。尽管它们的寿命都很短，但 Uup 和 Uut 被寄予厚望——帮助揭示原子核结构秘密。按照《纽约时报》的说法："这一发现填补了元素周期表最外侧的鸿沟，并强烈地暗示着尚待被发现的元素的美好前景。"

译者注：① 惰性气体的英文 noble 有"高贵""贵族"之意。

下面是一张尚未完成的元素周期表。原子序数高于 92 的元素都是人工制造的或是在实验室中产生的，科学家们仍在对它们进行研究。这张表是 2005 年时印制的，当时第 117 和 118 号元素尚未问世，从 112 至 116 号的元素也在等待永久性的名称（所有的 "Un" 均表示占位的作用。110 号元素之所以命名为 "鐽"，是为了纪念它诞生所在的德国城市，而第 111 号元素 "錀" 则是为了纪念 X 射线的发现者伦琴。它们现在都是法定的名称。要想了解原子或元素的更多信息，可参阅《量子革命——璀璨群星与原子的奥秘》。

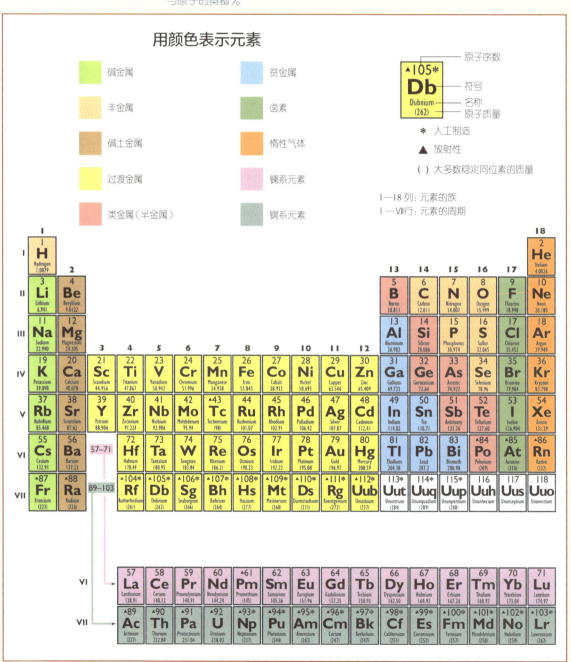

一位间谍的火热故事

观察长久才能见真谛。

——亨利·戴维·梭罗（Henry David Thoreau, 1817—1862），美国自然主义者和作家，《马萨诸塞州的自然史》

最近忙于在慕尼黑的兵工厂中监督各车间对大炮的镗孔工艺。看见在加工黄铜炮身时所产生的高热，我彻底震惊了。在很短的时间内，镗孔就能产生如此高的温度；而这一过程中被切削下来的金属屑则更热（我通过实验发现它比开水热多了）。

——本杰明·汤普森，拉姆福德伯爵（1753—1814），美国科学家和发明家，《热是运动的一种形式》

反对"原子存在说"的观点……忽视了热的真正本质。在 19 世纪初，关于热的观点是不统一的。一些科学家认为热是一种力学性质……但其他的科学家（大概是主流）都同意热是一种类似于蒸汽的流体……并赋予了它"热质"的名称。

——戴维·林德利（1956—），物理学家和作家，《玻尔兹曼的原子》

在一个杯子中倒满热茶，另一个杯子中装满冰。然后将两只杯子靠近放置，就会发现茶水将很快变凉，而冰的融化也加快了。如果你将热量当作一种看不见的物质，那么就很容易解释这一现象了。这种想象中的物质被称为"热质"，它从热物体流到冷物体中。

关于热质的想象很不错，但它后来被证明是错误的。热不是一种物质，它与分子的运动有关，因此是动能的一种形式。拉瓦锡提出的热质观点，就像他推翻的燃素说一样，都是错误的。

一位美国人却把这一问题搞清楚了。他不知道原子和分子，但他却弄清了热质是不存在的。你也许在美国历史书中甚至都找不到这位美国人的名字。但如果你去德国慕尼黑游览的话，就能看到他了。他是一位瘦削而活跃的人，肩上喜欢披着军用斗篷，胸前挂着骑士勋章。他的一只手抓着一根带穗的手

热（科学家现在称其为"热能"）是动能的一种形式。意思是它与运动有关。在气体中，原子和分子在任意方向上无规则地运动着；在固体中，它们在固定位置上振动。在大多数其他形式的动能中（如投掷出的棒球），分子与它所在的物体总体上向同一方向运动。现在的科学家将热看作动词而非名词，如通过增加热能热一下那个比萨饼。

拉姆福德伯爵是一位美国科学家、发明家和冒险家。他的铜像栩栩如生挺立在位于慕尼黑的底座上。

杖，而另一只手中则握着一项大型城市公园的规划。这是他的一尊青铜雕像，充满了传奇和自信地站在那里。

这位传奇人物的名字即为本杰明·汤普森。他 1753 年出生于美国马萨诸塞州沃本的一个农民家庭中，但从出生后就没见过自己的父亲。他的母亲收入也不丰，生活显得有些拮据。所幸的是，他的天赋非同一般，有着灵活的思维、躁动的野心和对学习的激情。但他有时也会暴露出不择手段的本性，为了出人头地，他可以不顾后果地做任何需要做的事。

有一件事汤普森是确凿无疑的：他不想一辈子在一个小镇上做农民。因此，他设法到塞勒姆和波士顿去做了一名学徒。这两座城市都是马萨诸塞州中非常热闹的城市。在那里，他利用自己所能找到的任何机会进行阅读和学习，去听讲座，学习各种语言，并且还做一些科学实验。在 13 岁那年，他就开始收集和整理如何制造爆竹和火箭的笔记了。他的一位雇主在写给他母亲的信中说："我经常看到你的儿子躲到柜台下面，手里拿着钻孔用的螺丝锥、刀子和锯子，建造某种小型机器，或在阅读一些科学图书，反正不是站在柜台后面……恭候顾客。"于是，他被解雇了。汤普森的下一份学徒工作是跟随一名医生，这位医生教他医药技术。

这就是本杰明·汤普森出生的位于马萨诸塞州沃本的农场。他在这里生活的时间不长。在儿童时期，他就选择了在塞勒姆和波士顿等热闹的城市中生活。

汤普森对科学有着非常真诚而深刻的兴趣。他搜寻一切学习的机会，曾找到塞缪尔·威廉斯（Samuel Williams）牧师进行学习研究。威廉斯后来成了哈佛大学的教师。当汤普森写了一篇关于电学的科学论文并建造出一台"电机器"后，在新罕布什尔州的小镇拉姆福德，行政委员邀请他到那里去做学校的校长。3个月后，他与新汉普什尔的一位最富有的寡妇结了婚。当时，新娘 33 岁而他只有 19 岁。他们一起乘马车到波士顿去为汤普森购置适合绅士生活的新衣服。

汤普森很快就成了新汉普什尔

这幅著名的版画的标题为"1770 年 3 月 5 日，发生在波士顿国王街的血腥屠杀"，是由保罗·里维尔创作的，被认为是美国第一张宣传张贴画。它描写的是英国士兵向一些嘲弄殖民主义者的市民开枪，这幅画帮助点燃了美国爱国者的怒火，从而引发了从英国统治者手中争取自由的战争。

年轻的皇家市长的好朋友。这位市长也是一位科学方面的热心人。他们一起外出进行登山探险活动，并将所见所闻认真地整理和记录下来。但这时，美国革命正在酝酿之中，而且政治因素也牵扯进了科学。汤普森是一位保皇党成员，这意味着他是站在英国皇家军队一边的，当时有很多美国人也是英国保皇党成员。其他人当中又有很多不能确定什么是对殖民地最有利的。但汤普森比大多数其他保皇党人走得更远：他竟然成了英国人的间谍！这对那些决心和英国人血战到底的美国爱国者而言，简直就是背叛。（他的一封用神秘墨水写的信，现在仍然被保存着。）他很可能因此被绞死，但他设法逃到了英格兰。他离开了妻子和尚处于婴儿期的女儿，并从此再也没有见过她们。

在英格兰，汤普森很快又结识了很多有权势的朋友，其中就包括国王乔治三世。这位国王任命他为美国北方部的副部长。现在他成为赫赫的英国政府的在列官员了。即使如此，他仍抽时间来满足他的科学好奇心。他的一些实验，特别是关于枪炮和爆

这位间谍是一位叛国者

下面是一封本杰明·汤普森用神秘墨水写的密信。所发布的信息用神秘墨水写在正常信件的各行之间。这封信是送给英国军队盖奇（Gage）将军的工作人员的，很明显，这是一种叛国行为。

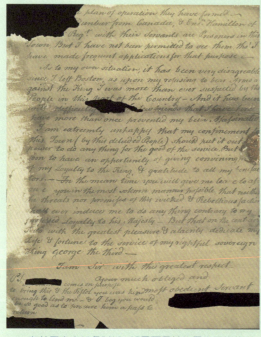

在美国自由战争时期，如果要用神秘墨水写信的话，一般都是将硫酸亚铁（$FeSO_4$）与水调和。硫酸亚铁是一种含有铁（Fe）、硫（S）和氧（O）的化合物。如果要读取神秘信息，就要细心地将信纸在火上加热或用碳酸钠（Na_2CO_3）进行处理。这两种方法都会使信纸变暗变脆（上图），但也会使硫酸亚铁变成棕色，从而使信息可见。当时英国和美国的间谍都使用这一技术。

... plan of operation they have formed— / ... [D] unbar from Canada, & Ens. Hamilton of / ... Reg [?] with their Servants are Prisoners in this / Town, But I have not permitted to see them tho' I / have made frequent applications for that purpose— / As to my own situation, it has been very disagreeable / since I left Boston, as upon my refusing to bear Arms a- / gainst the King I was more than ever suspected by the / People in this part of the Country—And it has been / with difficulty ... few friends that I have here / have more than once prevented my bein Asassinated. / I am extremely unhappy that my confinement to / this Town (by this deluded People) should put it out ... / power to do any thing for the good of the service, But ... / soon to have an opportunity of giving convincing ... / of my Loyalty to the King, & gratitude to all my / benefac- / tors—In the mean time you will give me leave to as- / sure you in the most solemn manner possible, that neither / the threats nor promises of this wicked & Rebellious faction / shall ever induce me to do any thing contrary to my / professed Loyalty to his Majesty— But that on the contrary / I do with the greatest pleasure & alacrity dedicate my / Life & fortune to the service of my rightful sovereign / King George the third— / I am Sir with the greatest respect / Your much obliged and / most obedient Servant / (name cut out) / P.S. (name cut out) comes on purpose / to bring this & the Pistol you was kind / enough to lend me—& I beg you would / be so good as to procure him a pass to / return

炸的实验，给公众留下了深刻的印象，使他被选举为英国皇家学会的成员。（对，就是那个包括了玻意耳和牛顿的学会。）

在独立战争期间，国王乔治三世又将汤普森派回到了美国。这一次，他以陆军中校的身份来到美国，帮助英国军队来对抗美国的爱国者。20 世纪传记作家桑伯恩·C. 布朗（Sanborn

C. Brown）曾写道："对亨廷顿、长岛的居民来说，本杰明·汤普森就是魔鬼的化身。"

他选择了一块两英亩的土地来建设要塞堡垒，而这块地上原先有着一座第一长老会教堂。他下令将其夷为平地，将拆下来的木材用于修建堡垒之用……墓碑没有被用于修建要塞，但却用于修壁炉、案桌、烤炉……很多居民还记得那年冬天被那些士兵戏弄：在士兵们给他们的面包上，竟然还都反印着死去亲属墓碑上的铭文。

但一个人不可能什么都好，也不可能什么都坏。汤普森做的一件好事是：他一直处于繁忙的状态之中（军队里有大量的时间无事可做）。在长岛期间，他设计出了一种用软木制成的救生圈，它可以使背上驮着炮的马安全地渡过河。后来他又发明了一种能运输大炮的马车。这种马车可以拆开成几个部分，用 3 匹马即可驮走，又可在几分钟之内轻松地重新组装起来。

当汤普森又回到英格兰后，他一身戎装，打扮成一位著名的军事指挥官，所到之处都受到了人们的普遍欢迎。或许英国人是真的喜欢他，但是美国人都恨透了他。无论如何，英国国王乔治三世对他很是欣赏。于是这位国王册封他为骑士。（这意味着从那时起人们要称呼他为本杰明·汤普森爵士了。）但他的欲望却远没有得到满足。于是，他又来到了欧洲大陆寻找机会。和他同行的有爱德华·吉本（Edward Gibbon），吉本后来因写古罗马历史而一举成名。这时的本杰明·汤普森爵士仍在为英国干着间谍勾当，但在脑子中却经常想一些其他问题。在法国，他引起了马克西米利安（Maximilian）王子的注意。这位王子对他印象深刻，并建议他到德国去访问，并先期给他的表兄，即巴伐利亚公爵捎了信告知这一消息。

当本杰明爵士到达位于德国东南部的巴伐利亚时，仍然身穿全套的军装，并骑着一匹白色的高头大马。不久之后，这位被封

> 风和波浪都是站在最能干的导航员一边的……只要是人间事，不进则退。
> ——爱德华·吉本（1737—1794），《罗马帝国衰亡史》

本杰明·汤普森邀请了他心目中英格兰最优秀的肖像画家托马斯·庚斯博罗（Thomas Gainsborough）来绘制他的这幅肖像。

1799 年，拉姆福德伯爵用一台非常灵敏的天平证明了水在结成冰和冰在融化成水的过程中没有质量的变化。然而，在上述过程中交换的热量足以使几盎司的金从凝固点热到发红。如果热质真的存在，他的天平就应该能够把它测量出来。"热，"他说，"……大概是无限稀薄的东西，即使在它最致密的状态，我们也难以发现它的重量。"最终他无法测出热质的重量，因此他就推断热不是一种物质，而是"一种运动"。

为英国骑士的美国人好像就以各种头衔游历了巴伐利亚：在一处以少将的身份，在另一处则以警察局长的身份，还可能扮演全能组织者的身份。他是个极具天赋的人。他让士兵排除慕尼黑市附近沼泽地中的积水，并在那里建造了一处著名的公园英国园。这一公园至今尚在。

他还改良了牛的品种，鼓励土豆种植，改革了军队体制，改善了公共服务系统，创办了军事学院，并尝试使德国人的饮食结构更趋营养化。他将整个慕尼黑市的那些无家可归的穷人（约 2 600 人）收容起来，让他们住到一家大工厂中，在让他们吃好、穿好的同时，让他们接受培训。对合格的一些人还给了工作，让他们在工厂中生产产品。（这一点慕尼黑受益了。）其他人则到私人家中去干活。"为了让可能危害社会的散乱人群生活好起来，人们通常认为首先要让他们具有道德观。"他写道，并解释了他的上述行为，"为什么不能反过来做呢？为什么不先使他们幸福，然后再谈美德呢？"

在他的闲暇时间中，本杰明爵士搞了很多的发明：双层蒸锅、滴漏咖啡壶（左图）和一种高效的家用炉灶。这种咖啡壶可以说是第一种真正富有现代感的厨房用具。特别是他发明的炉灶，兼具了取暖和烹饪的双重作用，它比本杰明·富兰克林发明的更有用。他将詹姆斯·瓦特发明的蒸汽机广泛地应用于德国。他还继续仔细地整理研究成果并做了一些重要的科学实验。

巴伐利亚人对他十分敬佩，授予了他圣罗马皇帝伯爵的称号。这意味着他这时又被加封了拉姆福德伯爵的称号。这一封号的名称取自他曾经生活过的美国新罕布什尔州的小镇拉姆福德（现在这个小镇已改名为康科德）。

　　后来，拉姆福德伯爵又瞅准了一个既能挣钱，又能改进巴伐利亚炮兵水平的机会，也就是设计和制造重型大炮。当时的法国大革命使得欧洲的贵族们非常恐惧，为了防止自己也落得同样的下场，贵族们便抓紧武装自己，因而对军火的需求量大增。一天，拉姆福德伯爵正在观看工人为一个重型大炮的炮管镗孔。即使这是在水中作业的，他仍能感觉到这一过程中产生的大量热量。他将这些仔细地记录了下来。在写给伦敦的皇家学会的报告中，他提到：

　　我将手放到水中并触摸炮管的表面，感受到了热量的产生过程。虽然将它放到水中的时间并不长……但已经明显地热起来了……2 小时 30 分钟后，水真的沸腾起来了。当看到在没有火存在的情况下，冷水由冷变热、再到沸腾的过程后，那些旁观者们脸上所表现出来的惊讶和赞叹的表情，我很难把它们描述出来。

　　拉姆福德伯爵注意到金属被长时间不停地钻孔（用马来提供动力）的过程中一直有热量放出来。如果热量是一种流体的话，那么它就应该会耗尽，但这种情况并没有发生。"孤立的物体……能够持续无限制地提供的任何事物，都不可能是一种实物。"他写道。他由此推理，钻头和炮管间摩擦的相对运动产生了**摩擦力**，正是它的存在使水能放出热量。因此，应该是钻孔过程中的运动产生了热量，而不是一种看不见的流体。

　　1798 年，拉姆福德伯爵写了一篇经典的科学论文《关于摩擦生热的实验探究》。在这篇论文中，他表述得更为清晰：**热和运动有关，并不存在所谓的热质**。这一论断可以说是科学史上的一个里程碑。

　　最后，我们讲一下拉姆福德伯爵故事的结

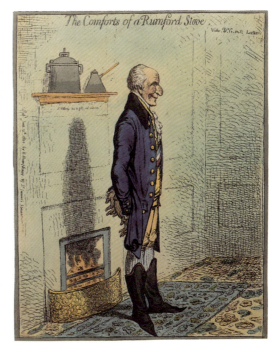

这幅有水彩着色的明快的蚀刻画作于 1800 年。其描写了乐善好施的发明家拉姆福德伯爵（本杰明·汤普森）站在自己发明的炉子前取暖的情景。这是在拉姆福德伯爵建立的伦敦皇家学院中。

热量是从哪里放出来的?

拉姆福德伯爵的著名实验本身就是优秀的科学实践，即将认真的实验和坚实的思考结合起来。以下是他的描述：

我们已经看到，当两个金属表面发生摩擦时，将会放出十分可观的热量，并持续向四处散发出热流，从未间断或停息过，也没有出现过减少或耗尽的迹象。那么，这些热量是从哪里放出来的呢？

热量是由气体提供的吗？这是不可能的。因为在三个实验中，机器都是保持浸没在水下工作的，大气中的气体不可能到达那里。

那么，热量是由包围着机器的水提供的吗？很明显，这也是不可能的。首先，因为水持续不断地接受机器散发出的热量，不可能同时从同一物体既接收又释放热量；再者，这些水在这一过程中没有任何部分发生了化学分解之类的反应。

另外，在分析这一问题时，我们不能忽略最重要的一个事实，那就是，在这些实验中，摩擦生热明显地看上去是无穷无尽的。

孤立的物体，或一个孤立的多物体系统，能够持续、无限制地提供的任何事物，都不可能是一个实物。如果不是完全不可能的话，除

上图为汤普森，即拉姆福德伯爵于 1798 年在一家大炮工厂中的情景。他正在指出机械能能够转化为热能。

了把热视为一种运动之外，要设想出其他能够像实验中那样生成和传导的某种事物的清晰概念，在我看来是极其困难的。

拉姆福德伯爵的观点反驳了一种错误理论，这是一项巨大的成就，是发现正确理论的关键所在。

局。他又离开巴伐利亚回到了英国。他的一项发明，即"拉姆福德式炉灶"，给他带来了滚滚财源。它以木柴或煤为燃料，效率远高于当时使用的其他任何炉子，而且房间内不会充满有毒的烟雾。拉姆福德伯爵是很多家庭所崇拜的英雄。他又变得对寻找将科学知识与日常生活联系起来的其他方式感兴趣了。1799 年，他创建了"大不列颠皇家学院"（注意不要将其与由精英构成的皇家学会相混淆）。皇家学院建在伦敦，其目的是向公众表明科学是能够应用到生活中去的。1801 年，拉姆福德伯爵邀请汉弗

Scientific Researches! _ New Discoveries in PNEUMATICKS! _ or _ an Experimental Lecture on the Powers of Air

趣谈"热"字

每当我将"热"（heat）一词用作名词时，我的一位物理学家朋友约翰·胡比茨都感到很不安。因为按大多数词典的定义，"热不是一种物质，"他说道，"因此它不能是一个名词。在我们纠正热质说时，也必须更正这一观点。"

"我理解，"我反驳他道，"但我们在谈起火炉中放出的热或太阳放出的热时，使用的'热'是名词，也是我们的日常用语。"

哦，我没有将这一争论持续下去。对科学家而言，"热"是一种行动，因此它应是一个动词，且仅能是一个动词。因此，我们要保证自己已经弄清楚了科学术语的含义。而且，在读本书时，如果你发现了将"热"作为名词的地方，你尽可以将其理解为作者是在利用英国语言的丰富性。如果你正躺在室外的日光椅上阅读本文，那么请记住：是分子的运动在炙烤着你，而不是有某种物质传输到了你的身上。如果你想寻找一个合适的名词，我的物理学家朋友（他喜欢一锤定音）会说："请使用'热能'！"

特殊的研究！……一个关于空气能量的讲座。这是一幅卡通画，外号叫"屁波纹管"，是打趣皇家学院中笑气（氧化氮）演示的效果的。图中拉姆福德伯爵站在远处而汉弗莱·戴维则手持着波纹管。

拉姆福德伯爵说："我用这一物体……来确定是否有看不见的辐射……从一个暖的物体上发出，其性质与从太阳发出的一样。"他说得对吗？

等待原子

拉姆福德伯爵能够描述热量，但因为他不了解原子和分子的概念，故他尚不能对其进行解释。"对于这种被假定形成了热量的、特殊的物体运动是如何激发、持续的传播的，我离假装知道它们都还很远。我将不再仅用猜想来给各位读者添麻烦了。"拉姆福德伯爵写道。

热量是能量的一种形式，但在当时无人知道能量的本质是什么，更不知道宇宙中的大部分事件，从星系的膨胀到人体的生长，再到机器的运动，都涉及能量从一种形式转化为另外一种形式。当能量发生转化时，热量几乎总是参与其中。

拉姆福德伯爵时期的大部分人都忽略了他的理论，而坚持认为热量是一种称为热质的流体。安托万－洛朗·拉瓦锡提出热质说的观点。在拉瓦锡被杀害后，他成了一位悲剧式的英雄。拉姆福德伯爵傲慢和喜好争吵的性格，也使得对这一问题解决的步伐变得非常缓慢。另外，科学也还没有完全为这一思想做好准备。对热的理解，还要等到人们对原子有更多了解之后。那时它又将成为人们讨论的热点。

莱·戴维来做皇家学院的负责人。这是他的一个创造性的选择。戴维是一位优秀的演说家和伟大的实验学家，利用他的演讲能吸引大量的听众，利用他的名气则又可提升皇家学院的声望，从而使皇家学院变成最主要的大众科学中心。（一些年轻人在听了戴维的讲座后，备受鼓舞想要成为一位科学家，汤普森本人也将因此而闻名于世。）

拉姆福德伯爵还提供了两个理学教授职位的资金：一个是在美国的哈佛大学，另一个在波士顿的美国艺术与科学学院。（他有没有可能为他之前的间谍行为感到内疚？）但他仍不改他那傲慢的处事方式。他和皇家学院院长争吵，并因此于 1804 年到巴黎居住。在巴黎，他和一位非常富有的法国寡妇结了婚，她的名字叫玛丽·拉瓦锡。

拉姆福德伯爵的科研成果是非常多的，但他的个人生活却是麻烦连连。他与玛丽·拉瓦锡的婚姻也是不幸福的，只维持了不长的时间。

在给英格兰帕默斯顿（Palmerston）女士的一封信中，拉姆福德伯爵写道："我想我今生能够将热质说驱逐出历史舞台，正如已经逝去的拉瓦锡摈弃了燃素说一样。我们这两位哲学家的夫人的命运是多么非凡呀！"

原子……这几乎是一种未知事物，试图用微小的、坚硬的粒子来说明诸如热量等一些我们现在熟悉但仍觉得神秘莫测的东西，肯定让 19 世纪早期的科学家们感到震惊和难以理解，因为那对他们来说是个过于巨大的想象力鸿沟。

——戴维·林德利，《玻尔兹曼的原子》

11 令人震惊的电科学

正是目睹了蒸汽动力发展的这代人，见证了一种能量转换形式的发现……这种更便捷的方式……能在任何地方传输能量，无论是少量的还是大量的，只要按下一个按钮就行。能量的这种形式，当然是电。

——艾萨克·阿西莫夫（Isaac Asimov, 1920—1992），俄裔美国科学作家，《阿西莫夫科学指南》

如果人们未曾探测到电磁效应，则可能无人能够想到电和磁；它们都不是牛顿定律产生的结果。因此，对于是否存在尚未被发现的基本力，我们应该保持开放的心态。

——布赖恩·L. 西尔弗（—1997），物理化学家和科学史学家，《科学的攀升》

奥托·冯·格里克（Otto von Guericke）是一位德国科学家。他曾经制造了一台真空泵，用它将一个球壳中的空气抽出，然后在球壳的两侧各系一队马来拉球壳。格里克在戏剧方面很有天赋，也很喜欢做此类公开演示。（当时是17世纪中叶，能将人们吸引在家里的电视机尚未问世。）

在另一个有名的实验中，格里克将一个硫黄球固定在一根棒子的一端，并用一个曲柄摇动它，使其转动。然后，在球旋转时，他（用手或一块布）轻轻地摩擦它。这样就能使球带电，即能看到打出的火花和明亮的辉光。格里克就这样制造出了一台能用摩擦的方法产生静电电荷的机器。用它能产生比当时任何人见过的更大的电荷量（闪电当然除外）。他喜欢将系着细金属线的织带绑到这个装置上，这时细金属线将向外直伸出去。格里克不知道这是什么原因，他却演示了电荷在导体（细金属线）上的移动，这就是电流。（这个实验以及后面介绍的实验都具有很大的危险性，一定不要冒冒失失去试着做！）

静电（static electricity）现象的起因是正电荷和负电荷不平衡。当带负电荷的电子从原子中分离出来后，这个原子就变得带正电荷了。你平时看到、听到和感觉到的电击现象都是这种不同电荷又回到一起时产生的现象（"异性相吸"）。一些资料将静电定义为电荷积累的结果，其实并非如此。在电击之前或之后，都有相同数目带异种电荷的粒子的存在，它们只是分开然后又重聚罢了。

在 18 世纪的英格兰，有钱人在好奇心的驱使下买了 "电击器" 来让自己受电击（右图），为了消遣或者按他们认为对健康有好处。女孩在和男朋友接吻时，身上穿的鲸须紧身衣会放出微小的放电闪光，她的男朋友也会因此而受到电击并伴有痛感。树也受到这种电击，人们希望它会因此更早开花。卫理会牧师约翰·韦斯利（John Wesley）带着这种机器环游英格兰做相关的演示。诗人珀西·比希·雪莱（Percy Bysshe Shelley, 1792—1822）在自己的桌上也放了一台这样的机器。他常坐在绝缘的凳子上为自己充电，直至他的长头发都竖立起来为止。

大约在其后 70 年，即在 18 世纪 20 至 30 年代，斯蒂芬·格雷（Stephen Gray）利用静电做了让助手的头发竖立起来的实验。他是在一大群充满敬畏之情的英国观众面前演示的，并由此证明了人体是可以导电的。（所幸他的助手没有被电死！）

在一个特别受欢迎的实验中，格雷将一根带电的玻璃棒靠近一根金属棒，便可以看到有闪烁的电火花越过玻璃棒和金属棒的间隙，并发出噼啪作响的放电声。观众们感到很惊讶。但这具有什么意义呢？它有什么潜在的实用价值吗？

一些人想知道产生这一现象的原因。但在当时，所有的这种实验都使用难以被保存的静电荷。人们需要一种稳定的静电荷源。

这一想法促使了莱顿瓶（Leyden jar）的问世。莱顿瓶是 18 世纪中叶在荷兰被发明的，它可以将静电荷事先储存起来，实验人员可在任何需要的时候 "取用"。

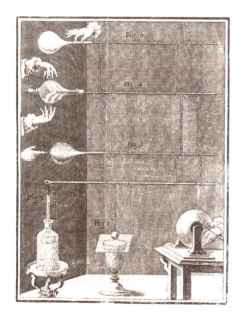

被电击时常伴有不舒服之感。但在早期的实验科学中，好奇心往往能战胜痛感。上图中的右下角有一个摩擦轮，旁边的都是电击用的仪器。

彼得鲁斯·范米森布鲁克（Petrus van Musschenbroek）是荷兰莱顿大学的教授（他曾在一次去英格兰的旅行中和牛顿邂逅），他大约在 1745 年制作出了这样一个瓶子，并写信向他的同事描述了用它做实验的情形："我很想告诉你关于我的一个新的但可

吸引的力量

　　琥珀——黏稠的油状树脂硬化后的产物——因为它的美丽而备受珠宝商的青睐。它实质上是一种透明的化石，其中常常包裹有小虫、花粉。古希腊科学家泰勒斯（Thales）就注意到琥珀有一个有趣的能力，当用羊毛或毛皮摩擦琥珀后，它便会吸引羽毛和绒毛。其他科学家也为它所具有的吸引作用而感到不解。

　　威廉·吉尔伯特（William Gilbert）是英格兰女王伊丽莎白一世的医生，他参考了希腊文中

　　磁性是有用的。吉尔伯特花了 18 年时间研究它，并于 1600 年专门写了一本关于它的书。为什么罗盘会有这种表现呢？吉尔伯特推断，地球是一个巨大的磁体，有着能吸引其他磁体的南北极。但在当时，无人能想到电和磁之间存在着关系。带电后的琥珀并不能吸引铁钉，而磁铁也绝不会吸引羽毛。

古代人们就对琥珀（上图，有一只昆虫陷入其中）充满了好奇。在左图中，威廉·吉尔伯特（1544—1603）在向伊丽莎白一世演示电现象。下图为 18 世纪俄国产的磁石。当时，雕刻后的天然磁性岩石常被装入装饰过的铜框中。

　　的"琥珀"（ēlektron）一词，将这种神奇的吸引效果命名为"电"（electricity）。吉尔伯特发现，有些其他的物质，例如玻璃，在被摩擦后也具有这种吸引作用。

　　人们很早以前就知道天然磁石了，即天然磁铁。它其实是磁性矿（氧化铁）的一种形式。它能吸引铁钉以及其他铁制品。用细绳把磁石悬挂起来，它能转向北方，即指向地球磁极。这一功能可以引导苍茫大海上的海员确定自己的航向。船上的罗盘最初就是用天然磁石制成的。

　　对于电，吉尔伯特并不比古希腊人知道得多。很可惜，他不能活得更久。到 18 世纪中叶时，关于电的演示风靡整个欧洲，吉尔伯特如果生于此时代，一定会爱上它们的。

用很多种方法都可以引发静电作用，例如用羊毛摩擦玻璃棒等。如何储存这些电荷，并在需要的时候用它来产生电火花，才是更大的挑战。这就是莱顿瓶的作用。右图为荷兰早期莱顿瓶的模型（约 1745 年）。一根钉子穿过橡皮塞子连到瓶中的金属衬里上，钉子载有电荷——假设是负电荷（即电子多于质子）。同时，瓶的底部用一个金属杯包住，其上载有相反的电荷（正电荷——质子多于电子）。玻璃两侧的电荷相互吸引而驻留下来，并不断增加。但玻璃是一种绝缘体（故能使电荷保持分离而不相接触）。要想产生电火花的话，则用一个导体（如图中瓶右侧的分叉状工具）绕过玻璃产生旁路，即使金属杯和金属衬里连接起来（通过钉子和瓶塞上的导体球），使得异种电荷碰到一起而中和，产生放电现象。莱顿瓶就是现在电工们所称的电容器——由两层带电板（一层带正电，一层带负电）以及中间夹着的绝缘层构成。你的身体也是一个导体，故不要用手来为莱顿瓶或电容器放电。这种电击的后果可能很严重。

怕的实验。我建议你不要轻易尝试，反正我是不会再做了……即使给我整个法兰西王国也不行。"

尽管受到了警告，全世界的实验者却开始热衷于玩这种静电游戏。它很有趣，有时令人震惊，虽然时而会让人受到电击。电荷集聚太多，莱顿瓶就会爆炸。这使一些实验人员从此离开了实验台——去了坟场。但一切已经不能回头了，这奇异的实验太引人入胜了，让人们无法避免被它深深吸引。

当法国国王前去观看演示时，180 个士兵手拉手组成了一个圆环。其中一个士兵拿着莱顿瓶，他先用手触碰了一下莱顿瓶上的导体球，再去碰邻近的同伴。突然间，这 180 个士兵一个接一个剧烈摇动，甚至跳了起来。他们都受到了电击，国王因此被逗乐了。

集科学家和神父两种身份于一身的让－安托万·诺莱（Jean-Antoine Nollet）安排了这个实验。当时是 1746 年，一位女性仰慕者在写给朋友的信中赞美诺莱道："仅是公爵夫人、贵族夫人和美丽的女士们的马车就已经在他的门外大排长龙了。很明显，这是可靠的哲理，并将使他在巴黎一举成名。"

"可靠的哲理？"她所说的"哲理"其实是指科学。但这些电荷的跃动和电击现象中蕴藏着什么科学原理呢？当时无人知晓。在干燥的天气里，你将脚与地毯摩擦一会儿，再用手去接触金属物品，就会受到电击。这就是静电的作用。这和你在摩擦玻璃或琥珀时产生的电是同一种形式。用莱顿瓶可以贮存和释放这些电能（是瞬时的，而非缓慢的）。

1747 年，英国的一个由杰出市民组成的委员会决定要亲眼观察这种新出现的玩意儿。在伦敦威斯敏斯特宫附近，一根金属线被扯过长约四分之一英里的威斯敏斯特大桥。在大桥的两端，金属线的两头又分别被通到了河堤上。在一侧的河堤上，有一个人一只手持一个和这根金属线连接的莱顿瓶，另一只手握着一根铁棒。然后，他将铁棒插到了河水中。

在对面的河堤上，另有一个人一只手拉着这根金属线的另一端，另一只手也握着一根铁棒。当他也将铁棒插到水中时，哇！河两岸的这两个人都因受到电击而跳得老高。莱顿瓶中的电荷竟能通过一根金属线越过泰晤士河？！这也是第一个证明电的流动是需要回路的演示。这个"电效应"还有其他用途吗？

本杰明·富兰克林认为是有的。他相信电的用途肯定远不止用于玩这些社交小把戏。于是，富兰克林小心地做了一个实验，他知道电是危险的。他认为"电火是一种普通的元素"。他所说的"电火"即"电荷"。但我们知道，电荷不是一种元素，即使如此，富兰克林仍不失为一流的科学家。他注意到，当莱顿瓶放电时，它会放出火花和闪光，并且伴有噼里啪啦的声响，这使他想起了闪电和雷声。那么，莱顿瓶能捕获雷电产生的静电吗？于是，富兰克林利用风筝和钥匙设计了一个实验来验证这一猜想。其实，在他之前，法国的实验人员已经用实验证明了天空中雷电的电荷与用摩擦起电的方式产生的电荷是完全相同的。（因为富兰克林是公共关系方面的能手，故他最终得到了这一发现的殊荣。）

富兰克林对"电火"的分析震惊了整个欧洲。本杰明的朋友、

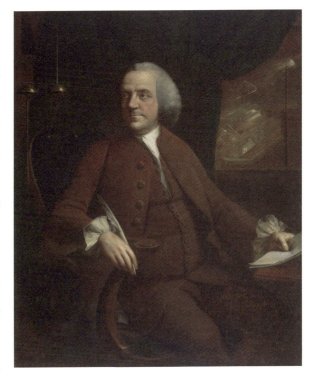

上图是一幅由梅森·张伯伦（Mason Chamberlain）于 1762 年所绘的本杰明·富兰克林肖像。一年后，爱德华·费希尔（Edward Fisher）又根据这幅肖像制作了版画。富兰克林从英国将它送给美国的朋友和其他他想留下印象的人。画中左上角是电铃，他的右侧是能吸引危险的雷电而对他起保护作用的避雷针。

雷电其实是一种越过天空的大型静电放电过程。是雨将云中的电荷（通常是负电，即有太多的电子）和潮湿地面上的电荷（通常是正电，即电子太少）隔离开了。云层和地面形成了一个巨大的莱顿瓶或电容器。当它们之间的电场足够强大时，空气就被击穿而变成了导体。轰！向上击的闪电以近乎一半光速的速度出现，而向下击的闪电则稍慢。

在 1793 年出版的《本杰明·富兰克林自传》中，富兰克林写道："使我的这本书名声更突出和更广泛的，是我设计的实验的成功……我从云中引下了雷电，它吸引了各地公众的注意。"右图中，富兰克林正在做他那著名的风筝实验，由著名印刷公司柯里尔与艾夫斯所作。

英国化学家约瑟夫·普里斯特利，将这位美国哲学家和英国的科学偶像艾萨克·牛顿进行了比较。他认为，在新生的殖民地中，能够产生像本杰明·富兰克林这样有着深刻洞察力的科学家，这本身就是有助于为殖民地人民赢得尊敬的事情。美国诗人菲利普·弗瑞诺（Philip Freneau）和休·亨利·布雷肯里奇（Hugh Henry Brackenridge）都加入了合唱团，来歌颂他们的英雄：

　　……我们以你为荣
　　一位哲学界的王子，富兰克林，
　　睿智如同电火般打动人心，
　　灵感如同电闪，作出如此闪耀的说明，
　　他，大不列颠圣人的有力竞争者。

那是把事情过分夸大了。富兰克林毕竟不能和牛顿（"大不列颠圣人"）比肩，但他将静电现象和雷电联系起来，即将天上和地上的行为联系起来，无疑是对牛顿观点的延伸。

富兰克林并非是唯一认真做实验的人。一位名为夏尔－弗朗索瓦·德西斯泰奈·迪费伊（Charles-François de Cisternay Du Fay）的法国化学家在实验中发现，两根带电的玻璃棒会相互排斥。两根带电的琥珀棒也是如此。但带电玻璃棒和带电琥珀棒之间又能产生相互吸引的现象。这种现象说明了什么呢？

　　富兰克林猜测，玻璃棒在受摩擦而带电时，是由于有电流了进来，使它带上了"正电荷"。而琥珀受摩擦带电时，电则是流出去的，这使它带上了"负电荷"。后来的事实证明，他的这一假设基本是正确的。（电荷的流向实际上与他的想法恰恰相反。但他的基本思路是正确的。）

另一位法国人让·泰奥菲勒·德萨吉利埃（Jean Théophile Desaguliers）发现，有些物质（例如金属），电流可以在其中自由地通过。他将这些物

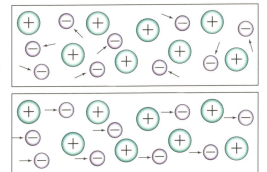

质称为**导体**（conductor）；还有一些物质（如琥珀和玻璃等），电流在其中很难通过，他将其称为**绝缘体**（insulator）。

　　富兰克林将电描述为"流体"。他认为虽然电是看不见的，但它却可以像在管道中的水一样流动。富兰克林猜测带电粒子可能存在于"流体"中。这是一个非常好的假设。电子——当时还未被发现——是一个个独立的带电粒子。

思维敏锐的本杰明·富兰克林提出了一个实用的想法。当时，常有人因雷电击中房屋和公共设施而死亡，但没人知道该怎么办。人们普遍的做法，是在雷雨来临时，敲

响教堂中的大钟以驱赶恶灵前来袭扰。但这并没有什么用。教堂敲钟往往成了"死亡职业"。（仅德国就有数百名敲钟者因此而

我们现在仍然使用富兰克林创造的名词"正电荷"和"负电荷"来描述电。
　　请记住：异种电荷相互吸引，同种电荷相互排斥。

所有的物质都具有电的性质，因为所有的原子中都含有带负电的电子和带正电的质子。金属中的原子很容易放出自己的电子，使自己变成电流的良导体（运输者），也使金属都泛出明亮的金属光泽。我们家里使用的电能是通过导线中如潮涌般的电子传播过来的。这些电子都是从导线中的原子上逃逸出来的。

本杰明·富兰克林是个一流的推销员，他建造了一些模型来展示避雷针的有效性。他将一个"雷屋"模型连接到一个莱顿瓶上（左数第二个）。来自莱顿瓶的电荷点着了可燃气体，炸掉了屋顶。他在屋子上加了避雷针后，就再也没有爆炸了。

高高的建筑，特别是教堂的尖顶，是雷电打击的常见目标。富兰克林的避雷针改变了这一切。上图为1820年法国的一个农村，人们非常相信这种金属杆，而把它们安到教堂、房屋的顶上，甚至在环绕村庄的空地上。

丧生。因为钟是用金属制成的，且通常是在城镇的最高建筑中，更容易吸引雷电。）

富兰克林注意到，如有尖锐的金属针接到莱顿瓶上时，它放电会更容易。不仅如此，如果针在恰当的位置，莱顿瓶就不能被充电。富兰克林利用这一观察结果设计了一根金属杆，它能将雷电的电荷安全地引到地面。这种被称为避雷针的金属杆拯救了无数的生命财产。但在一开始，他无论在英国还是美国都受到了指责。当波士顿发生了一场大地震时，人们普遍都在骂富兰克林，都说是因为他的金属杆偷走了天空中的雷电并排入了地下，从而导致了地震。（他确实偷走了天电，但这不是地震发生的原因。）

富兰克林变成了普罗米修斯（Prometheus）在现代的化身。这位古希腊神话中的英雄因盗取了天火而引发了宙斯（Zeus）的愤怒……普罗米修斯代表了政治压迫下争取自由的形象……（富兰克林）这位革命的政治家在法国被偶像化了，因为他"从天空中抢夺雷电并从暴君手中抢夺权杖"。

——帕特里夏·法拉，《天使的娱乐：启蒙时期的电学》

一位著名的法国神父攻击富兰克林说，这种防范"天空中的雷电"的行为是粗俗无礼的。本杰明回答道："天空中的雷电肯定不会比天空中的雨、冰雹或阳光等更具有超自然的性质……我们不是一直用房顶和遮阳篷来防范它们吗？"

富兰克林还认为，**电荷既不能被创生，也不能被消灭**。它只是跑到别处去了。这也是一种守恒定律。他说得非常正确，宇宙中的总电荷量确实是保持不变的。

对这一领域的研究此后就开始升温了。1791 年，一位名为路易吉·伽伐尼（Luigi Galvani）的意大利医生在解剖青蛙时发现，当青蛙的肌肉同时接触到两根不同金属制成的棒子时，肌肉会抖动起来。他在对人的尸体进行实验时，也发现有相同的情况发生。[英语中"电刺激"（galvanize）一词即来自伽伐尼先生的名字和实验。]他认为这种现象可能是和动物的磁性有关。但他的这一说法是错误的。

伽伐尼的一位朋友，亚历山德罗·伏打（Alessandro Volta，1745—1827）意识到，这并非是肌肉组织产生了电荷，电效果来自伽伐尼的两根金属棒。于是，伏打将不同的金属浸没到某种盐

电刺激（galvanize）意为激起，或电击使之行动。它也有用电流刺激的意思，或者表示用防锈的锌来电镀铁或钢。

电压（voltage）这一概念出自伏打的工作。他想到电池的作用就如同一个推动电子环绕电路流动的"泵"。伏特（V）是衡量这种"推动力"强度——叫作电压——大小的单位。闪光灯电池的电压为 1.5V，很多汽车电池的电压为 12V，电鳗的电压可达 500V，高压电缆的电压可达 765 000V 以上。而低压的一个例子是，心电图机（测量心肌活动的仪器）测得的心脏电压是毫伏（mV）级的。

实验者争论死青蛙的腿肌肉接触两根金属棒时为什么会抽动。亚历山德罗·伏打认为两根金属棒构成了电池组，是电流导致了肌肉的收缩。

汉弗莱·戴维爵士
十分憎恨卤肉汁，
他一生都憎恨它，
为了自己所发现的钠。
——埃德蒙·克莱里休·本特利
（Edmund Clerihew Bentley）
钠元素是戴维于1807年发现的。钠和卤肉汁间有什么联系？你可以想出来。

溶液中进行实验，由此发生的化学反应真的能产生电荷。

伏打将一些杯子排成行，然后将它们用金属条连接起来。在每一个交替盛有盐水或稀（弱）酸的杯子中，都交替浸入铜片和锌片。这种金属"三明治"竟然就产生了连续不断的电流。伏打也由此制成了第一个电池（两个或更多的电池连接到一起就形成了电池组）。当时人们称其为"伏打电堆"（voltaic pile，左图），它为科学家提供了一个相对稳定可靠的电源。电荷不像在莱顿瓶中那样瞬间一涌而出，而是能像河水那样稳定流淌。伏打因此还发明了一个词：电流（electric current）。

1880年，两位英国科学家威廉·尼科尔森（William Nicholson）和安东尼·卡莱尔（Anthony Carlisle）在听说了伏打的实验后，也建起了自己的伏打电堆。当他们将电池组的两个电极（即正极和负极）分别用导线接入水中后，发现在水中产生了氢气和氧气的气泡。他们由此利用电流引发了化学反应。在化学研究中，这一过程很快普及，并被称为电解（electrolysis）。

1807年，汉弗莱·戴维（Humphry Davy）制作了一个当时最为强大的电池组。戴维受拉姆福德伯爵之邀来到伦敦皇家学院，在那里他用这个电池组将化合物分解成元素。他将熔融（液态）的碳酸钾通电后，钾被分离出来了；给碱液（氢氧化钠）通电后，钠又被分离出来了。利用电解的方法，戴维分离出了6种新元素，它们分别是钾、钠、钙、锶、钡和镁。这些元素中有一些已经在之前被发现了，但都是在化合物中。当戴维用电解的方法将它们分离出来后，他宣告不可能用化学方法将它们进一步分解，因而它们确实是元素。这些电现象及其作用将公众的注意力吸引到了化学家的身上，许多人想要更多地了解这门新科学。

电学和化学挂了钩

电池组有一个缺点：其中所用的化学物质是会耗尽的。然而，伏打电堆依旧作为商用电源一直沿袭到19世纪初期。下图为约1800年时制造的一种电堆。它的构造是将铜板和锌板交替地"堆放"在一起，在这些金属片的中间均用浸有盐水溶液的硬纸板将它们隔离开，这是

为了能形成电流，使用者要将这种原始电池的顶部和底部连接上电线。

汉弗莱·戴维就是利用这种伏打电堆来做电解实验的。1807年，他制造了一个有250层金属板的伏打电堆，这在当时可以说是最强劲的电池组了。他还有其他惊人的功绩，其中一个是将电流通入了碳酸钾（草碱）中，从而分离出了钾元素。

利用他的实验，戴维将化学和电学整合成了一门崭新的学科，即电化学（electrochemistry）。他假设电能远非与化学物质相关那么简单："它是否可能不只是其独有的，而是物质的一种基本性质？"（可能。）

图上这些电解工具与汉弗莱·戴维使用的相似。它们包括了最左侧的伏打电堆，电解用电池（约制于1810年）和一个电解槽（约制于1820年）。

在丹麦，著名的童话家汉斯·克里斯蒂安·安徒生（Hans Christian Andersen）的一位朋友汉斯·克里斯蒂安·奥斯特（Hans Christian Oersted，1777—1851）教授，想用实验向学生证明电和磁之间没有任何联系。他手持一根通有电流的导线，导线下有一个磁针。他确信导线中的电流不会对小磁针产生任何影响，但实验中却产生了影响——小磁针动了！由此，奥斯特立即意识到，这一现象正和自己期望的结果相反。他的演示表明电和磁是有联系的。

当奥斯特于1820年发表了自己的工作成果时，引发了整个科学界的震动，并由此掀起了对此现象进行研究的实验热潮。整个社会，从思想家到补锅匠都很快明白了电和磁间真的存在着令人激动的联系。这一未曾预期到的联系将科学引导到了一个新的方向上。当时，英国的皇家炮兵部队的一位名叫威廉·斯特金

汉斯·克里斯蒂安·奥斯特发现当小磁针靠近一根通有电流的导线时会发生偏转（上图）。上图取自印于 1867 年的《科学的奇迹》一书中的插图。

（William Stergeon）的士兵，在听说了奥斯特的实验后，便将一些电线缠绕到一块马蹄铁上。通上电以后，这个马蹄铁竟然能提起 4 千克重——其自身重量的 20 余倍的物品。因此，斯特金是世界上第一位制成电磁铁的人。（当时，"电磁铁"的英语是 electro-magnet，中间的连字符 "-" 后来被去掉，使它成为一个固定名词。）

美国物理学家约瑟夫·亨利（Joseph Henry）也做了一个电磁铁。他将绝缘导线缠绕到一根铁芯上。绝缘意味着他可以多绕很多圈的导线而不必担心导线间发生短路。导线的圈数越多，则在通入电流时产生的磁性也就越强。作为一个美国人，亨利喜欢向更大的方面想。在 1831 年，他用一个非常长的螺线管和一个巨大的铁芯制成了一个大型电磁铁，用它可以吸起 1 吨多的铁。

这个孩子在很大程度上是自学成才的

有一位名叫安德烈－马里·安培（André-Marie Ampère，1775—1836）的法国神童，在他 12 岁那年，就掌握了当时所有已知的数学知识。他在听说了奥斯特的实验后，也独自做起了相关研究。安培展示了两根通电的平行导线间也会产生作用力：当两根导线中的电流方向相同时会相互吸引，而在电流方向相反时则相互排斥。这是另一种电和磁间的联系。安培还发现，当电流通过一个用导线绕成的弹簧形的螺线管时，所产生的磁效应更加强大。现在，人们用他的名字——安培（A）来作为电流的单位。

在安培 18 岁那年，他父亲在法国里昂和其他 1 500 个同胞一起，被送上断头台处死了。

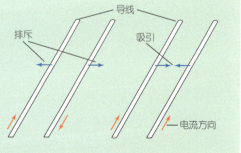

在美国同时开展的相关研究

作为一个生活在美国纽约州奥尔巴尼的男孩，约瑟夫·亨利在学校中的成绩不是太好。因此，他决定向剧作家和演员的方向发展。他长大后确实都做到了。后来，他读到了一本关于科学的书。正是这本书改变了他的人生方向。于是，他来到了奥尔巴尼学院从事电学的研究，并得到了在新泽西学院（即普林斯顿大学的前身）的工作。在那里，他建造了一台电动机。

此后不久，一位名叫迈克尔·法拉第的英国人也独立地制造了一台电动机，但法拉第首先发表了他的研究，所以获得了广泛的承认。

1835 年，亨利研制出了一种称为电磁继电器的开关，用它可以利用电磁现象控制电流从一个装置进入到另一个装置中。这使长距离发送电报成为可能。在 49 岁时，亨利被聘为史密森学会的第一任秘书长。他既是一位模范的管理者，也是美国继本杰明·富兰克林之后第一位大科学家。亨利身材修长，面貌英俊，充满着健康的活力。直到 80 岁时，他还在从事着重要的科学研究工作。

约瑟夫·亨利宣称他的耶鲁磁铁（他在奥尔巴尼时为耶鲁大学制造的）能够提起 2 063 磅的重物，使之成为"可能是人们建造过的最强有力的磁铁"。亨利于 1846 年成为史密森学会第一任秘书长。

电的科学在向前猛冲。现在磁学也跟了上来。它已不只是好玩：它包含了对未来的希望。

在伦敦，一位有着创新意识并乐此不疲的图书装订工，也在思考电和磁之间的联系。这位装订工偶然得到了一些门票，可以凭此到皇家学院去听汉弗莱·戴维开设的讲座。这些讲座改变了他的人生方向，并且经由他，改变了科学的历史。

一个摆的证明

皮埃尔－西蒙·拉普拉斯曾经是拉瓦锡的助手，一直从事着热化学的研究。后来，他又转而研究天文学。在政治混乱期间，他也被卷入了政治，并成了一名参议员，最终还被册封为侯爵（有点类似于英国的勋爵）。不过，还是数学上的成就使他成为世界闻名的人物。

让我们将目光回溯至 17 世纪的早期，贝拉明（Bellarmine）参与了对乔尔丹诺·布鲁诺的起诉和定罪，也是对伽利略进行审判的重要人物。他曾给自己的同事写过一封信，他在信中说，只要有充分的证据能证明地球是在转动的，教会将可能会改变自己的观点。

这是一种挑战！但伽利略却尝试着去找出这种证据来证明地球是转动着的。其他人如笛卡儿、牛顿、胡克等很多科学家也都在寻找这种证据。当时，一位名为皮埃尔－西蒙·拉普拉斯（1749—1827）的法国数学家于 1796 年写道：

将我们居住的地球想象成绕着自身的轴旋转，这比起假想一个像太阳那样巨大和遥远的物体以每天一圈的极高速率绕着地球旋转，不是要简单得多吗？

但常识和推理不是证据。拉普拉斯也知道这一点。于是他继续写道："说地球是转动的，必须建立在大家都确信的基础之上……而这一现象的直接证实应该是几何学家和物理学家同样感兴趣的问题。"这是一种保守的说法。

这是一幅让－贝尔纳－莱昂·傅科的银版照片，一种早期的照相法，它是在光敏的镀银金属板上成像的。

下图是第一张关于太阳黑子的照片，它由傅科拍摄于 1846 年 4 月 2 日，助手是阿尔芒·伊波利特·路易·斐索（Armand Hippolyte Louis Fizeau）。太阳黑子是在那惊人的天文年 1610 年发现的，即在早期的望远镜首次用于天文观测之后不久。

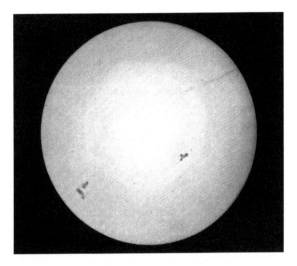

在 19 世纪中叶，地球是转动的观点大体上被人们接受了。学校的课堂上是这么教的，因而绝大多数接受过教育的人都相信。但仍没有人真正找到它的证据。不过，一位法国记者让－贝尔纳－莱昂·傅科（Jean-Bernard-Leon Foucault）认为他能找到证据。

傅科（1819—1868）在物理学方面自学成才，并为一本科学刊物写文章。他同时还是一位天生的工程师，在自己动手制作物品方面具有天赋。傅科还涉足了摄影这个新领域并于 1845 年，和他的一位朋友拍摄了目前已知的第一张太阳的照片。除此之外，他还设计了利用齿轮和镜子来测量光速的装置，所得到的结果比此前任何人设计的装置所得到的都好。

傅科的母亲曾想让他成为一名医生，他也开始走上了那一条职业道路。结果证明这是一个错误：他一看见血就不舒服。正如大多数作家和发明家所做的那样，他凭借自己的智慧而生活着。然后在 1851 年，低调而自信的他成了一个名人。事情是这样的。

他制作了一个长约 67 米的巨型单摆，并将其吊在位于巴黎当时球形圆顶的巨型建筑——先贤祠（当时被用作教堂）的穹顶之上。（作为业余科学家的法国皇帝拿破仑三世帮助他作了这次实验安排。）

傅科的这个摆由一根钢丝绳和一个作为摆锤之用的很重的铁球构成。摆锤的下部有一根大钉子，刚好能在摆动时在铺撒于教堂地板上的沙子上划出印迹。安装摆时，使它不受任何干扰地自由摆动。（这也包括先贤祠自身的运动，这种运动只可能是它随地球一起转动。）

请来参观和旁证的嘉宾从傅科实验一开始就

仔细地观察着。他们看到傅科将钢丝绳拉到墙上，并用一根细绳将它系在墙上的钉子上，且想尽一切办法使大厅没有任何震动。

傅科这时用火柴点着了系着摆的细绳。（如果是用刀子割断的话，振动很可能就会毁了实验。）随着细绳在火中的咝咝响声中被烧断，钢丝绳失去了束缚，摆锤开始摆动。单摆通常沿直线前后摆动，保持在竖直面内（除非被人轻推）。但这一次，单摆的行为会有所不同吗？

观众们站着凝视，都屏住了呼吸。他们看到球底下的那根长钉在沙面上来回地划着痕迹。然后它好像改变了方向。傅科后来在《辩论报》上

撰文描述发生了什么：

经过了约 16 秒钟的来回摆动，我们发现它回到离起始位置左边大约 2.5 毫米的地方。以后的每次摆动都发生同样的结果，即这种偏离在摆动的过程中持续增加，与时间的长短成正比。

傅科在先贤祠地板上放置了一个大木盘，在盘子周边刻上了精细到四分之一度的角度数，而沙子就铺撒在这个盘子上。观众看到摆球在摆动的过程中，在盘子上的沙子上按顺时针方向不断刻出窄长的椭圆，并同时按顺时针方向绕盘移

巴黎人蜂拥而至，观看傅科的单摆实验演示。他们知道所看到的这一切将载入科学史册。

作为一个来回摆动的摆，因为地球是在其下方转动的，故摆球划出如下图所示的径迹。用电子计算机模拟摆球的运动，更可作出在没有空气阻力情况下的更为完美的图样。在现实中，空气阻力最后导致单摆变慢和停止。

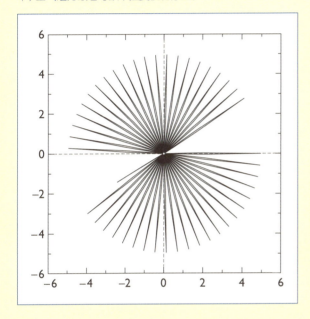

动。摆球最终又返回到了它起始的地方——转过了 360° 的一个圆周。这与傅科事前预计的丝毫不差。摆球的摆动方向没有发生改变（只是我们看起来它似乎改变了），它只是笔直地来回摆动，正如一般的摆一样。而出现这样的情况，是因为摆下方的地球在转动。"摆是固定在绝对空间中的，"傅科说，"而……我们以及摆下面的地球却是转动着的。"

对此还有更多的故事。傅科推导出了一个数学公式来解释摆的这种行为。但这一做法引起了巴黎一些数学家的不快，甚至愤怒。因为傅科是所谓学院派以外的人，而他却做了学院派没有做到的

事。如果你对傅科有所研究的话，就有可能读到世界范围内关于那些忌妒的数学家们和公众激动的情况的资料。注意了解一下你周围的大学或公共建筑设施中是否设有傅科摆。对它进行观察是一种极好的体验。[有关这一主题的一本好书是阿米尔·D. 奥采尔（Amir D. Aczel）编著的《摆》。]

如果地球是不稳定的，则摆的行为将如何呢？ 2001 年 2 月 28 日，在美国华盛顿州面对的太平洋下发生了一场地震。右图中为吊在奥林匹亚市商店中的一个摆。地球的突然晃动打乱了它通常的摆动路径，使它在其下的沙盘中产生了独一无二的图样（下图）。在图样的中心部分竟然神奇地出现了一朵"玫瑰花"，这可能是地震的余震造成的。

12 法拉第在"场"中大显身手

科学是多么美妙……它的进步，无论大小，不仅不会耗尽研究的主题，而且打开了下一个更深远、更丰富的知识宝库的大门，它用美妙和实用的知识来迎接那些将要对它展开实验研究的人。

——迈克尔·法拉第（1791—1867），英国化学家和物理学家，《电学中的实验研究》

所有世界上看似分离的各种力正在缓慢而壮丽地联系了起来，由此创造了维多利亚时代的这一杰作：巨大的、统一的能量领域……法拉第关于总能量不变的观点常使人感觉到……上帝之手确实触摸过我们的世界。

——戴维·博登尼斯（1956—），美国科学史学家和作家，《$E=mc^2$》

1844 年 1 月 19 日，一直受人好评的迈克尔·法拉第（Michael Faraday，1791—1867）正在皇家学院开设讲座（皇家学院是拉姆福德伯爵创办的）。他要求听众做一个假想实验：想象太空中只存在一个太阳的情形。然后再想象地球突然跌落到它目前的位置。太阳的引力是不是已经在那里准备好，防止地球一直坠下去？或者会不会有一种特殊的"引力"或"指令"从太阳冒出来使地球保持在原位？

法拉第说那个引力类似于一种网——力场（field）——将会在那里，而且已经在那里，并向外延伸。任何处于这个场中的行星或小行星，都会立刻扰动这个场，并对这个场产生反应。这不需要太阳发出任何特殊指令。

法拉第意识到了某些东西——非常重要的东西。

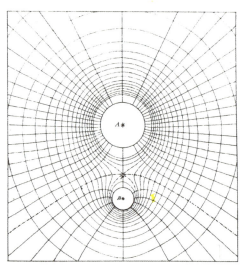

詹姆斯·克拉克·麦克斯韦（下一章中将出现）给出了如上图所示法拉第力场的数学形式。

它就是关于场的概念。我们每一个人都知道，磁铁产生的磁力可以越出磁铁本身。但它能延伸多远？法拉第认为，我们能感受到的磁场、电场和引力场可以延伸到空间的尽头，而且可以被了解和利用。场的观点是需要思考的新东西。法拉第正在提出一种看待宇宙的新方式。那么，他是什么人？他的这种灵感又来自何处呢？

迈克尔·法拉第是一位英国铁匠的儿子。在他的孩童时期，生活是很艰苦的。他的父亲经常生病，甚至都没有能力为孩子们提供足够的食物。但这是一个充满了相互关爱且对上帝虔诚的大家庭。迈克尔在他称为"公共学校"的社会环境中学会了阅读和写作，也能解一些基本的算术问题。他从没进入过中学学习，更不用说进大学了。对于当时普遍较为势利的英国人，是没有多少人看得起他的。

13岁那年，法拉第在伦敦的一位图书经销商那里谋到了一份童工的差事。这位经销商名叫乔治·里鲍（George Riebau），他在贝克街有一个店面，距离法拉第家不远。里鲍是一个法国移民，为人心地善良。每当小法拉第有空闲的时间，他就

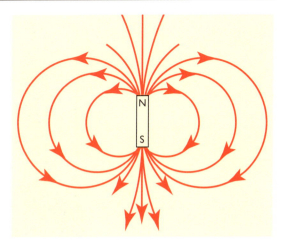

若用最简单的形式来表示的话，地球可以被视作一个有着两极的大磁体，磁场线在两极间的分布呈类似于上图所示的条形磁铁的辐射状。它可以捕获在上图所示磁感线中运动[1]的带电粒子。

在19世纪，伦敦的城市景观主要有圣保罗大教堂、泰晤士河（左图中右侧）。孩童时期的法拉第每天都带着一份报纸一家家走。共享报纸是当时劳动阶层节省钱的一种方式。

译者注：① 此处原文为"沿磁场线运动"。

年轻的法拉第从简·马尔塞所著的化学书中看到了右图所示的亚历山德罗·伏打电堆后，便决定自己制作一个。他用亲手切割成的镍盘和铜盘制成了自己的电堆。

下图为一幅 1809 年的平版画，描绘的是皇家学院中气派的图书馆里的情形。皇家学院建于 1799 年，作为劳动阶层学习科学之处。但汉弗莱·戴维那生动的讲座吸引来了很多精英人物，使得很多想在上流社会引人注目的人也加入了进来。这使很多劳动大众又被排挤了出去。此后皇家学院开始走下坡路，直到法拉第的讲座又使它焕发了活力。

可以阅读和自学。

法拉第的主要工作是送发报纸。对当时伦敦的工人阶级来说，收入很少，报纸显得很精贵，常用轮流共享的方式订阅。于是，法拉第就取一份报纸送到一位顾客家中，将报纸放下后离开。过一个小时后再回来取走，送到第二位读者家中，再到第三家，如此等等。

后来，法拉第的学习精神感动了好心的里鲍先生。在 14 岁那年，他被正式接纳为里鲍书店中装订书籍的学徒工，并可以和另外两位学徒一起住在书店顶上的阁楼中。他签的是一份为期 7 年的学徒合约。他们没有薪水，但有住宿和膳食。"那里有很多的书，"他后来回忆道，"我读了它们。"在他所装订的书籍中，有《大英百科全书》中的一卷。年轻的法拉第读了整个关于电学的介绍，一共127 页。这一领域成为他一生中最感兴趣的主题之一。

法拉第还非常认真地读了简·马尔塞（Jane Marcete）所写的《化学中的对话》一书。这是一本很受欢迎的教科书。此书引导他切割出镍盘和铜盘，制作了一个小型的伏打电堆（即电池组）。有了它，法拉第就可以进行一些实验了。同时，他还设法获取了一套 4 卷的有学术价值的化学教材，其中包括了第一次印刷的解释道尔顿原子理论的内容。

法拉第还加入了一个由热爱新科学的年轻人组成的团体。他们在一起从事实验，共享彼此的观点。他们中有些人成了终身的朋友。法拉第想成为一名优秀的作家，于是到处搜集和寻求语法和文体方面的相关图书。他保存自己所进行过的科学实验的笔记，除了用文字记录外，还画满图画。然后他又将这些笔记装订成册。

里鲍先生为自己徒弟所做的工作感到骄傲。他将法拉第装订成册的笔记资料拿给光顾书店的顾客看。一位顾客很受感动，便给了法拉第（当时 21 岁）一些入场券去听汉弗莱·戴维在皇家学院举办的讲座。这真是一份贴心的礼物：讲座太受欢迎了，当时很难拿到入场券。

戴维是一位雄辩的演讲家，他在听众面前演示着生动的实验。法拉第为他所深深折服，他从未经历过这样的激动。他认真地做着笔记，还将这些笔记配了插图和说明，然后加上优雅的皮革封面装订了起来（记住他是在装订所工作的）。他将这本笔记送给了戴维，并同时附上了一封求职信。后来，法拉第写道：

我的愿望是从商业中解脱出来，因为我认为它是邪恶和自私的。我想进入服务于科学的领域。我想象科学能使追寻它的人变得友善和自由。这导致了我最终迈出了给 H. 戴维爵士写信这一大胆而又简单的一步。它表达了我的心愿，我希望，如果在他的前方出现机遇，他会支持我的观点。同时，我还将在听他的讲座时所做的笔记一并送给了他。

戴维正忙于其他的事务：国王用一把剑拍着他的肩膀，将他册封为爵士。在他正式成为汉弗莱爵士的 3 天后，他便和一位非常富有的苏格兰寡妇结婚了。（那是 1812 年。）

此后一年，戴维实验室中的助手和别人发生了斗殴。于是，戴维开除了他，并将这一职位给了法拉第。这是一项卑微的工作，大部分时间都是打扫和修理仪器，且所得的报酬也比图书装订工

汉弗莱·戴维爵士是一位富有创造性的重要科学家。他被名声冲昏了头脑。他是唯一位投票反对法拉第成为皇家学会会员的人（两次）。他已忘记了自己的出身。戴维是一个穷孩子。在他 19 岁时，他借到了一本拉瓦锡的《化学基础论》。这使他着了迷。几乎同时，他的母亲同意一位寄宿者住进家里以帮助付房租。这个人就是格雷戈里·瓦特（Gregory Watt），即詹姆斯·瓦特的儿子。当时他在格拉斯哥大学学习化学。于是戴维就和他一起讨论化学问题并做实验。虽没有受过任何正式科学教育，戴维仍很快就走上了成为科学明星之路。后来人们常说：他最伟大的发现就是迈克尔·法拉第。

1814年，汉弗莱·戴维爵士和迈克尔·法拉第在佛罗伦萨利用这一装置会聚太阳光将一块钻石烧掉了。

低。（这时他在书店已经可以拿到工钱了。）但法拉第还是决定做戴维的助手。

此后不久，戴维和他的妻子决定到欧洲各地去旅行，考察火山及其他地质形态，并抽时间拜访欧洲大陆各国的主要科学家。法拉第也有幸一同前往，作为戴维的科学和私人助手。

但不幸的是，戴维的夫人是一个傲慢的女人。她决不和地位低下的助手一起就餐，且似乎总是想方设法为难他。法拉第在从罗马写给他的朋友本杰明·阿博特（Benjamin Abbott）的信中写道：

1815年1月25日

亲爱的本杰明，

假如我是同汉弗莱爵士单独旅行，或假如戴维夫人能像汉弗莱爵士一样，我本不应该抱怨的。但她的坏脾气使她经常多次错误地对待我，对待她自己和对待汉弗莱爵士……她非常傲慢，并且高傲得过分。她只有在能使下属感受到她的权力时才高兴。

法拉第在此前从未离开伦敦市区超过12英里，因而十分想念他的家乡，思念朋友和家人。然而，他的这次旅行给了他一次宝贵的学习机会。在意大利的佛罗伦萨，他有机会观看到了一次成本高昂的实验。托斯卡纳大公有一块火镜，它由两个巨型透镜构成，能将太阳光线会聚到一起。他们用它将一块钻石烧掉了。对此，法拉第在他的日志中写道："这块钻石被燃烧殆尽……按照汉弗莱·戴维爵士的说法，从这些实验来看，钻石由纯碳构成是可能的。"（拉瓦锡于1772年已做了一个与此相似的实验。无论你烧的是煤炭、石墨还是钻石，放出的二氧化碳都是完全一样的，并且没有灰烬，它们全部转化成二氧化碳了，这表明它们无一例外是由碳构成的。）

碘是一种深紫色的元素，它的蒸汽也是紫色的。碘的英文为iodine，来自希腊文，原意为"紫色的"。

在巴黎，法国人向戴维及其随从展示了一种从海藻中提取出的物质。他们认为这是一种化合物。戴维对它进行了电解后，发现没有发生任何变化。因此，他宣布这是一种元素，并将其命名为碘。

法拉第的电解定律

当法拉第随戴维夫妇前往欧洲考察期间，他观察到他的导师用电流来分离金属元素。正是法拉第[在他的朋友威廉·尼科尔（William Nicholl）的帮助下]，将这一过程命名为电解，并将所有能导电的溶液都称为电解液（electrolyte）。

1832 年，法拉第对外公布了两条电解定律。用这两条定律，人们可以计算出用一定数量的电荷可以获取多大质量的某种物质。下面是用现代语言重写的简化了的这两条定律：

1. 某种物质由电荷所释放（化学上分离）的质量，与所使用的电荷量（即通电的电流强度和时间的乘积）成正比。

2. 在给定的电流强度下，由电解释放出的各种不同元素的量，与各种元素的原子量成正比。

当时德国有一位名为赫尔曼·冯·亥姆霍兹（Hermann Von Helmholtz, 1821—1894）的科学家注意到了法拉第电解定律派生出的一个重要观点。他写道："如果我们接受了'基本物质都是由原子构成'的这一假设的话，我们就不可避免地得出结论：电也可以同样分成多个基本的部分，它们可看作是电的'原子'。"这是认为可能存在带电粒子的最早线索。（后来人们发现了带电粒子，称为电子。电流就是电子在导线中的流动。）

左图中是两个相同的桃花心木底座的玻璃杯，它们都是于 19 世纪 40 年代在美国用手工制成的。在戴维斯所写的《磁力手册》（1848 年第二版）一书中，它们被称为"分解槽"（decomposing cell）。这听起来有点粗俗，使人易与腐肉联系起来。但在此处，decomposing 无"腐烂"之意，而是指通过电解的作用将水分解成氢气和氧气；cell 不是指生物的细胞，而是由电池组供电的装置。每个杯两边看起来有点奇怪的金属棒不只是装饰物，而是与电池组相连的阳极－阴极对。

一年半后，他们这个"三人团"踏上了返家旅程，抵达伦敦。

法拉第到皇家学院中主管仪器设备。他还继续做戴维的助手，以向当时英国最有才气的实验学家学习科学知识。（尽管戴维在皇家学院中工作的时间越来越少。）

此后不久，法拉第就开始做他自己的实验了。起初，几乎没有什么人关注他的实验结果。这是因为他没有大学学位，因而那些科学家们难以认真对待他。

不久，人们就无法再忽视法拉第的科学天赋了。

他最初的名气是作为一个化学家而获得的。他制成了新的化合物，由此扩展了元素化合的知识。

法拉第分析了钢合金的结构，为冶金的应用科学打下了基础。(工业革命正处在高潮，而金属材料又是新技术重要的组成部分。)

右图和下页图中的人并非迈克尔·法拉第本人，这两幅图都重现了法拉第的电磁实验。

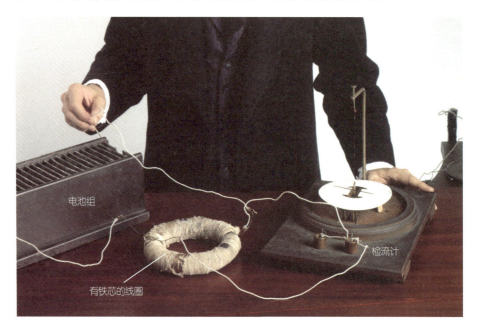

法拉第还曾用加大压强的方式将大约 20 种气体液化，制冷技术就是运用这一原理来达到的。一些用于合成许多化学产品的化合物也都来自这种方法(特别是他发现的苯)。

但是在电科学领域，法拉第燃起了更多的智慧火花。他的实验明确了"由摩擦产生的电"(即静电)、动物电(如电鳗产生的电)和伏打电池产生的电都是同一种电。这个结论在 19 世纪时是非常令人吃惊的。

1820 年，法拉第听说汉斯·奥斯特在丹麦所做的一个足以改变当时科学认知的实验。这一实验将电和磁联系了起来。于是，他也重做了这一实验。在奥斯特的实验中，小磁针因电流的存在而运动了起来。法拉第想：这一过程能逆向进行吗？即磁也能产生电流吗？

除了证明了磁和电之间的联系外，奥斯特的发现还有另外一点让人们感到惊奇：在载流导线旁的指南针(磁铁)指的不是电流的方向或反方向，而是指向与它垂直的方向。

奥斯特的实验证明了运动的电流可以产生磁场。那么，运动的磁场能产生电流吗？法拉第证明这是可以的。

法拉第决定进行探究。他将一根铜导线缠绕到一个铁环上，并将这根导线的两端接到一个电池组上。他还将这个铁环连上了一个能测量出电流的仪器(检流计)。整个实验装置如上图所示。法拉第的想法是，来自电池组的电流能磁化这个铁环，这个铁环则应能产生自己的电流。如果这个电流存在的话，那么检流计的指针就应发生偏转。

确实如法拉第所想，在他调整线路时，短暂地发生了这一现象，但其后便停止了，直至他开始拆卸仪器，指针才又开始偏转。他一次又一次地重复这一实验，结果都是一样的：在短暂的小电流后，就再也没有电流出现了！

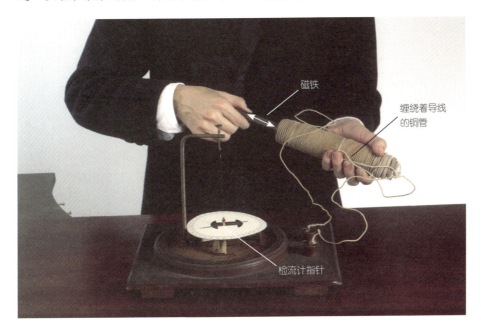

磁铁

缠绕着导线的铜管

检流计指针

当将磁铁插入一个线圈或从线圈中抽出时，线圈中就能产生电流——只要有磁铁和线圈间相互移近或远离的相对运动即可。下图为法拉第实验时用的磁铁和线圈。

于是，法拉第改变了实验方法。这一次，他将导线缠绕在一根铜管上，然后将一根磁铁插到铜管中去（上图）。这时，检流计的指针动了一下，但随后又停止了。当他将磁铁从铜管中抽出时，指针又动了。于是，他便手持这根磁铁，不断地将其插入和抽出铜管，指针显示出了持续的电流。他由此知道了：秘密在于运动。

> **没有什么事物会因为过于奇妙而显得不真实，对于此类事物，若要证明它们与自然规律是否相一致，实验是检验这种一致性的最好方法。**
> ——迈克尔·法拉第，1849年3月19日的日记摘录

当磁铁和闭合电路中的线圈[①]彼此相互靠近或远离时，便在线圈中产生了电流。但当它们处于静止的状态时，则不会产生电流。他由此发现了一种能有效产生电流的方法！这已足够保证他的名望了。但他并没有因此止步。

译者注：① 原文为"电线圈"。

就我们所知，迈克尔·法拉第的这张素描（上图）是历史上第一次描绘出松散铁屑撒在一个磁铁上方的纸面上时的图样。

发现电与磁间的联系是激动人心的，但必须有人能从数学上进行证明。那个人即将出现。他将使法拉第的理论数学化，因而也适用于更加广阔的范围。

法拉第在他的同辈人中，是较早接受道尔顿的原子理论，并假定物质都是由非常小的粒子构成的。（戴维却反对原子论的观点。）想象中的原子帮助法拉第描绘出了电流分解诸如水（H_2O）等化合物时的图景，也引导他归纳总结出了电解定律。

你以前尝试过在一张纸上均匀地撒上铁屑，再在纸下放一块磁铁吗？当法拉第这样做时，他发现铁屑会自动形成一定的图样——一个场。他看到电流也能做同样的事。

由此，他便抛弃了电流只是一种流体的旧有观念。电和磁都是以场的形式传播的，而这种场又是它们自身创生的。

他很快就相信电和磁在宇宙中是作为一种力联系在一起的，正如引力一样。这是一种惊人的洞察力。但他却不能从数学上予以解释，因而也就无法走得更远了。

牛顿以前就曾从数学上描述过万有引力，但却不能从形式上将它描绘出来。他将之称为"一种怪诞的事物"。而法拉第却具有惊人的直观感知力。他将重力场描绘成像蜘蛛网似的东西。他说这种场实际上是存在的，即它是真实的。

这种场的观点是对宇宙中各种作用的一种新解释。要让人们理解和接受这种观点，还需假以时日，但它将改变人们审视宇宙的方式。

牛顿曾认为万有引力是一种超距作用，且这种作用是即时的。但法拉第却不这么认为。他说万有引力和电磁力都需要场来传递，这需要花费时间，虽然极短，但却应是可以测量到的。

有如此的突破性思考，对一个人来

我必须承认，我对"原子"一词是心存疑虑的。因为虽然谈论原子是很容易的，但对它的本质形成清晰的观点却是极难的，特别是在考虑化合物的问题时尤其如此。

——迈克尔·法拉第，摘录自 J.R. 帕廷顿（J.R. Partington）所著的《化学史》一书说应该是相当了不起了，但在法拉第的头脑中还有更多的东西。他还有关于光（也被认为是一种"辐射"）的新观点。在 1846 年的一次讲座中，法拉第说："有一种观点，我斗胆将它提出来供各位思考：辐射应该是在力的作用线中的高频振动。"

换言之，光是一种辐射，即电磁辐射，它通过场的振动（或称扰动）来传播。

科学家们在理解了法拉第的观点之后，很快就发展出一种数学方法来对其进行解释，从而就出现了诸如电灯、收音机、电视机、电话及更多应用。能引发未来更多发现和发明的理论必然会让其创建者成为历史书中的重要人物，而理论的实在结果似乎更容易取悦其同时代的人们。迈克尔·法拉第头脑中充满了实用的想法，这也很快促成了新发明的涌现。

看一下迈克尔·法拉第眼睛中那坚毅的目光，就知道他是一个决心要有所成就的人。

一个有特殊视觉的人

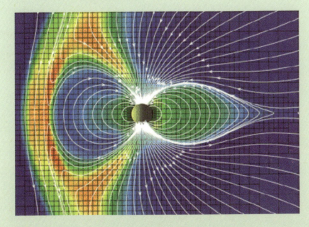

变形空间？一点也没错。这里是一张计算机模拟的"空间天气"（space weather）。这一科学术语表示的是由太阳"吹"出的物质和电磁能量的冲击波。这种波周期性地吹过行星际空间，从而将其扭曲。

因为迈克尔·法拉第受数学技能的限制，他被迫从直观的角度来审视科学。但这也给他带来了很多好处。他能够做假想实验，描绘出场的图像，并设想其延伸到整个宇宙之中。（科学家现在仍在用图示的方法描述科学，如左图所示的计算机模拟。）当法拉第将电和磁间的联系视作一种基本力时，当时的大多数专家都对这一观点嘲讽不已。后来，当他又认为电和磁与万有引力有关联时，这些专家们真的认为他走得太远了。70 年后，阿尔伯特·爱因斯坦证明了作为一种电磁波的光线在受到太阳的引力拉动时会产生弯曲。

在这幅 1887 年的版画中，有一个巨大的轮子与向远方输电的发电机相连。像爱因斯坦的父亲和叔叔那样聪明和具有想象力的人，都被这种令人震惊的新技术吸引住了。

发电机（generator），比如直流发电机，能将机械能转化为电能，而电动机（electric motor）则将电能转化为机械能。

法拉第知道，使用来自电池组的电流的成本是非常高的。他想找到一种低成本的电源。法拉第设计了一种有铜轮的机器，并使铜轮在转动时能切割磁感线——从而产生电流（就是前面所说的运动产生电流）。作为一个大思想家，他将这个轮子做得很大。但用人力或马力转动这个巨轮却不是一件容易的事，因此，他尝试用蒸汽、风力或瀑布的水流来推动它，发现它们中的任何一种都能推动铜轮转动，但其中水力是最容易被利用和控制的。随着那个巨大的铜轮快速地转动，他终于制成了一台巨大的发电机——直流发电机（dynamo）。用它能提供廉价的电流。

人们常说起一则故事。当时的英国首相罗伯特·皮尔（Robert Peel）有一天来到皇家学院。他参观了法拉第的发电机并发问："请问它有什么用呢？"法拉第回答道："现在我不知它有何用，但我敢打赌，总有一天你的政府将能从它身上获取税收。"

这则故事可能是杜撰的（可疑的或虚构的），但它所表达的观点却是正确的。发电机很快就为一个个城市带来了光明。电有没有创造可征税的财富？事实上多得甚至超出了那位首相的想象。

除了发电机外，法拉第还研制出了电动机。（美国的约瑟夫·亨利可能先做成了这件事，但因为当时法拉第是科学的中心人

物，因而也得到了很大的偏爱。）接着法拉第又设计出了第一台变压器。用它能改变电路中的电压，从而将电力公司输送的高压电转换成适合家用电器的电压，以防止将电器烧毁。

发电机、变压器和电动机共同构成了电气革命的基础。另一位自学成才的物理学家和发明家托马斯·爱迪生（Thomas Edison，1847—1931）是后一代的美国人，他发明了用于照明的白炽灯泡，并设计出了第一个配电系统（其中含有发电机、地下的绝缘电缆、能测耗电量的电表、插座和开关）。作为历史上的第一次，人类终于可以调整白天时间的长短了。

左图为 19 世纪 30 年代制成的早期电动机，称为法拉第电动机。它一点也不像我们汽车中的电动机，但它却是现代电动机的鼻祖。电动机将电能转化为机械能（转动部件），这个机器做的就是这件事。图中，一根磁铁固定在一个装有水银的杯中，杯的下方有一根导线与水银相连。电路经另一根导线来完成，这根导线下端插到水银中，上端松松地挂在钩子上。通电后，悬垂导线的下端就在水银中绕着磁铁旋转了起来。很神奇吧！起初，多数人仅将它视作有趣的小玩意儿。

关于语言和语言大师

英国剑桥大学教授威廉·休厄尔（1794—1866）是一位酷爱语言的经典学者。迈克尔·法拉第在找恰当的词来描述电的过程时去拜访他。休厄尔（右图）想出用"阳极"（anode）和"阴极"（cathode）这两个词来分别表示电池组的正负两个极。这两个词取自希腊文，分别意为"上升的路"和"下降的路"，用它们能形象地表示电池两极的电流进出的流向。它们又统称为"电极"。

休厄尔还为地理学家查尔斯·赖尔（Charles Lyell）提供了两个词"创新世"（Eocene）和"中新世"（Miocene），用它们分别表示两个地质年代。而用"知识大融通"（consilience）一词来表示诸如文学、艺术、科学等多个领域的融合。到 21 世纪时，科学家 E.O. 威尔逊（E.O.Wilson）复活了这个华丽辞藻。

休厄尔也是剑桥大学三一学院的大师级人物，他受到学生们的敬爱。其中有些人成了"自然哲学家"。也许是受到了他们的影响，使他创造了最富影响力的词"科学家"（scientist）。这个词于 1840 年第一次刊登，但过了几十年才真正流行起来。

物质能燃烧！你也能燃烧！

下文摘自法拉第于 1849 年关于蜡烛的著名演讲：

现在我必须将你们引入我们这一主题中非常有趣的部分，即燃烧的蜡烛和在我们体内生命物质的燃烧间的关系。我们每一个人都存在着一个燃烧的生命过程，其与蜡烛的燃烧非常相似，我必须尽量明白无误地告诉你们。因为它不仅仅是具有诗意般的真实——人生如同蜡烛，如果你愿意听，我相信我可以将此讲清楚……当我告诉你这个有关于碳的奇怪变化意味着什么时，你会感到震惊。一支蜡烛可以点燃约 4 小时、5 小时、6 小时或 7 小时。那么，每天以碳酸的方式进入空气的碳的总量该是有多么大呀！我们每个人每天通过呼吸排出的碳量又是多么大呀！一个人在 24 小时内可以将 7 盎司的碳转化成碳酸。一头奶牛一天甚至能将 70 盎司的碳转化成碳酸，而一匹马可以达到 79 盎司。这些还仅是由呼吸造成的。也就是说，一匹马在 24 小时内将燃烧掉 79 盎司的碳，就是指碳元素。通过它的呼吸器官提供这段时间内身体自然需求的热量。

右图是一幅 1856 年《伦敦新闻画报》中的版画，描写了法拉第正在进行他那具有传奇色彩的讲座：1855 年 12 月 27 日的圣诞节讲座。听众中包括了王室成员阿尔伯特（Albert）亲王和他的儿子爱德华（Edward）王子（皇位继承人）与艾尔弗雷德（Alfred）王子。皇家学院这一持续到现在的传统圣诞讲座都由著名的科学家来担纲。

在被戴维雇用了 12 年后，迈克尔·法拉第在电学领域建立起了至高无上的地位。他被任命为了皇家学院的实验室主任。这位昔日地位低下的助手现在已远超他的导师了。

但是法拉第从来没有忘记，激励着他不断奋进的是在他年轻时所听的戴维的讲座，故他认为应加强对儿童的科学教育。他研究了公共演讲（那时称"演说艺术"），开始了他那连续 30 年为孩子们举行的系列圣诞节讲座。一些成年听众也来听他每个星期五傍晚举行的演讲。查尔斯·狄更斯也听了他的一些讲座，阿尔伯特亲王（维多利亚女王的丈夫）也是如此。查尔斯·达尔文（Charles Dawin）只要有可能，都会来旁听。

有一个星期,法拉第在一个铁制容器中加进水,然后把它放到了冰冷的地下室中。待水结成冰后,产生的膨胀作用将这个铁制容器撑裂了。一个星期后,听众们在看到这个冻裂的容器后都目瞪口呆了——物质的分子结构变化[①]时产生的力量让人震惊。

法拉第虽然已经成名,但他却拒绝了大部分授予他的荣誉,其中包括皇家学会的主席职位和骑士爵位的头衔。当一位商店店主称呼他为"爵士"时,他说道:"你的称呼给我的荣誉太高了,我是平民迈克尔·法拉第,并将一直保持如此。"

可能是由于他谦虚的天性,或是由于他的宗教信仰,他对名誉看得很淡。他属于一个很小的新教教派——桑德曼派。这个教派信奉要将收入和穷人们共享,他们很少在意财产。而且,法拉第还是这一教派中的长老。有一次,他错过了星期天的礼拜活动,就被其他长老训斥了一顿,因为他没有足够好的理由值得原谅。他们不知道他其实是在和维多利亚女王一起进餐。

在法拉第时期,很多人都喜欢写信,即使对住在附近的人也如此。(因为那时电话还没有问世。)法拉第和他的朋友本杰明·阿博特相互通信达 50 年之久。一次,法拉第用下面的谜语来说明他回信迟了的原因:

亲爱的阿博特:

它在世界上既是最长的也是最短的;既是最快的也是最慢的;既是最可细分的也是延伸最远的;既是最无价值的也是最让人后悔的。没有它什么事情也做不成;它在一点点消逝,但却给予一切伟大的事物以生命和精神。它是什么?

回相:蒈答

所有事物都是有联系的吗?

法拉第的好奇心是无止境的。他不满足于仅仅实用的范围,他考虑的是整个宇宙。而这促成了他非同寻常的远见卓识——也许是 19 世纪科学所产生的最重要的思想:**整个宇宙通过物质和能量维系在一起,而所有的物质和能量从宇宙创生的那一刻起就存在了。**(虽然在形式上可能和今天不同。)

这里是法拉第曾说过的话:"物质所受的各种形式的力都具有一个共同的起源……都具有如此直接的关系和相互依赖的本性……以至于它们间是可以相互转化的……从一种形式转化为另一种形式。"

在 20 世纪,阿尔伯特·爱因斯坦得出的著名公式,将事物间的关系更进一步地简化和统一了。他把物质和能量联系起来,即物质与能量可以相互转化。(就是这一原理导致了原子弹的诞生。)

科学家现在还在不懈地寻找法拉第所说的"共同的起源",即能将我们现在已知的主宰宇宙的 4 种基本作用力统一起来的因素(见第 147 页中的红色注释)。现在,这一探索称为搜寻大统一场的理论。(我们好像已看到成功的曙光了。)

物理学家斯蒂芬·霍金(Stephen Hawking,在剑桥大学中有着和牛顿一样的职位头衔,即卢卡斯教授)曾写道:"一个完全统一理论的发现……可能无助于我们物种的生存……但从文明的黎明时起,人们就已不满足于把事物看成互不联系和无法解释的。他们渴望了解世界的内在秩序。"

译者注:① 原文为"原子运动"。

打开灯

在说到太阳和月亮时,《圣经》中认为"上帝让它们在苍穹之上为大地提供光明"。但光是什么?关于这一问题,古代人……看起来却多半是在黑暗中的。

艾萨克·牛顿认为,光是由十分微小的粒子构成的。用这种粒子的观点,可以解释光会被坚硬的不透明物体(如镜子等)"反弹"回来的现象,也能解释光为什么在水中发生弯折(即折射),因为水是能降低粒子速度的介质。

然而,这种"光是微小子弹般的粒子"的理论无法解释一切。对于"为什么一些颜色的光折射程度比其他

在这幅克里斯蒂安·惠更斯于1690年所绘的插图中,将你自己视作左侧的小观察者(B),你正在观察这三座建筑物,但你认为建筑物 A 比实际的要高(D 点)。这是因为空气对光具有折射作用。

托马斯·杨爵士是一名眼科医生，他研究眼睛的晶状体如何改变形状以使从近处和远处的物体射来的光都能聚焦。而由这里到分析光本性只有一步之遥。杨将惠更斯的波动理论和牛顿的颜色理论相结合，以解释由狭缝、光栅产生的干涉（见下一页）现象以及彩虹现象。

颜色的大？"等问题，粒子理论就不能作出合理的解释。

与牛顿同时期的一位名为克里斯蒂安·惠更斯的荷兰天文学家却有着不同的理论。（惠更斯曾设计制造出最早的摆钟。）他认为光是由一些极微小的波构成的，不同颜色的光具有不同的波长。用这一理论就能解释不同色光的折射程度不同。但这一理论却不能解释光遇到镜面后被直接"反弹"到人眼中的原因。因此，科学思想家们为此辩论不休。一些人认为光是粒子，另一些人认为光是波。

一位名为托马斯·杨（Thomas Young，1773—1829）的英国医生也被卷入这一问题。

杨是一位贵格会教徒（即基督教公谊会的成员）。在当时，贵格会成员在英国处在不太被接纳的地位。实际上，杨并非一位十分虔诚的

宗教信仰者，但他的贵格会教徒的身份背景形成了他独特的个性和独立思考的能力。

杨知道，声音是以波的形式传播的。受此启发，杨想证明光也是以相同的形式传播的。他意识到艾萨克·牛顿不是这么想的，因为牛顿曾写道："声音可以很容易地在弯曲的管道中传播，正如在直管道中传播一样。但光却从未表现出通过弯曲通道的能力。"但托马斯·杨认为，伟大的牛顿在这一问题上可能出了错。正因为是一位贵格会教徒，使他习惯于对权威进行质疑。

大约在 1801 年，杨用两个小孔产生了两束极细的光束，并将它们投射到屏上。他在观察屏时，认为只能看到两个光斑以及它们重叠的部分——若光是由粒子构成的话，这种现象就会发生。但他看到的却是由亮条纹和暗条纹构成的"带"。它看起来非常像波纹，就如同将一个小石子扔到池塘的水里后产生的涟漪。这一实验很快就出名了。杨好像也证明了光是一种波。

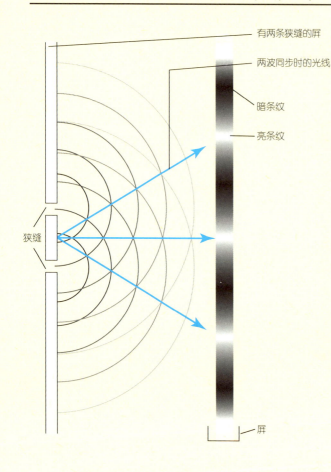

有两条狭缝的屏

两波同步时的光线

暗条纹

亮条纹

狭缝

屏

17 年后，一位名为奥古斯丁－让·菲涅耳（Augustin-Jean Fresnel，1788—1827）的法国人发现，当在光束的传播路径上存在着一个小物体时，光束将会绕过它继续向前传播。这和水波能绕过水中的小棒向前传播的现象十分相似。而粒子则无法做到这一点，它们会反弹回去。从这一点上看，似乎可以更加肯定地说：光是一种波，而非粒子。

1806 年，杨为此最先研究了如左图和下图所示的波的干涉图样。干涉发生于两列或多列波相遇时，它们既能相互加强（如两个波峰相遇），也能相互抵消（如一个波峰和另一个波谷相遇）。观察：将两个小石子同时投入相距不远的平静水面上，寻找两个波峰相遇造成的一个超高波峰的地方，以及波峰跟波谷相互抵消的地方。

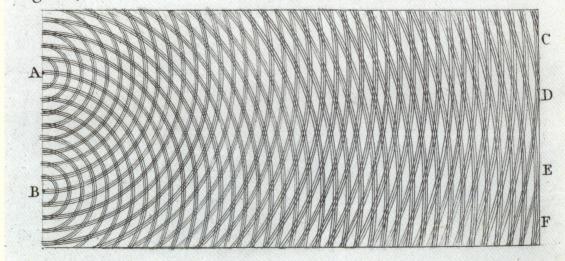

Fig. 267.

太阳光是由看不见的物质传播的吗？

波传播开来的不是物质，而是物质的振动形式（科学家也称其为扰动）。波需要某种物质的扰动才能产生。我们能听到雷声，是因为雷声扰动了地球的大气。但声音却无法通过外太空的真空。如果火星发生了大爆炸，那你只能看到，却听不到。如果说光也是一种波的话，那么阳光是通过什么介质来传播的呢？

"这没有问题，"一些科学团体认为，"古希腊人已经回答了这一问题。他们认为存在着一种称为'以太'（aether，现在写作 ether）的看不见的物质，它充斥着太空。光波是可以通过它来传播的。"以太看起来能解决很多类似问题。在 19 世纪，大多数科学家利用"发光的以太"来解释光。他们坚信，万有引力和光一样，也是通过以太来传递作用的。他们的这种说法正确吗？

另外，光到底是由粒子构成的还是一种能量波呢？在 20 世纪，科学家们可能已经找到这一问题的答案了。但说起这一答案，却非常令人意外，因为那是一个没有新意的陈述。

英国画家 J.M.W. 透纳（J.M.W. Turner, 1775—1851）喜欢观察光照射到水波上时产生的现象，然后画出他的视景（上图）。透纳常从风和水中寻找创作的奥秘和激情。他在 15 岁时就举办了自己的第一次画展。然后，他去了巴黎和意大利，在那里看到了一些文艺复兴时期的作品，并成长为一名艺术家。他用自己的风格作画，一笔扫过一大片，留给观众更多自由想象的空间。这幅《接近海岸的游艇》现收藏于伦敦的泰特美术馆。

麦克斯韦的冲刺

13

> 伟人们的足迹在向我们昭示,
> 我们也能使自己的一生变得高尚。
> 当我们离开人间时,也能让足迹
> 遗留在时间的沙滩上。
>
> ——亨利·沃兹沃思·朗费罗(Henry Wadsworth Longfellow, 1807—1822),美国诗人,《人生礼赞》

> 法拉第和麦克斯韦向我们证明了,仅有粒子是不够的,我们还应考虑存在着弥漫于空间的连续场,其现实意义和粒子本身一样伟大。这些场组合成单一的涵盖一切的统一体,被称为电磁场。
>
> ——罗杰·彭罗斯(Roger Penrose, 1931—),英国数学物理学家,为《爱因斯坦奇迹年》所作的前言

詹姆斯·克拉克·麦克斯韦,1831 年生于苏格兰。他在品性上与脾气暴躁、性格孤僻的牛顿大不相同,也和过分自信的伽利略相去甚远。麦克斯韦生性安静与可爱,在一个称为格林莱尔的乡村庄园中长大,这个庄园位于加洛韦(在苏格兰西南部)的湖山之中。他的童年是在阅读、骑马、垂钓、游泳和游戏中度过的,一直在过着这种田园诗般的生活。直到 8 岁时,他的母亲因癌症离世了。"我失去她的感觉持续了好多年。"麦克斯韦后来写道。幸而,他依然崇拜他的父亲,他的父亲也用爱回应他。

在孩童时代,麦克斯韦就特别爱提问题,还喜欢慢条斯理地做事和拆卸东西。"那事怎么做呢?""它是做什么的?"他以苏格兰风格的交谈方式问他父亲。

当詹姆斯长到 12 岁时,他得到了一种有人叫作"两杆间的魔鬼"的玩具。这是一种流行的中国玩具,是由海员大约于 1790 年首次传入欧洲的。在中国,这种玩具的名字为空竹①,也叫扯铃,它飞

在詹姆斯母亲给她嫂子写的信中,充满对自己那个快乐的、洋溢着好奇心的 3 岁儿子的骄傲之情:

他对门、锁和钥匙等都颇有探究。他从来不说"告诉我这是怎么回事"。他还探究溪流和电铃线的隐藏路径,找出池塘中的水如何通过墙……再到排水沟……的路线。至于电铃……他拉着他的爸爸到处走,让他看电线穿过的小孔。

译者注:① 原文中称,在中国,这种玩具名为"风雷"(Fong Lai),可能是因为它旋转时的声音如同风雷之声。

他经常去抓青蛙——"干净的污垢"是他对感兴趣的任何爬行动物的一般性描述——抚摸它们，听它们发出"呱呱"的叫声；突然把它们放进嘴里，让它们再跳出来，吓他的父母。他对青蛙的模仿是很出名的。

——马丁·戈德曼（Martin Goldman），《以太中的小妖精：詹姆斯·克拉克·麦克斯韦的故事》

快地旋转时会发出"嗡嗡"的声响。

在欧洲，此玩具一开始用的是一个希腊名字"迪亚弗拉"，有"甩出去"和"通过"之意。但"迪亚弗拉"一词的发音和西班牙语中的"魔鬼"一词"迪亚波咯"非常相近。由于玩这种玩具象征驯服魔鬼，从而有了"两杆间的魔鬼"之名。

"迪亚波咯"能测试一个人的"杂耍"技能。在玩它时需要注意力高度集中，考验着身体的平衡性和灵巧性。这个"魔鬼"风靡一时，特别是在法国，那里有个人排名赛和团体赛，虽然大多数人都是在同自己比试，尝试着掌握更难的技巧。

詹姆斯的表姐杰迈玛·韦德伯恩（Jemima Wedderburn）是一位天才的艺术家。在儿时，她几乎每天都画家人。上图为她10岁时所绘的婴儿詹姆斯抱着玩具猫头鹰的可爱的素描，还有一只人们都知道的青蛙。

活动要求是需要抛起再接住一个木制物体——一个"魔鬼"——使它能在一条两端各系有一根细棒的绳子上来回滚动。欧洲大多数的这种"魔鬼"都是将两个木制圆锥在尖端连在一起做成的，这种沙漏形状的好处是便于被接住。但年轻的麦克斯

在左图的这幅19世纪的版画中，男女老少都在玩"迪亚波咯"。按汉斯·克里斯蒂安·冯·贝耶尔的说法，麦克斯韦"是带着问题玩的。转动它，从不同的视角观察它，转动它，一步步地驯服它，直到它在他手中变得温顺，直到他成为它的主人。他一生中都在转动这种'魔鬼'"。

仍然在爱丁堡（右图）的学校中读书的麦克斯韦受一位大学教授的鼓励前去参观他的实验室，并试着做自己设想的实验。后来，麦克斯韦写道：

如果一个孩子具有研究自然的潜能，那么受邀参观一个真正的科学人士在实验室的工作，就可能成为他人生的转折点。他可能听不懂这位科学人士解释实验操作的话语，但他看到了操作本身，看到了倾注其上的艰辛和耐心。而当实验失败时，他看到了科学人士并没有愤怒，而是从操作的各环节中寻找失败的原因。

在学生时代，麦克斯韦在写给父亲的信中，使用了"镜像"写法（为了有趣），且最后的签名使用了 Jas. Alex McMerkwell（颠倒了 James Clerk Maxwell 的字母顺序）。他是两个苏格兰家庭的后裔，即米德尔比（Middlebie）的麦克斯韦和佩尼库克（Penicuik）的克拉克。因此，在他生前，人们称他为克拉克·麦克斯韦，但现在我们就直接称他为麦克斯韦了。

韦似乎仍用中国人的模型，在玩它时需要更高的技巧。他的"魔鬼"是两个圆盘，中间用木钉连接，使它看起来很像一个溜溜球。通过练习，他让"魔鬼"旋转，哼唱，攀升到空气中，和做一些其他技巧。有时他还在将"魔鬼"抛起，跳过手中的绳后再接住它。"魔鬼"好像无视引力——但它肯定遵守着某种规律。控制"魔鬼"的过程意味着实验、实践和思考的过程。詹姆斯变得非常擅长这些事。

但当他离开家乡，来到苏格兰首府爱丁堡的学校中学习时，来自城市的同学经常取笑他。他们会因为他长有卷发、腼腆的性格而给他起了个"蠢笨家伙"的外号。这大概是因为他们看到他穿着宽松的看起来有点奇怪的工作服和方头鞋的缘故。这些都是他那讲究实用的父亲专门为他设计的。第一天从学校放学后，他来到了姨妈家，这时他的衣服上到处都是碎布条。他的两位敏感的姨妈也没看出异样，觉得他穿得和别的孩子一样。"他们从不了解我，但我了解他们。"他后来谈起他的同学时说。

他用事实向那些孩子们证明了他一点也不笨。他成了一名学业出众的学生、优秀的体操运动员和马术专家。

在他14岁那年，麦克斯韦发明了用两根钉子、一支铅笔和一圈细线画椭圆的方法。如果你已经读过《科学的革命——牛顿与他的巨人们》的内容的话，就会知道，椭圆并不是简单粗泛的

1860 年，29 岁的詹姆斯·克拉克·麦克斯韦成为伦敦国王学院的教授。从此他可以到皇家学会和皇家学院去作讲座或参与讨论科学问题了。他非常喜欢与他心目中的英雄迈克尔·法拉第一起散步。法拉第已 70 多岁，患上了记忆力衰退的病症（可能因为经常暴露在危险的化学试剂前）。这两位谦恭和蔼的人共享对科学的激情。因此，麦克斯韦比其他人更了解法拉第的天才所在。非常遗憾的是，我们不知道他们每天的谈话内容。左图为 1852 年的一幅水彩画，显示了法拉第在实验室中做实验的情形。

"蛋形"，而是一种精确的曲线。在爱丁堡的英国皇家学会的成员为此大为折服，专门就他发明的方法发表了一篇论文。

麦克斯韦长大后，在伦敦的国王学院中成为一名教授，并被推举为剑桥的卡文迪什实验室的首位主任。但在闲暇时光，他仍要玩他的"两杆间的魔鬼"，并坚持终身。这个玩具好像能帮助他解决问题。他在给朋友的信中说："在研究应用力学问题时，我一直在转动'魔鬼'之类的玩意儿。"

对那些喜欢考虑各种思想和摆弄实物的人来说，电和磁是极为诱人的。麦克斯韦对法拉第的实验十分关注，并知道电和磁是同一个力的两个方面。他知道运动的磁铁可以产生电流，以及运动的电荷也能够产生磁场。整个电磁场的概念是新的东西。麦克斯韦认真地接受了这种观点并对其进行了发展。当时的大多数人都认为这种观点是新奇的，但仅仅如此而已。

法拉第是那一世纪中最杰出的实验学家。他的实验引导着他产生了很多睿智的假设，但需要有人从数学上证明他的思想。没有数学证明，就很难让任何人应用或证实这些科学知识。

麦克斯韦相信以太说，认为这是一种看不见的宇宙"培养基"，光和其他电磁波可以通过它来传播。但法拉第不同意（他的观点将被证明是对的）。下面是法拉第的话：

我斗胆提出这一观点，即把辐射考虑成为一种沿力线的高等振动，是它把粒子，还有大块物质连接在一起的。这一观点力图否定的是以太的观点，而不是振动。

在其后的几十年中，人们为寻找并不存在的"以太"，在科学研究上耗费了大量的时间和精力。

上图中，麦克斯韦手拿一个由他的老师 J. D. 福布斯（J.D. Forbes）发明的陀螺。陀螺的表面上有两组带颜色的纸，当它旋转时，颜色就相互"混合"了。麦克斯韦专门用一个方程来说明其原因。他关于颜色的研究证明所有颜色都可以由三原色（红、绿、蓝）的光构成。1861 年，他应用这一原理产生了第一张彩色照片。

詹姆斯·克拉克·麦克斯韦是一位娴熟的数学家，是他从数学上证明了电和磁之间的联系，也正是他将"电－磁"（electro-magnetism）一词中的连字符去掉，创造了"电磁"（electromagnetism，简称 EM）这个词。他在科学界中的出现恰逢其时，对迈克尔·法拉第来讲也是如此，就如同约翰尼斯·开普勒对第谷·布拉赫。（因为很难对科学家进行排名，但毫无疑问法拉第是比第谷更为伟大的科学家，而麦克斯韦至少也应是和开普勒齐名的。）

麦克斯韦在剑桥大学的毕业论文（他必须完成才能毕业）就是关于法拉第的"力线"的。那成了他的起点。他致力于电磁现象的研究达 10 年之久，并最终将它变成了一门科学。他用数学方程证明了，电和磁并非孤立存在着的。只要其中一个存在，另一个必会被找到。他给了科学家们 4 个方程式，将电现象和磁现象联系在一起，这组方程式被称为"麦克斯韦方程组"。

"在经典物理学的范围内，包含电和磁的所有问题都可以用麦克斯韦方程组来解决，"天体物理学家约翰·格里宾在 100 多年后如是说，"在牛顿之后，麦克斯韦的研究工作是物理学迈出的最大一步。"

土星环之谜

如果将土星环的直径视作足球场大小的话，它的厚度会比一张纸还薄。那么，这种令人惊奇的带状薄层是固体、液体还是气体呢？麦克斯韦研究了这一问题十年。他曾写信给朋友说："在我日常工作之外，我忙于研究土星。它的模型已经被不断改造甚至重建，但我仍有很多要对它做的事。"（最右侧的图即麦克斯韦的土星模型。）1859 年，通过绘制大致的分子运动情况，他预言土星环只可能由大量的微小粒子构成。他的方程还证明了，任何其他形式都会散。这一预言于 1895 年被直接观察证明了。在

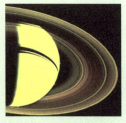

20 世纪 80 年代，两颗"旅行者号"行星探测器为我们发回了第一张近距拍摄的土星环照片（上左图）。照片显示环中各条分开的带的细节，也显示构成土星环的大部分粒子都是小于足球的。

牛顿的数学公式将引力变成了可理解并可资利用的东西。而麦克斯韦用数学方程对电磁现象的表述，与其有异曲同工之妙。

除此之外，当麦克斯韦意识到电磁波的传播速度和光速相同时，他立即由此推想到光也是一种电磁波。然后他从数学上加以确认。这是巨大的一步。开普勒和牛顿都曾想知道光是什么，但他们不知道光是一种电磁波。

这还不是全部。麦克斯韦认识到，光和其他电磁波都是要通过场来传播的，其中大部分的内容法拉第已经认识到了。但麦克斯韦又在其中加上了令人惊奇的细部结构。下面是麦克斯韦的话："我们可能无法避免这一结论，即光是介质中的一种横向波动，该介质也导致电和磁现象的产生。"请静下心来仔细品读这一段话几遍。

他所要表达的是：**光是一种电磁现象，它是以波动的形式来传播的。**

光是一种波。用简单的话来说，电磁波是由相互垂直的波构成的（上图）。一个波是电场，而另一个则是磁场。

在奥斯特的实验中，通电导线旁边的小磁针的指向既不是电流的方向，也不是电流的反方向，而是在与电流垂直的方向上。一个磁场产生了电场，而这个电场又产生了磁场，如此不断地重复下去——总是和前一个场互相垂直。（作为对比，声波沿着传播的路线振动，通常被描述为纵波。）

在写给表姐的信中，麦克斯韦将波通过场来传播的观点称为"大炮"。这是谦虚的说法。但他必须回答如下问题：

一个高水平的物理概念

麦克斯韦的电磁方程显示，当电场从一个瞬间到另一瞬间发生变化时，它的磁场也在空间各点发生着变化（反之亦然）。换言之，如果一个场随时间变化了，则另一个场也将在空间中以确定的方式发生变化。它们缺一不可，是相互依存的。

麦克斯韦将时间和空间也联系了起来，这也为20世纪的物理学家们奠定了一个良好的基础。阿尔伯特·爱因斯坦说过："詹姆斯·克拉克·麦克斯韦使一个科学时代终结，又使另一个科学时代来临。"

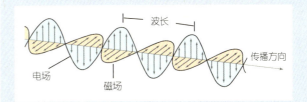

在电磁波中，电场和磁场的方向是相互垂直的（电磁波包含了可见光、红外线、无线电等）。

在成为苏格兰阿伯丁的马歇尔学院教授时的就职演说中，25岁的麦克斯韦清晰地表明，他计划让学生做实验并为他们自己的将来而学习："我没有理由相信，人类智力能够不经过辛劳的实验，只通过它自身就编织出一个物理学系统。"在实施这一计划时，他和他的苏格兰朋友遇到了一些问题。"任何玩笑在这里都不被理解。我两个月都没编出一个笑话。当我觉得有笑话时，只好咬住自己的舌头。"但他却能够与学院院长的女儿凯瑟琳·玛丽·杜瓦（Katherine Mary Dewar）分享笑话。他们于1858年结为伉俪。

找到光与电磁的联系

1871年，詹姆斯·克拉克·麦克斯韦被任命为剑桥大学第一位实验物理学教授。他很受人爱戴，但他生来不会用简明的语言表达。因此他的大多数讲课内容是从学生左耳进，右耳出。这有点像艾萨克·牛顿，他也经常只对三四个学生讲课。（实际上，牛顿的课堂上经常空无一人，是"对着墙讲课"的。）

请记住，麦克斯韦曾经写过："我们可能难以避免这一结论，即光是介质中的一种横向波动，该介质也导致电和磁现象的产生。"（这是他在1873年出版的《电磁通论》中写的话。）

他说出了自从牛顿之后最为重要的科学观点。他也展现了他的语言问题。这些"横向的波动"其实就是波。他用令人吃惊或含糊的语句，将光和电磁现象联系了起来。他是如何能做到这种联系的呢？

麦克斯韦意识到，从太阳或其他辐射源中辐射出的电磁

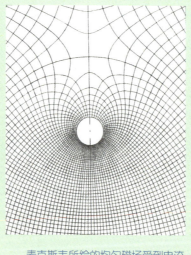

麦克斯韦所绘的均匀磁场受到电流扰动的情况。

场的传播速度是不变的。但它的速度应该是多大呢？通过研究，他认识到可以通过计算磁场单位和电场单位的比例的方法将其求出来。这需要较高级的数学能力，但这恰恰是他的一个强项。最重要的一点是，他从数学上所得到的数字结果是300 000千米/秒。他知道，这正和光的传播速度（由别人测得的）大致相同。

这种高度一致的数据可能本身没有什么意义，似乎只是一种巧合。但它使麦克斯韦意识到光其实就是一种电磁波。

科学家们懂得这一观点的重要性，但麦克斯韦却从来没能使他的普通听众理解这种极其重要的观点：太阳光，以及很多不可见的光线，都是电磁波。我们可以追踪它们，根据麦克斯韦给我们的方程，我们可以利用这些电磁波。这一切已经改变了我们人类的生活方式。

为什么电磁波能够穿过真空而声波却不能？因为声波对分子施加压力——将分子挤压，引发了分子的振动。在真空中，没有东西可挤压，故不能形成声波。电磁波利用的是交替产生的电场和磁场而不是具体的物质。事实上，普通物质能降低光的速度。这也就是我在谈起光速时要注明是否"在真空中"的原因。在物理学中，声波是机械波，而电磁波却不是。

这些光的波动是如何在空间传播的？难道波不需要通过某种东西，即介质，亦即某种能波动的物质来传播？

实际上，电磁辐射在不停地制造着自己的场，并利用这一场进行传播——这就够了。电磁辐射可以在真空中传播，太空是近于真空的，法拉第好像已经认识到了这点。但在19世纪，却没有其他的大思想家能想得到，即使麦克斯韦也没有想到。大多数人都认为，有一种看不见的介质充斥着空间，光就是通过它来传播的，就是这种叫作"以太"的介质。

对于电磁现象，麦克斯韦都能切中要害。麦克斯韦认识到，

不同的颜色是因为电磁波的波长不同造成的。(如红光的波长较长，蓝光的波长较短等。)他由此想到，一定存在着一个电磁辐射谱系，而可见光和颜色是谱系的一部分，是人类可以看得见的那部分。其他的电磁波都是我们看不见的，但却都是类似的波，只是它们的波长不同而已。麦克斯韦认识到，波长最长和最短的电磁波，人类的眼睛都看不到。他预言这些不可见的电磁波也都将被人们发现——他甚至建议到何处去找。(这有点像门捷列夫预言尚未发现的元素。)

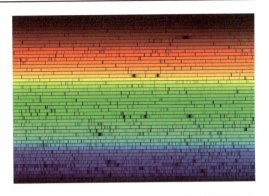

上图是太阳发出的可见光的光谱。可见光的最短波长在下边，而最长波长在上边。紫外线的波长比在底部的紫光的波长还要短，而红外线的波长比在顶部的红光的波长还要长。

于是，科学家们开始了寻找。1888 年，无线电波被海因里希·鲁道夫·赫兹(Heinrich Rudolf Hertz)发现了，然后是微波、X 射线、红外线、伽马射线等。所有这些不可见电磁波在真空中传播的速度都是相同的。还记得丹麦天文学家奥勒·罗默吗？他于 1676 年(牛顿还在世)测量到了合理的光速估计值。在 19 世纪 40 年代末，两位法国物理学家阿曼德·斐索(Armand Fizeau)和莱昂·傅科(即"单摆先生")，通过一个旋转轮子的缝隙向一面镜子射出一束光，再从轮子上的另一个缝隙接收反射回来的光，并测量出光的行程。他们由此得到的光速值和我们现在使用的光速值的误差在 5% 以内。

由此，麦克斯韦知道，在真空中的光的传播速度大约为 300 000 千米 / 秒。麦克斯韦方程组证实：所有的电磁波，无论其波长是长还是短，都具有相同的传播速度，没有例外，即它是一

跟随热的理论

如果你想了解物理学世界的话，就跟随热的本质走吧。麦克斯韦就是这么做的。他知道分子的舞动产生了热能。凭借聪明的想象力，他又得出了分子并非都以相同速率在运动的结论。用温度计测量得到的是在一个给定的空间中分子动能的平均值。

在研究了丹尼尔·伯努利的数学观点后，麦克斯韦已经开始认真思考那微小的原子和分子世界了。(他对土星环的研究也起了一定的作用。)在下一章中，我们将能了解到麦克斯韦关于分子的更多观点。

一个幸运的实验室

在19世纪，因为工业革命的出现，科学家们开始乐于将自己的研究与实验、发明和"现实世界"中的问题相结合。伽利略的小球和斜面之类的实验已经成为过去。实验仪器也变得越来越复杂。单独的个人很少会建立起自己的实验室，新设备也要求实验人员接受专门的训练和拥有团队意识，当然这也需要更多的资金。（这些都发生在商业社会开始看到科学的价值并愿意从资金上帮助科学研究的时期。）

大学也开始变化。在牛津大学建立起了本科生的实验物理课程后，剑桥大学也不情愿地提供了一个。这些都打扰了那些保守的教授们，他们喜欢一切保持原状。但当亨利·卡文迪什的后人威廉·卡文迪什作出了慷慨捐助以促进事业的发展时，新科学的研究便没有停滞下来。

剑桥大学想聘请一些科学明星来领导卡文迪什实验室，但都被他们拒绝了。于是，剑桥大学转而去求助麦克斯韦。起初，他也是不情愿的。他从苏格兰的格林莱尔写信道："虽然我对你们提议的主持实验物理的职位很感兴趣，但我在接到你们的来信时，尚没有接受它的意向，而且现在也没有。除非我前往考察后认为我能够从中做些有益的工作。"

剑桥大学是幸运的。麦克斯韦已经在两所大学中开设了实验课程。他改变了他的想法，

20世纪30年代，学生们在卡文迪什实验室中做实验。

并决定将"从中做些有益的工作"。于是，他从基础做起，开始了在剑桥大学的工作项目。他设计和制造了大部分的实验仪器设备。麦克斯韦与建筑学家合作，设计了一个有最先进实验室和良好研究氛围的建筑物，使其作为剑桥大学的物理系大楼达100年之久。

1897年，当电子在卡文迪什实验室中被发现时，剑桥大学再次震撼了物理学界。这正如当年牛顿坐在他剑桥大学三一学院那间孤独的房间里，写出《原理》一书时的震撼效果一样。至于电子革命，在这间实验室和这个城市中发现电子是这一革命的开端。这对任何地方来说都是值得永久吃下去的"老本"了。但剑桥大学和卡文迪什实验室后来又启动了另一场改变世界的科学革命：1953年，在那里发现了DNA。

个常量。这是一个伟大的思想，请记住它，它会逐渐显现出它的重要性。但在麦克斯韦时代，却没有多少人关注它。即使麦克斯韦本人也没有意识到它的重要性。

在第一次画了詹姆斯的素描（见第 139 页）的几十年后，表姐杰迈玛又绘制了这幅全家在海边聚会的水彩画。画中左侧第二个坐着的人即詹姆斯·克拉克·麦克斯韦。

麦克斯韦在无线电波被发现时并没有在附近。他可能对这一发现颇感激动，但不会感到太大的意外。他在 48 岁那年因癌症去世。这和他母亲去世时的年龄相同，且都是死于同一病症。这是 1879 年。也正是这一年，阿尔伯特·爱因斯坦出生了。

由上我们可以综合归纳如下：麦克斯韦在法拉第观点的基础上，凭借他的数学天赋奠定了电磁革命的基础。而这又在 19 世纪中造就了一个超出人们想象的电力驱动的世界。现在，詹姆斯·克拉克·麦克斯韦已经进入了历史上最伟大的科学家之列。

万有引力不仅使行星在绕太阳的轨道上转动，也作用在具有质量的粒子之间。同样，电磁力也能作用在宇宙范围或原子尺度内。它能防止固体散架或坍缩，而且也作用在所有带电的粒子间。还有两种力（强作用力和弱作用力）也将在 20 世纪中被发现，它们都作用在原子核的内部。这 4 种作用力能解释几乎所有的自然现象。但人们希望发现一种"超级力"，以使所有这 4 种力能统一起来。

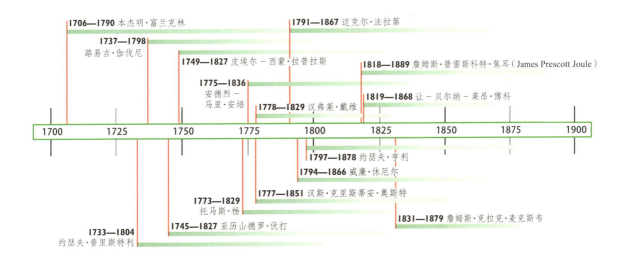

周而复始，这就是频率

我 的孩子说我老是频繁地重复某事，老是会说"要有礼貌！""站直了！"等。你们知道，这都是做妈妈的教诲。由此联系到"频率"（frequency）一词的科学含义。它其实就是自然界在定期地重复它自己。下面是一本科学词典对频率的定义：在物理学中，它表示在单位时间内周期性振动、振荡或波动发生的次数。这种重复可以是声波压强（声音能量对分子的挤压）产生的振动、电磁场的扰动（产生了电磁波），甚至是平常所见的水波。

对频率——那些有规则的重复振动或波动——的科学度量单位是赫兹（Hz）。1 赫兹表示 1 秒钟内产生了 1 次循环；1 个循环表示重复了 1 个波长。例如，对水波而言，波长就是从一个波峰到相邻波峰的距离。使用赫兹作为单位，是为了纪念德国物理学家海因里希·赫兹（1857—1894），他是无线电波的发现者。他的发现证实了詹姆斯·克拉克·麦克斯韦的预言，即并非只有我们看到的光是电磁波，而是存在着更多的电磁波，它们的行为方式是相同的——除了它们的波长和频率。

注意：请不要混淆频率和速率这两个概念。在真空中，光以及所有其他的电磁波的传播速率

德国物理学家海因里希·赫兹用一系列实验证明了麦克斯韦预言的电磁波的存在。当他证明能在一定距离之外探测到电磁波时，实际上是发现了无线电波。

声音的关闭和打开

声音是一种振动的传播。声波的频率是它每秒振动次数的度量。对人耳可听见的声音而言，其振动频率必须在大约 20 至 20 000 Hz 之间。声音的频率越高（即振动较快），其产生的音调也就越高。很多动物能听到我们所听不到的较高或较低频率的声波——被称为超声波或次声波。（你会把这些我们听不到的频率的波称为"声音"吗？）

你要用实际操作听到（和感受到）声音的频率吗？压下一个钢琴键，就有一个小棰在击打琴弦，使它振动起来。（如果你这时将另一只手放在钢琴上，就可以感受到振动。）琴弦的长度和松紧程度决定琴弦每秒钟的振动次数，即它的频率。在右边的表中列出了钢琴中间各键——包括黑键和白键的频率。

你注意到 A 键有什么与众不同吗？第二个 A（440）是第一个 A（220）的频率的 2 倍，这也就是它们同为 A 的原因。所有八度音对（A–A，B–B 等）的频率间具有简单的比例关系，如 2∶1、4∶1（间隔两个八度音）、8∶1（间隔三个八度音）等。因为它们的振动弦彼此间的同步性非常好，故当一起弹奏它们时，这些音符的声音是和谐的。

事实上，上述情况对任何音符都可适用，只要将其频率降低至较低的整数值即可。第一个 A（220）和 E（330）的振动频率是美好的、圆润的 2∶3 比例，称为"五度音程"。（即其间隔为 5 个全音符；每个升半音符 ♯ 表示有 1 个半音间隔。）如果你可以使用一架钢琴（或一台计算器），就能轻松找到其他令人愉悦的音符对。只需通过听（和看），使音符对的频率降低至个位整数即可。

音乐迷：第二个 A 是其他音符要调谐至的音符。C 在约 262 Hz 处，是中音 C。有些升半音被认为是降半音。例如，是 ♭B 而非 ♯A。

语言迷：八度音意味着"8"，每个八度音共有 12 个音符，其中有 8 个整音符。

数学迷：每个连续的音符对间的频率增长率是 2 的 12 次根，即约为 1.059 463 094 359 295……

下表中的数据是四舍五入的。

钢琴键	频率（Hz）（每秒振动次数）
A	220
♯A	233
B	247
C	262
♯C	277
D	294
♯D	311
E	330
F	349
♯F	370
G	392
♯G	415
A	440

每秒的振动数决定了音调的高低。上图中右侧的音调高，左侧的低。但声音也有振幅——或响度。琴弦振动幅度广的，如右侧的那一根可以将较多的能量传输到周围空气中，声音就大。只要将琴弦先轻弹一下，然后再重弹一下，就可以很容易看到和听到这种差异了。

是相同的，但它们重复振动的速率，即频率是不同的，即它们的波长是不同的。例如，是频率和波长的不同使无线电波有别于微波。

　　如果你认为这种注释显得重复的话，请记住，重要信息以某种频率重复出现，就会把它们"印"在你的脑子中。这里另外还有一件要记住的事：声波的频率决定了声音的音调，而光波的频率决定了光的颜色。

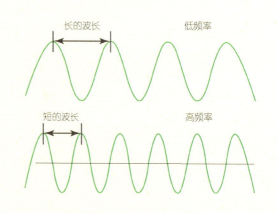

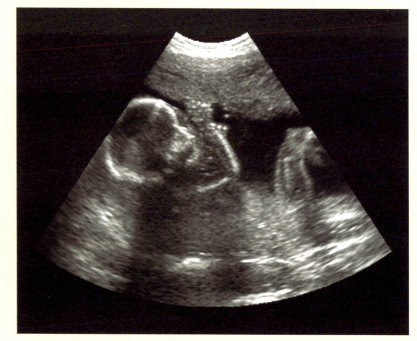

你可能已经知道蝙蝠是利用声呐来导航的。它发射出去的高音调声音反射回来所经历的时间越长，物体就离它越远。超声波仪器利用的是同一种原理。（所谓超声波即意味着所使用的声波的频率高于人耳所能听到的 20 000 Hz。）右图中的超声波图显示了胎儿的头、手臂和腿。

电磁舞蹈，还是振动频率的故事

如果你生活在美国的话，你家里墙壁中导线里的电流频率为每秒 60 周（60 Hz）。当波的频率达到 500 000 Hz 时，你已得到无线电波（被认为较慢的频率）。进入真正高频时，你就有了雷达波，接着是紫外线（UV），然后是 X 射线，最后是伽马射线。再重复一次：波长越短，则频率越高。下图所示的电磁波中，最左侧的伽马射线具有最短的波长——短至两个原子间的距离；而最右侧的无线电波，其波长可达数百千米。但常见的都在一个足球场的长度上。

当你考虑到这种电和磁的振荡波以约300 000 千米 / 秒的速率传播并产生了全部电磁辐射——可见光、微波、无线电波、X 射线、伽马射线等时，这幅电磁波家族图应该让你印象非常深刻。

在 19 世纪末，这种按频率排列的电磁波谱刚刚开始为人们所理解。在我们的技术领域中，它是十分重要的，因此请关注你周围的电磁辐射。你不能看到电磁波，但能感受到它们产生的效应——如用微波（频率比可见光低）加热的汉堡包，被过多紫外线（频率比可见光高）晒伤的皮肤等。

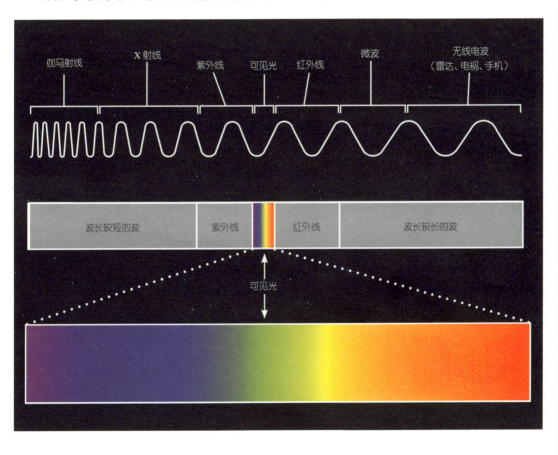

"斗牛犬"玻尔兹曼

科学家并不会问"当前最重要的问题是什么？"而会问"哪些问题是在当前可解决的？"或有时仅仅问"哪个问题我们可以取得虽小却是真实的进步？"……更加壮丽辉煌的成就，犹如在一些特殊问题的茂密丛林中摸索时，突然发现了一丝光明，从那里可以对整体问题发现至今梦想不到的前景。

——路德维希·玻尔兹曼（1844—1906），奥地利物理学家，《理论物理和哲学问题》

玻尔兹曼是世界著名的数学家和享誉国际的物理学家的先导。他的科研成果量确实令人感到震惊。他竟然能在一年中出版两部、三部，有时甚至是四部专著……他属于我们现在称为"抢手货"，能够不断受聘的人。在德国和奥地利，他从一所大学跳槽到另一所大学。

——乔治·格林斯坦（George Greenstein，1940—），美国天体物理学家，《发现的肖像：科学天才的侧影》

路德维希·爱德华·玻尔兹曼（Ludwig Eduard Boltzmann）长着圆圆的脸、大大的耳朵、浓密的红胡须，头上长满了卷曲的棕发。只有他的眼镜是很小的，两个镜片上布满了一圈圈的光纹。他的近视眼正是通过这副眼镜来观察世界的。一位学生曾画过一张他骑自行车时的素描：自行车上有一位胖教授，他的燕尾服飘在身后。这幅素描充满了魅力，正如他本人一样。

玻尔兹曼是一位物理学家，也是 19 世纪末叶在他研究的领域中最著

玻尔兹曼正在讲课。艺术家为你捕捉到他身穿皱巴巴的衣服和他专注的神情了吗？

名的明星之一。他显得气势汹汹——热情很高而且很有学问——但他也是心地善良的。每当他要给学生较低评分时，都会从内心觉得不好受，故通常并不这样做。于是，他受到学生的爱戴。他的一位叫莉泽·迈特纳（Lise Meitner，后来成了世界著名的物理学家）的学生将他描述为"从某种意义上来说有着'纯洁的灵魂'和充满仁慈的心灵；一位理想主义者；对奇妙的自然规律充满了敬畏"。对路德维希·玻尔兹曼来说，研究物理学就是追求终极真理的战斗。

玻尔兹曼的故事应从维也纳说起。他是1844年在那里出生的。维也纳是一座世界性的大都市，有着像巴黎或罗马那样的文化吸引力。但不久后，他们一家就搬到奥地利的一座小城市韦尔斯居住了，再后来又搬到了林茨。这里位于维也纳西方大约200千米处。路德维希的母亲出生于一个商人家庭，父亲则是一个税务官员。因此，可以说他们是较为富裕的。

在一段时间里，路德维希的母亲雇来几位老师，让他们到家里来教自己的三个孩子。其中之一是作曲家安东·布鲁克纳（Anton

上图是一幅作于1860年描绘大都市维也纳的水彩画。玻尔兹曼当时是一位研究生，在维也纳教数学。后来他被聘为格拉茨大学的物理学教授。约翰尼斯·开普勒也曾在这里任教。格拉茨是奥地利的第二大城市，位于山区，有着旖旎的田园风光。玻尔兹曼喜欢过乡村生活，故他买了一套农舍，从集市上买了头奶牛并自己牵回家。此前他已向动物学教授咨询了如何让它产奶。

Bruckner，当时是林茨教堂中的风琴手）。但当她发现布鲁克纳曾将湿雨衣扔到床上后，立即就将他解雇了。但尽管如此，路德维希后来还是成了一位技艺高超的钢琴手。

玻尔兹曼的童年也并非都是一帆风顺的。在他 15 岁那年，父亲就因病去世了，患的可能是肺结核。一年后，他 14 岁的弟弟也因同样的病症死去了。大概正是因为家庭中出现的这些变故，让他下决心要认真学习，使自己成为能让母亲感到骄傲的人。在林茨的学校中，他的学习成绩一直是班级中的第一名。

1863 年，他已经到了该上大学的年纪，他们这个小家庭：妈妈、姐姐和路德维希又回到了维也纳。路德维希如愿进入了维也纳大学。这座大学中有很多杰出的教师，研究着、辩论着物理学方面很多新观点——麦克斯韦的电磁理论和道尔顿的原子学说。此后不久，路德德希也开始从事基础科学研究工作了。

$$\nabla \times E = -\frac{1}{c}\frac{dB}{dt}$$

$$\nabla \times B = -\frac{\mu}{c}(4^{\pi}i + \frac{dD}{dt})$$

$$\nabla \cdot D = -4\pi\rho$$

$$\nabla \cdot B = 0$$

在詹姆斯·克拉克·麦克斯韦去世 100 多年后，一位教授于 2004 年在《物理学第一》的杂志中要求读者选出历史上最伟大的数学方程式。麦克斯韦的 4 个方程（上图）和莱昂哈德·欧拉最著名的方程 $e^{i\pi} + 1 = 0$ 共享第一名，击败了阿尔伯特·爱因斯坦那著名的方程 $E = mc^2$、毕达哥拉斯定理 $a^2 + b^2 = c^2$、牛顿第二定律 $F = ma$、路德维希·玻尔兹曼的 $S = k\ln W$，当然还有基本算式 $1 + 1 = 2$。

在玻尔兹曼还是学生时，一位教授给了他一些麦克斯韦用英文写的论文，"加上一本英语语法书。因为在当时，我连一个英文单词都不会"。他后来这样写道。玻尔兹曼不需要去翻译数学方程，因为它们都是通用的语言。但他还是孜孜不倦地学习英语，直到他也懂得论文中的英语为止。麦克斯韦是他最为崇敬的当代科学家。他曾写道："像有魔法启迪一般，所有以前难以解决的问题都迎刃而解了……任何人都不应将书抛到一边。麦克斯韦不是一位标题音乐的作曲家，他不需要为每个音符加上诠释。"

没有多少 19 世纪的科学家能理解麦克斯韦方程的重要性。但对玻尔兹曼来说，它们简直就是一首美妙无比的歌。

麦克斯韦的气体理论描述了运动中的分子情况，一些科学家认为这些粒子仅仅是一种象征——是为了从数学上解释的方便而虚构出来的东西。很难让人想象原子和分子是真正存在的——或者，如果它们确实是存在的话，就要有人能证明。

玻尔兹曼坚信，麦克斯韦关于原子和分子的理论定义了一个真实的原子和分子世界。他研究了气体及其详细的性质，并且认识到：气体的可压缩性是可以从数学上予以解释的。但这只有在接受气体是由十分微小的实体（原子或分子）构成的观点时才有效。以此为起点，他意识到，如果这些原子和分子都存在于一个大部分都是空着的空间中，就能解释一定量气体具有弹性的原因了。另外，如果它们弹来弹去地互相发生碰撞，并不断地撞击容器壁，这也就帮助解释

了气体对容器壁施加压强的原因。（正是运动的分子产生的这种压强作用使气球膨胀起来并保持其形状的。）在 18 世纪时，伯努利就已经理解了这一点。他们的观点都引起了玻尔兹曼的注意。

当然，玻尔兹曼是看不到原子的（除了在他的意识中），也是无法测量原子大小的。但他可以通过计算来得出它们在气体中的行为。因此，他用数学和统计学的方法接近原子世界。利用这种方法，他发展了气体的分子动理论，这一理论已成为热力学这门科学的重要组成部分。

玻尔兹曼对热力学达到了入迷的程度。蒸汽机这一技术奇迹，改变了 19 世纪的世界，并引发了科学家对热能的认真思考。

左侧的计算机模拟图显示了 3 个分子碰撞的路径。其中的"股"数等于分子中的原子数。请你跟随一股从进入，到碰撞，到离开。

弹性（elasticity）可以利用一根橡皮筋描绘出来：拉紧它后再松开，它的形状就会恢复原样。弹性是材料受外力作用然后外力撤去时恢复原来形状的能力。但对气体而言，它本身是没有形状的，何来弹性？气体中的力来自分子间的碰撞，但即使这些分子相互持续地碰撞，气体的总动能是保持不变的。在非弹性碰撞中，一些动能转化成了热能。这就像棒球被手套接住停了下来。

"动"（kinetic）一词源自希腊文，意为"运动"；**"热力学"**（thermodynamics）也来自希腊文，意为"热动力"）是研究热的作用，特别是它和其他能量形式间互相转化的科学。

为获得早期的热力学历史信息，要查出法国人尼古拉·莱昂纳尔·萨迪·卡诺（Nicolas Léonard Sadi Carnot）的有关事迹。他的生命非常短暂（1796—1832，左图是他 10 岁时的画像），但他却发表了一篇关于热能的重要论文。在论文发表的 20 多年后，詹姆斯·焦耳利用他的观点，对热能和其他能量形式作了开创性研究。

气体运动得有多快？

这是一幅画于 1850 年的热气球画，其内充满了热的气体和烟。热气球能够升空，是因为（气球内）加热后的气体和烟（它们的分子在进行高速、刚性碰撞）的平均密度小于周围（气球外）较冷空气的密度。

RARIFIED AIR BALLOON.

气体分子一直在无规律地运动着，并在与其他分子不断发生碰撞的同时，也不断撞击着装有它们的容器壁，但这些都是难以测量的。这不只是因为用眼睛看不到它们。各个分子都在以不同的速度运动着，且在每次碰撞后速度都会发生改变（请注意：这里说的速度既包含有速率的大小，也包含有运动的方向）。玻尔兹曼知道，他是无法测量一个分子的速度的，那就更不用说所有的气体分子了。所以，他也不去做这种无谓的尝试。

取而代之，他假定和所有物质一样，这些粒子也都遵从宇宙间普遍适用的物理定律。按照牛顿第二运动定律，在受到一个外力（其他运动的分子）作用之前，这些粒子都沿着直线做匀速运动。由动量公式知道，一个物体的动量等于质量乘以速度（mv）。在第 2 章中，我们已知艾米莉·杜夏特莱改进了质量与速度间的平方关系——mv^2。还记得一位荷兰科学家做的下落的球和软黏土的实验吗？当球速变为原来的两倍时，球击入黏土的深度变为原来的 4 倍。在任何情况下，其要点都是，能量跟质量与速度有关。

大多数事物的进化，包括数学公式，都需要时间。关于能量的全部观点也是如此。在玻尔兹曼时期，它们得到了戏剧性的发展。科学家发现，即使气体内的各个分子在每次碰撞后会改变运动的速度，而整个气体的总动能却没有发生变化。动能是物体因运动而具有的能量。而热能则是动能的一种形式，即原子和分子运动而具有的能量。因此，下面的陈述是非常合理的：平均动能的大小取决于气体的温度①。如果温度升高的话，分子的运动将会加快，因此也就具有了更大的动能。反之亦然：如果分子的运动速度加快，则气体的温度也将会升高。

因此，按照牛顿定律和艾米莉的"平方律"和气体的热力学，动能（E_k）也可用一个简单的公式表示出来：

$$E_k = \frac{1}{2}mv^2$$

看起来熟悉吗？这其中的 $\frac{1}{2}$ 是另一个常数，即它是不会改变的（在能量的计算公式中好像都有个常数）。加入了这个常数后，使科学家们首次计算出了动能的数值。在保持其他条件不变的条件下②，这一公式可用简单的语言描述：

物体的质量（m）加倍，则动能（E_k）也加倍；速率（v）加倍，则动能（E_k）变为原来的 4 倍。

这和无规则的气体分子运动速度有什么关系？如果你能够知道它的原子量和气体的总动能（也就是温度）的话，那你就能求出所有分子的平均速度，即使你看不到它们。

气体分子运动的速率有多快呢？下表列出了一些常见气体分子在温度为 25℃ 的情况下的平均速率。我们平常在自然界中发现的氧气和氢气都是双原子分子（即 O_2 和 H_2）。氢气分子（H_2）在室温情况下的速率大约为 6 400 千米/时！氧气分子（O_2）的质量是氢气分子的 16 倍，但在这一温度下的速率却只有氢气分子的四分之一，即约 1 600 千米/时。

气体种类	原子质量	平均速率（千米/时 *）
氢（H）	1	9 000
氢气（H_2）	2	6 400
氦（He）	4	4 500
氧（O）	16	2 260
氧气（O_2）	32	1 600

* 表中平均速率数据为四舍五入的近似值。

译者注：① 原文为"总动能等于气体温度"。
② 原文无此条件。

尝试求出气体分子的速率

设想在室温下将氧气（或其他任意纯气体）装入一个瓶子中。氧气分子在瓶中快速地做无规则（以各种方向和速度）运动。下图中画出的曲线图像称为**麦克斯韦－玻尔兹曼分布**（Maxwell-Boltzmann distribution）。它表示的是以各种速率运动的分子数的概率分布。这里用的是"概率"，但这并不等同于笼统地说"可能"。这是一种统计概念，它比"可能"更加肯定也更加精确。因为统计学是基于数学公式的，就如同我们计算动能的公式一样。

图像底部的横坐标轴表示的是速率的大小，它从左到右是增大的。图像左侧的纵坐标轴表示的是分子数的多少。很少的分子具有非常低的速率（即在曲线的起点附近），具有极高速率的分子数也不多（在曲线的右侧，离 0 最远处）。具有分子数最多的速率在字母 P 处，即在曲线的最高点的"峰"处。要重申的是：峰处表示了具有最多分子数的速率值。另外，相对地说，它处在慢速侧（在图上更靠近左侧）。

曲线上的另一个点 A 是所有分子的**平均速率点**，由图像知，它比 P 点的速率稍大。对于氧气，由上页中的表知，在室温下，其平均速率为 1 600 千米/时。平均速率相当于将所有的氧气分子的速率加起来除以总分子数——但这一要求很高，因为速率的数目（曲线上的点）是无限的。但如果你读过《科学革命——牛顿与他的巨人们》的内容，即可认识到可用微积分的方法来计算。

此外，当你讨论速率时，若所有分子的质量是相同的，也就相当于在讨论因运动而具有的能量——动能。计算动能的公式如下：

$$E_k = \frac{1}{2}mv^2$$

如果用氧气的原子质量数 32 代入式中的质量 m，则动能等于 16 乘以速率的平方。换言之，由于 m 在公式中已知，则在速率（平方）和动能间就有了直接的关系。（注意：理论上讲，动能只与速率——考虑物体运动的快慢有关；而物体的"力量"——动量，则与速度，即物体运动的快慢和方向有关。）

左图的曲线显示了气体分子是以许多不同的速率运动的。速率非常小（图左边）和非常大（图右边）的分子相对都是很少的。以速率 P 运动的分子数量最多，速率 P 称为最可几速率。而平均速率 A 比它稍大。

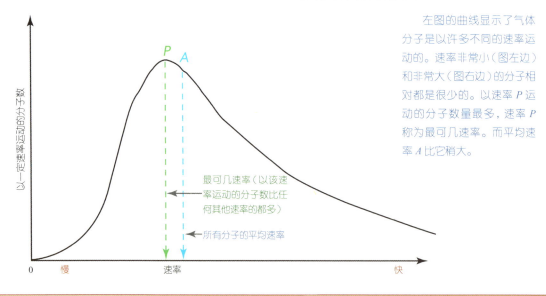

他们知道蒸汽具有能量，用蒸汽可以让发动机转动。但在科学上，他们不能就热究竟是什么取得一致看法。这是一个需要回答的大问题。热是物质的一种性质，还是它本身就是物质？它是一种属性，还是一种实体？关于这些问题的争论很激烈。

拉姆福德伯爵在这方面的大部分观点是正确的。他证明了热不是一种元素，而是由运动所"激发"出来的。尽管如此，他的证据仍没有被某些科学家所接受。他们又将其贴上了"热质"的标签，并争辩说热是物质的一种形式，一种流体元素。拉姆福德伯爵在英国不甚受欢迎，那里的科学家不太重视他的研究成果。但玻尔兹曼这位奥地利人却非常重视。

如果热是由运动产生的话。那么，是什么在运动呢？拉姆福德伯爵没有回答这一问题，因为他不知道问题的答案。

玻尔兹曼悟出**"热是运动的原子和分子"**的结论。他拓展了詹姆斯·克拉克·麦克斯韦的观点，并归纳出了能表征气体分子速率的公式（被称为麦克斯韦－玻尔兹曼分布）。他的这一工作做得非常精彩，但收到的反响却是多种多样的。大多数与玻尔兹曼同时期的科学家，特别是他的奥地利同行们，甚至连原子的观点都不相信。

你是否曾经历过，自己看起来完美清晰和正确的观点却不为人们所接受。这种令人沮丧的情况也是玻尔兹曼所面对的。道尔顿（他于1844年去世，玻尔兹曼恰在这一年出生）曾总结出一个对原子的合理解释。但历史是充满着循环往复的。到 19 世纪末叶，那种作为启蒙运动标志的开放式探究精神不复存在，新观点被人接受也就不再是件容易的事了。

因此，玻尔兹曼变成了一位斗士。他要为捍卫原子说的观点而战斗。恩斯特·马赫（Ernst Mach）是另一位著名的奥地利物理学家。

"（如果我能）活得足够长，看到热质说和燃素说被埋葬在同一座坟墓中，那我就满足了。"拉姆福德伯爵如是说。但他没能活到那个时候。

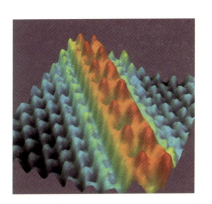

世界上第一幅原子的图像发表于 1980 年，是在德国海德堡大学产生的。左图是更新的图像，它显示了在砷化镓（用于制造计算机芯片，这里为绿色）"海洋"中锯齿形排列的铯原子（在计算机图像中为红色）。铯是一种银色的金属，但它的名称来自拉丁文，意为"天蓝色"。蓝色是它在火焰测试时发出的光芒，这也是罗伯特·本生和他的同伴们发现该元素的方法。

马赫说：无法精确测量，就不是科学！

在两个多世纪的时间内，科学家一直在艰辛努力，力求做到科学化。他们已经掌握了精确测量、分类和直接研究的方法。到了 19 世纪中叶，一些科学家意识到有些事物是不可以进行精确测量的，甚至连看到都不可能。那么，他们该怎么办呢？难道要忽略掉这些事物吗？是的，诸如恩斯特·马赫等传统主义的科学家认为，这是可以的；因为科学是建立在精确测量的基础上的。

对于原子的认识又如何呢？无人奢望能看到它们。理解它们需要头脑中的想象力产生飞跃。那么这种想象是科学的吗？有很多科学家认为这种想法是不能容忍的，马赫就是其中之一。马赫还反对绝对时间和绝对空间的观点，因为它们不能在所有时间和所有空间被证明是对的。这种观点又为阿尔伯特·爱因斯坦的理论铺设了道路，爱因斯坦也是反对绝对时间和绝对空间的（但他不反对原子说）。

恩斯特·马赫是格拉茨大学中的另一位教授。你知道他可能是因为"马赫数"，如马赫 1、马赫 2 等。所谓马赫数就是物体的运动速度和当时当地声速（声速是变化的）的比例。上图所示的马赫仪测量的是喷气式飞机的飞行速率。马赫也是一位有意思的人，和玻尔兹曼一样，他同样也从一所大学转到另一所大学，因为大学都要争聘他。他是一位数学和哲学教授。他相信除非经实验证明（经验或观察），否则就称不上科学。

但他却认为原子是为了方便而虚构出来的。

"你可曾亲眼见过一个原子？"他如此嘲笑玻尔兹曼的课程。马赫说，如果你不能直接观察一种事物，科学家就不应把它当真。这话似有道理。英格兰受人尊敬的开尔文勋爵（威廉·汤姆森）也反对原子说和分子说。要知道，开尔文勋爵可是具有国际影响力的第一流的科学家。（当然，马赫也是。）

如果我们用显微镜能看到原子的话，则解释热就容易得多了，但这却是不可能的。然而热需要解释。热不仅是神秘的，而且也是重要的。因为即使最原始的生物也需要热才能存活。但如果你是在找一种并不存在的看不到的流体，你不可能走得太远。辩论引发了愤怒。"热质"说也有着顽强的灵魂和拥趸。最后，大多数研究热力学的科学家放弃了对整个"热到底是什么"问题的追索。代之以用数学的方法去研究热能，并探讨从一定量的热能可以获得的功。换言之，他们研究热做了什么，而不是热是什么。从那个角度来看，热为什么具有这种行为是无关紧要的。

但路德维希·玻尔兹曼却认为这是有关系的。他知道热就是原子和分子的运动。他的这一观点无疑是正确的。

但这两种对热的研究方法（研究热到底是什么和热能做什么）最后被证明都是有用的。在 19 世纪，对热力学的主流研究将促使两条重要科学定律的问世。（请坚持读下去，我们即将去向那里。）

对原子来说，能证明它存在的坚实证据即将出现。但不幸的是，它们是在路德维希·玻尔兹曼先生因患抑郁症自杀之后才出现的。

路德维希·玻尔兹曼是一个粗壮的，看上去像圣诞老人的奥地利人，他曾被人比作斗牛犬。大概是因为斗牛犬是固执而坚强的。而实际上，他更像一只温顺的小狗，外表有时看起来冷漠，但内心却是温和善良的。他只有在面对质疑原子说的人时才大声"咆哮"。他相信原子说，而且是发自内心地相信。

玻尔兹曼用他对所谓黑体辐射的研究，为阿尔伯特·爱因斯坦的理论奠定了基础。黑体是一个能完全（想象中的）吸收掉所有射向它的热辐射的理想容器。但是，对于它放出辐射的特征，则是无论玻尔兹曼，还是他同时期的科学家都无法从数学上解决的问题。对黑体辐射的解释，还要等到 20 世纪初量子理论（关于亚原子粒子层面）的出现。

在原子的内部

在本书中，我们曾跟随着科学探险者们，沿着寻求知识的天梯一步一级地向上攀登。其中的一些先行者"发现"了原子的踪迹，但他们却无法看到它们。这是人类思维惊人的壮举之一。物理学家杰拉尔德·范伯格（Gerald Feinberg）在 1978 年曾写道："即使能用普通显微镜看到的最小的细菌也含有 10^{19} 个原子。而一个人所包含的原子数大约为 10^{28} 个。这意味着我们每个人身中含有的原子数比整个宇宙中的恒星数还要多。"

我们发现原子的过程是一个真正的冒险故事。我们现在可以知道的事，对过去最聪明的思想家来说好像是不可能的事。下面归纳出的是一些当今关于原子的基本信息，以帮助你理解本书的后续内容。

原子理论的基本内容
所有的物质都是由原子构成的。

原子是一个复杂的实体，每一个都具有一定的结构和组成部分。原子在我们看来是很小的，

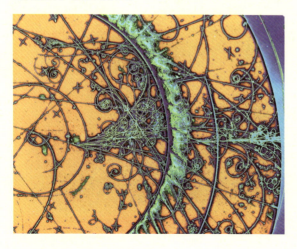

下图中这些弯曲的绿线是亚原子粒子在通过过热氢气时的径迹。这些粒子能使液氢沸腾或者说放出气泡。这也是将这类记录粒子径迹的仪器称为气泡室的原因。

左边是显示了原子核的性质的图解。图中灰色的表示的是天然的和稳定的，其范围从氢（顶部）到铀（中部）。底部橙色的点表示的是不稳定的，它们都含有多出来的中子，且都具有放射性。

但在微观世界，它却是巨人。

还有比原子更小的粒子，即亚原子粒子。原子的大部分质量都集中在原子核中。在原子尺度上看，原子核也是很大的，它又是由被称为质子和中子的更微小的粒子构成。在围绕原子核的轨道上运动的，还有更加微小的电子。中子不带电荷；质子带有一个正电荷；而电子则具有一个负电荷。在一个稳定的原子中，它们处于平衡状态——一个质子对应一个电子。所谓离子是原子失去或获得一个（或几个）电子后形成的，因而显现出电性。

构成每一元素的原子，其质子数都是独一无二的。如氢原子中有 1 个质子，而铀原子中有 92 个质子。这种质子数又是各元素的原子序数。一种元素还可以有同位素——原子中的中子数不同。同位素就是同"兄弟姐妹"原子（它们有相同数目的质子）类似的相同元素。多出来的中子使原子变重，有时还会显现出放射性。具有放射性的原子会自发地向外发出放射性辐射（即电磁能或粒子），这一过程被称为放射性衰变。放射性衰变会导致一种原子蜕变（即变化）成另外一种原子。这种变化，对一些原子几乎就是即时完

成的，而对另一些原子，则可能要数百万年。

原子从没停止运动。若用另一种方式表述这句话，即原子在永恒的运动之中。

下面是理查德·费曼（Richard Feynman，1918—1988）于 1961 年在美国加州理工学院的演讲摘录，让我们正确认识原子。（很多人认为费曼是迄今为止美国产生的最伟大的物理学家。）

如果在某种大灾难中，所有的科学知识都被消灭了，只有一句话被传递给了下一代生灵。那么，什么样的话可以用最少的词来产生最大的信息量呢？我相信这应是关于原子的假设：所有的物质都是由原子构成的；原子是永恒运动着的微小粒子；当它们相隔一段距离时相互吸引，但当挤在一起时又相互排斥。

科学家是如何知道这些被称为原子的微小实体的？

研究气体的过程给了他们线索。只有你进行假想实验，想象气体是由微小的粒子构成时，气体的行为才有可能解释得通。之后气体才可以

你已经看到过第21页中计算机作出的水分子模型。右图是关于生成水蒸气（气体）的。而下页的左图中是液态的水，右图则是冰晶体。注意晶体中所有的开阔空间，特别是和液态水相比。这就是冰的密度比水小的缘故。

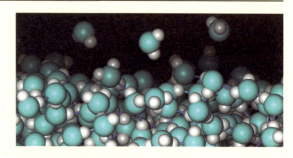

被测量和分析，它的性质也可能从数学上进行预测。在原子研究方面的先锋之一是一位名为阿莫迪欧·阿伏伽德罗的意大利伯爵。他提出了分子的观点。（关于他的故事可参见第8章。）

通过对气体行为的研究，并把它们想象成是由微小的粒子组成的，阿伏伽德罗由计算得出了一个结论：在相同的体积、温度、压强下的各种气体都具有相同的分子数（或原子数）。他还意识到，如果能知道一定体积中的原子数，则就能测算出在其他体积下的原子质量。后来的实验学家计算出了1克氢，或8克氧，抑或12克碳的原子数都是相同的，即 6.02×10^{23} 个或 602 000 000 000 000 000 000 000 个。这一数字被称为阿伏伽德罗数。（现在，教科书中定义阿伏伽德罗数都是12克碳中的原子数。）这个巨大的数字告诉我们的是，每个原子都是非常非常小的。现在，阿伏伽德罗数，也被称为摩尔，是原子论的基础之一。

原子在运动的说法解释了热

我们应该记得，当我们说所有原子在作永不停息的运动时，我们意指所有——在一滴水中，在盛水的杯中，在输水的金属管道中——的原子。

原子作那种跳舞般运动时所具有的能量在

科学上称为热能或非正式地称为热。如果热能从一个物体进入另一个物体（如从火炉进入烧水壶的水），则会使（壶中水）分子的舞动加剧。换句话说：加快分子或原子运动速率，你就增加了热。

以水为例来进一步说明原子理论

一个氧原子和两个氢原子结合到一起而形成了水分子。这时氧原子和氢原子如同互相黏合起来一样。事实上，它们取得了一种电荷上的平衡。而你要将这些原子进一步靠近的话，它们将会相互排斥。

假设你能够观察到热水中的分子运动，则会看到它们四处乱飞。水越热，它们匆匆离开彼此的动作就越加快。有些高速水分子直冲出容器成为气体——水蒸气。在气体中，有些分子飞得甚至比超音速飞机还要快。

如果你将水冷却，会发生什么情况呢？分子在诸如冰那样的固体中不能任意移动，因为它们被"锁"在某个位置上了。这时，它们的运动方式变为在这个位置附近振动。

压强和密度

将水装进一个封闭的容器中加热后，这些微

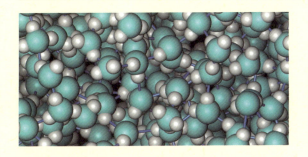
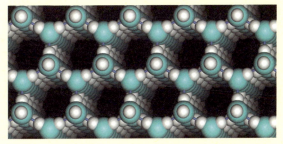

小的分子狂乱的舞动将会产生压强。这种压强的作用将会使烧水壶上的哨子发声，或掀起壶盖。

增大加热量，则分子的运动也越来越狂烈。水分子的碰撞力加大，运动加快，碰撞的频度也加大。因此，**压强是随着温度的升高而增大的。**

假定容器有一个可以上下滑动的盖子（如同一个活塞）。向下按这个盖子，就对其下的水蒸气施加了压力。这时分子的碰撞空间就变小了，因此它们之间碰撞的频度也就增加了。

当我们压缩气体时，气体的压强将增大。

当我们扩大气体占据的空间时，气体的压强则减小。

固体、液体和气体

再说一遍：原子是在以这种或那种方式永不停息地运动着的。在液体中，它们好像是以中等的速率杂乱无章地运动着；而在诸如水蒸气那样的气体中，它们舞动的速率非常之快，有人甚至用"疯狂"来形容气体分子的热运动。

当水变成了固体（冰）时，一些有趣的事发生了。**在固体中，每个分子都具有特定的位置。**水分子不再随机地跑来跑去，而是形成了对称的六边形网状结构。这种排列方式被称为**晶体的**空间点阵或阵列（crystalline array）。但即使在固体中存在着这种分子的对称结构，也不要以为原子的运动就会停止。它们会在自己形成的晶体阵列中的相应位置上振动。

在温度接近绝对零度（绝对零度是不可能达到的温度）时，振动就非常微弱了。但**不可能存在零振动的情况。**这些原子是不会"放弃"运动的！如果我们能提供一些热量的话，这种上下左右的振动就会增加。当冰融化后，分子又可以自由地移来移去了。

为什么这对我们是重要的？

首先，你是一大堆原子构成的物质。（你是不是一堆乱七八糟的原子？）甚至恒星和行星也都是原子的集合体——构成它们的原子几乎都能在你的身体中找到。因此，如果不知道原子的话，我们就不能理解我们所居住的这个世界。

你现在已经学习了原子理论的基础。记住，那些给我们带来原子知识的人改变了人类的历史。这些先驱者们在黑暗中进行着探索。他们看不到原子，更别说看到原子的内部了。读下去，你将会更加了解他们是如何做到的。

醒醒！做功需要能量

15

所有的科学都是在探索隐藏在相似外表下的统一性……科学无非就是探索如何在自然界杂乱无章的多样性之中找出统一性……诗歌、绘画和艺术都从事着相同的探索。

——雅各布·布罗诺夫斯基（Jacob Bronowski, 1908—1974），波兰裔英国科学家，《科学和人类的价值》

焦耳的实验所显示的最重要的是：当一种形式的能量转化为另一种形式时，没有新的能量被创生出来，也没有旧有的能量被消灭掉……无论何时，当一定的能量看起来在一个地方消失时，则一定会有等量的能量从别的地方出现。

——艾萨克·阿西莫夫（1920—1992），美国科学作家，《智者的科学指南》

这是很艰深的一章，因此你要准备好。我们在本章中将从研究热量转向研究做功，还要对能量进行定义。而这些都非易事。能量和物质不同。物质可以触摸、品尝、持有和嗅闻。物质占有空间，并是实实在在存在的实体。能量对我们的感官而言却不太有形（但并非不重要）。它是驱动物体之源。宇宙中所有能量和物质都是能逐渐被科学地认知的。

但是，甚至到 1807 年，还没有"能量"这一科学术语出现。这一年，一位名为托马斯·杨的英国科学家，取了一个与意为"工作"（work）的希腊词相似的词来定义能量并沿用至今。这一定义可表述为：能量是做功的能力。

那么，什么是功（work）呢？注意：科学家所使用的一些词，与它们在日常对话中的用法不同。对科学家而言，**功等于力乘以在力的方向上通过的距离**[2]。想象一下，如果你花

你注意到阿西莫夫这本书的标题[1]了吗？这是一本好书。但在 1960 年它出版时，很多男人并没有注意到占人口一半的女人也有大智慧。

功（W）等于力（F）乘以在力的方向上通过的距离（d）：

$$W = Fd$$

能（E）是做功的"能力"。这种能力是可以被测量和量化（用数字表示）的，且它和质量、体积等的关系是可以计算的。

译者注：① 书名直译为"智慧男人的科学指南"。
② 原书为"功等于力乘以距离"，且全书均如此。

了一天的时间来推一块巨大的石头，却没有挪动石头分毫，你可能觉得已经很辛苦地工作了一天。但从科学上来讲，你并没有做功。做功需要有用力和运动这两个方面。

再重复一次：功是具有科学含义的——力乘以在力的方向上通过的距离。这一定义使得功的概念精确化了，可以用数学来计算。如果其他条件不变[1]，施加在一个物体上的力加倍的话，则所做的功也将加倍；在力的作用下，物体通过的距离加倍的话，则所做的功也将加倍。

功——力和在力的方向上通过的距离的乘积——的单位，我们将其称为**焦耳**，简记为 J，以纪念英国科学家詹姆斯·普雷斯科特·焦耳。焦耳 1818 年生于一个富有的啤酒商家庭中。其父有能力为他聘请私人教师。（他家里就长住有 6 名仆人。）私人教师的名字为约翰·道尔顿！道尔顿是一位乐于奉献且极具耐心的老师，而小焦耳也是一个求知若渴的学生。焦耳学到了当时最新的科学，而家族工厂也教给了他很多东西。啤酒酿造工艺在 19 世纪也是一项顶尖技术。在酿酒的过程中，精确地控制温度是非常重要的。因此，作为一名科学家，他在精确测量方面的贡献是非常著名的。

詹姆斯·焦耳从未成为教授，他终身都保持着啤酒制造者的身份。在民主的科学世界中，身份是无关紧要的。他是一位谦虚而虔诚的人，一生都在抗议愈来愈多地将科学发现应用于战争。

在 1599 年，能量一般意味着"力的表达"。用它可形象地描绘伽利略：在他的巅峰时期，他倾注能量（精力），对重力和加速度进行解释，但却没有将能量（无论如何从字面上看是如此）加入到方程中去。托马斯·杨 1807 年定义的能量使它可以测量。科学家现在能够写出包含能量的方程了。

在 19 世纪的啤酒厂中，将啤酒原料混合起来的搅拌机器用蒸汽机作为动力。要保持这些混合物的温度恒定是需要技巧的。因为酵母在将糖转化为酒精的过程中要放出热能。

译者注：① 原文无此条件。

逐利而行

16世纪时，财富多来自商业贸易。因此，科学革命在加速进行时，聚焦的最主要的目标是航海导航以及对星空的了解。这也就是伽利略望远镜具有如此重要意义的原因。

在18和19世纪，财富的主要来源发生了转移。这时工厂制造的商品带来了财富，机器动力开始取代肌肉动力。科学的研究方向也发生了变化，开始聚焦机械能。热力学和电磁学变成了"热门"领域。来自这些研究领域的知识对制造机器有帮助。

詹姆斯·焦耳就诞生在这个科学研究风向骤变的时期。这之前，动物和植物王国一直在供应着人类所需的所有能量（想一下最基本的食物、运输和取暖等）。从18世纪末叶开始，先是煤被开发利用，然后是石油和电，再后来，是原子能。到19世纪中叶时，你就可以不用靠马出行，而能够改乘火车了。人的预期寿命在前工业时代大约只是30岁。但到1850年，在工业化国家的大多数男人和女人们在生日晚会中要吹掉大量的生日蜡烛。至于个人的收入，很多普通人在一个世纪之前还是忍饥挨饿的农民，现在有着丰富的储藏、舒适的住房，甚至闲暇的时光。

现在，我们已经进入了信息时代，并正在研发智能型的机器，它们甚至可以做脑力工作。它们已创造出新的财富。你认为科学的下一个方向在哪里？

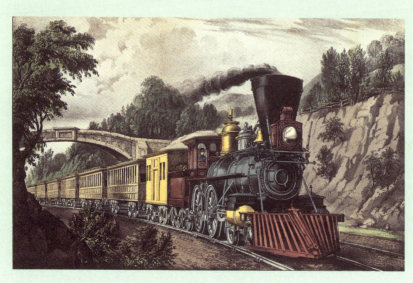

动力织布机和快速列车！想象一下，制造同一产品，机器能够做得又快又好，而孤独的工人用手工纺织既慢且累。至于旅行呢？这些火车可以爬山，并能将最快的马和马车远远地甩在身后。现在，即使普通百姓也能穿戴精致的织物旅行了。

焦耳对热能（或热量）产生了浓厚的兴趣，并用了约 35 年的时间来分析和测量它。他分析测量了电流、水轮机、压缩空气、肌肉用力及其他很多过程中所产生的热能，从中发现：对物体做一定量的功，总能产生一定量的热能（或热量）。他精确的测量成为一种标准，至今仍被应用于测量功和热量。

1 焦耳的功相当于从地面上将 1 磅（约 0.45 千克）水升高 9 英寸（约 0.23 米）所需的能量；或将其加速到 7 英尺／秒（约 2 米／秒的步行速度）时所具有的能量；也可以是将这些水的温度升高华氏温度 $\frac{1}{1\,000}$ °F（约 $\frac{9}{5\,000}$ °C）时所需的热能。在公制单位制中，1 焦耳的功等于将重 1 牛顿（N）的物体竖直升高 1 米（m）所需要的能量。（这也相当于将一个苹果举到你的头顶所做的功。）

对做功快慢的量——我们称之为功率（power）——单位是焦耳／秒，亦即瓦特（W），以纪念詹姆斯·瓦特（你知道，是他设计了蒸汽机）。1 瓦特的功率等于在 1 秒钟内做了 1 焦耳的功。

科学家描述两类能量。所有运动的物体——如风或下落的石块——具有动能。计算动能的公式为 $E_k = \frac{1}{2} mv^2$，其中 m 表示物体的质量，而 v 则表示物体的运动速率（注意不是速度，因为这里不牵涉物体的运动方向）。是的，这一公式在上一章描述过，但它确实是太重要了，故值得复述。（另外，这一公式不太难。如果你对数学感到恐惧的话，请做一个深呼吸，把这一公式想象为一种自然现象的简单表述就可以了。）

不动的空气、静止的石头、平静的湖水、坐在椅子中的你——都具有一种称为势能（potential energy）的能量。所谓势能是一种蓄势待发的潜在能量，它具有可以转化成动能的"势"或潜力。如果空气、石头、水，还有你，因势能的减小而开始移动，那个势能就转变成动能。计算重力势能的公式是 $E_p = mgh$（g 是重力加速度，h 是高度）。

将一个球竖直向上抛起的时候，它就具有

功率是表示单位时间内做功的量。如果你需要非常快地大量做功，则可借助于大功率的机器去完成它。功率还可以被考虑成单位时间能量变化或转移的数量。

树枝上的欧洲树蛙的肌肉中储存有化学能。一旦树蛙跳起，这种化学能就减少了，重力势能和动能进入方程起作用。

想象你在拉弓射箭，如图中年轻的富兰克林·德拉诺·罗斯福（Franklin Delano Roosevelt）正在做的那样。你在用力拉弓的过程中，所做的功增加了弓箭的势能[1]，功是由你胳膊上的肌肉做的。若现在松手释放弓弦，随着箭矢的飞出，势能又转化成了动能。

了动能。但随着它高度的增加，重力的作用使它逐渐变慢，球也逐渐失去动能，直到球升至最高点时，它就只有势能了。然后，随着球的下落，它逐渐释放它的势能，减小的势能转化为动能。

你在打扫房间时动用了储存在身体中的势能。你愿意用你的大脑、神经传输电能信号，控制肌肉使这些势能转化为干这些活的动能吗？（你当然愿意……不是吗？）你的能量可能来自午餐所吃的汉堡包，来自其中

为了防止被砸痛，也为了其他实际的原因，做一个有科学见解的人

假如有一天你恰好走到了一台起重机下抬头观看，你宁愿看到一架钢琴还是一个回形针悬在你头上摇摇欲坠呢？那是一个傻瓜也知道的问题——质量越大，则潜在的危险也越大。

现在，再想象一下你站在了一幢六层的楼房下抬头观看。这一天对你真是不利：有人拿着一只旧鞋伸出窗外——又是正在你头顶上方。这时，你是希望这个粗心的怪人住在一楼还是六楼呢？又一个傻瓜也知道的问题：高度越大，可能你被砸后的"哎哟"声也就会越响。

所以这就是你要的结果：重力势能只同质量和高度有关。只要我们将这种能量保持为潜在的势能（如吊着的钢琴），你还不用担心。但一旦它变成动能（如下落的钢琴），则你要赶快跑开了。如果你想知道多大质量和多大高度才需要担心，可以放心地使用这个公式（上页也有）来计算：

$$E_p = mgh$$

公式中的 E_p 表示势能（潜在的危险）的大小。想象那架钢琴，你就不会忘记质量（m）和高度（h）。（顺便说一下，高度是相对于任何你定为"零"的表面的，它可以是地面、桌面、你的头顶等。）公式中的 g 是重力加速度——对地表上所有的物体而言可视为一个常数（不变的数）。这就是你为什么只需要担心质量和高度的原因了。

如果你将高度理解为距离，并记得我们谈的是作用在那段距离上的力（重力），势能开始有点更像功——重力乘以下落高度。这些公式是密切相关的。

势能如它的好友动能一样，也是用焦耳为单位来测量的。那只旧鞋子在一楼窗口的势能约为 15 焦耳，而悬吊在六楼时约为 100 焦耳。那么钢琴呢？那将是五位数，吊在六楼的钢琴的势能可能达 60 000 焦耳。

译者注：① 原文误将拉弓做的功为拉力乘以拉开的距离。此时力是变力，不能如此计算。

夹着的牛肉，牛肉中储存的能量又来自牛所吃的青草，而青草中的能量又来自它吸收的太阳能。由此可见，一种形式的能量可以转化成另一种形式的能量。

能量通常按它们的自然属性来分类，我们常说起的有：

- **机械能**（这是一个很大的范畴，力学即为研究运动的科学范畴术语）
- **重力势能**
- **电能**
- **化学能**（特别是来自于煤和石油的能）
- **热能**（由原子或分子的动能形成的热）
- **核能**（即原子核产生的能；是核电站和太阳的燃料）

间歇喷泉的喷发所需要的热能来自地球内的深层熔岩。上图是新西兰华卡雷瓦雷瓦峡谷中的间歇喷泉。

此外，还有其他形式的能，如**辐射能**（来自太阳的电磁波）和**质量**。质量怎么能具有能量呢？请记住这一问题。物理学家阿尔伯特·爱因斯坦在 **20** 世纪将会回答这一问题。（这里只给出一个提示：物质和能量的终极本质，是同一事物的两种形式。）

在这里要记住的是：从科学上讲，任何能量都是可以转化为功的。甚至功本身——它可以转化为热能而后又转回为功——也是能量的一种形式。而且，做功一定包含能量转化的过程。由此可以综合为：能量是做功多少的量度；能量可以是动能或势能；能量可以有很多种来源，例如煤、石油、太阳辐射，以及人类的力量。

> **所有的变化都是值得深思的奇迹，而这种奇迹每时每刻都在发生着。**
> ——亨利·戴维·梭罗（**1817—1862**），美国散文家和诗人，《瓦尔登湖》

能量要么是动能，要么是势能，因为物体要么是运动的，要么是静止的。动能与运动有关，而势能则与位置有关。如果物体所处的场中有力的作用，则物体的势能与它在场中的位置有关。一块位于悬崖边缘的石头具有重力势能，因为有重力作用于它。拉开的橡皮筋、上紧的发条和拉开的弓（箭在弦上蓄势待发）具有弹性势能。电势能即电压，如电池的电压可驱使电荷流动。

工业年代中关于信息时代的思想

世界在改变。所有的事物好像都是在动,而且是以前所未有的方式动得越来越快。这种变化是工业革命带来的。无论你是一位勘测员、银行职员、保险业务员、水手,还是一位天文学家,早在 19 世纪时,都会突然面临山一般的统计数据、图像和表格。

除了其他的变化,欧洲的人口也由 1750 年时的 1 亿 6 000 万增加到了 1850 年的 2 亿 8 000 万(没有将俄罗斯的人口计算在内)。从百分比来看,生产力的增长率甚至大于人口的增长率。当时,人们都没有这种思想准备,特别是会计人员。在工业化时代之前,他们只需要处理一些简单的数字即可,而现在所面临的,却是大量的复杂计算。

当时,唯一的"计算机"便是人。一些大公司雇用了十几岁的少年作为加法机器。(这样做的目的是减少成本,因为童工的工资是非常低廉的。)这些童工们会出错,且有时这种错误的代价是高昂的。但这不能责怪孩子们;即使熟练的数学家也会出错。

这是一幅 1845 年德国工厂的版画。画面中看不到成年工人,只有儿童在操作着机器。

"整个算术运算现在都在机器的掌握之中。"查尔斯·巴比奇在 1864 年他的自传《哲学家人生中的片段》中写道。他当时刚解决了一个他发明的解析机（左图）的关键部分。经过 20 次左右的策划，"每一次后续改进都使我向前跨了一步或两步"。他的计算机最终能从一列向另一列输送十进位数据。

1821 年，两个好朋友，一位是天文学家约翰·赫歇尔（1792—1871），另一位是数学家查尔斯·巴比奇（Charles Babbage，1791—1871），他们正在查验一些数学表格。这两位年轻人是一起在剑桥大学学习的大学生，现在又一起为英国皇家天文学会（他们帮助创立的）一个研究项目工作。当他们核对数学表格时产生了一种不安感，且这种不安在不断加重：他们发现这些表中充满了错误！

他们知道，这绝不是一个孤立的问题。在皇家学会出版的《在海洋中确定经度和纬度的航海历书》的第一版中，其中的错误竟然达到了 1 000 多处。海员们要依赖这些天文数表。英国当时的经济与海上的优势地位维系在一起。这些错误不只是恼人的：它们可能会造成海难和工程上的灾难。

至于那些给赫歇尔和巴比奇查验的汇编表格，除非经过纠正，否则它们就都是废纸。巴比奇说："我请求上帝让这些计算能用蒸汽来进行。"以蒸汽为动力的引擎正在改变那个时代并令人向往。

查尔斯·巴比奇决定建造一台能够自动计算数表并能打印结果的机器（这样就能消除人工计算错误的可能性）。他的机器有着巨大的铸铁框架，和以前制造的任何物品都不相同。它可能需要数以百计，有时甚至是数以千计的很近似的组件——在当时，大规模生产还闻所未闻，而制作机器也还是工匠们的骄傲。

现在，巴比奇被尊称为计算机"祖师爷"级的大师。他是一位具有高超独立思考能力的思想家，又是一位绅士般的哲学家，还是一位有魅力的作家。他妙语连珠，是一位使社会名流女主人愉悦的人。（他使她们的社交聚会充满活力。）他发明了万能钥匙和速度表，帮助英格兰设计出了第一个现代邮政系统。他还试图研制出（但以失败而告终）赢得赛马比赛的万无一失的系统。[他本来想以此来取悦在数学方面聪明非凡的埃达·拜伦（Ada Byron），即洛夫莱斯伯爵夫人，亦即著名诗人拜伦勋爵的女儿。拜伦曾失去一笔可观的赌注。]

巴比奇是一位富有的银行家的儿子，后来成为剑桥大学的卢卡斯数学教授。艾萨克·牛顿以

当查尔斯·巴比奇还是剑桥大学的一名学生时，就力促他的老师们在数学教学中努力达到较高的标准。后来为了帮助他们，他又将德国使用的一些教科书翻译了过来。

前也曾获得过这一头衔。巴比奇将大部分的金钱花在了研制能自己执行数学运算的机器上了，并在这台机器上倾注了自己的心血和汗水。巴比奇是一位完美主义者，在完成一台他称为"差分机"的机器之前，他又有了制造一台比那一台更好的"解析机"的想法。这是一种用打孔纸板作为输入的计算机器，巴比奇把它说成是"能吃掉自己尾巴"的机器。他的意思是，这台机器能够将一列上得到的结果输入另一列上进行计算。换言之，它能产生自身所需要的指令。

巴比奇已经知道这一结果的重要性，但他在研制机器的过程中花费非常高，而他所力争的政府资助却永远不够。但这并不妨碍他像许多创新者一样不断地改变自己的方案并调整设计思路。虽然他从未造出能够很好进入实用领域的机器，但他的观点却领先于当时的机械学。他在去世时还认为自己是一位失败者。一个世纪后，在时间和技术都合适的时候（在电子革命后）工程技术人员才将目光转向查尔斯·巴比奇的机器，并用他的很多基本观点和理念来设计当今的电子计算机。

布尔先生不傻，用两个数就解决了

乔治·布尔（George Boole，1815—1864）是一位鞋匠的儿子。他很穷，负担不起去大学深造的费用。布尔的思维却十分深邃，不可能不被注意到。他通过自学数学使自己成为科克郡（爱尔兰的一个城市）一所大学的数学教授。1854 年，他出版了《思维规律的研究》。从亚里士多德时期起，哲学家们就已经建立起了逻辑思维的系统，但却一直停留在字面上。布尔接受了这些逻辑观点，并将其转化成一个数学系统，其中采用的算术和代数与我们熟悉的数学的算术和代数相像。（它被称为"符号逻辑"。）

在布尔代数中，仅有的两个数字是 0 和 1。故它也被称为二进制系统。布尔将各个"假"状态的值定为 0，而将各个"真"状态的值定为 1。当你将一些概念赋以数值时，就可以用算术运算的方式处理它们了。它也能变得相当复杂，但二进制却被证明是计算机编程的最佳系统。

查尔斯·巴比奇从来没有在他的计算机中使用过二进制或布尔代数。他仍执着地使用着熟悉的十进制系统。他不得不用的机械开关的速度是慢的，十进制使其更加慢了。当晶体管在 1947 年（几乎迟了一个世纪）发明出来后，使电子开关也成为可能；这种开关的"开"和"关"的过程是如此之快，几乎是瞬间完成的。而二进制数仅有两种可能（1 或 0），恰能完美地对应开关状态。因此，当 20 世纪的工程师们在寻找计算机程序的数学基础时，他们发现它就蕴藏于乔治·布尔的工作之中。

现在，计算机储存的信息都是由一系列的 0 和 1 构成的，这样的一个数码称为一个"比特"（bit），而一个"字节"（byte）则是 8 个比特的系列。在二进制数中，1 就是 1，而 2 则为 10，3 是 11，4 是 100，5 是 101，6 是 110，7 是 111。对我们大多数人而言，使用二进制数的问题是要使用大量数位来表示大多数的数字，如 729 用二进制表示则为 1011011001；但对计算机而言，却不是问题。

在现代计算机中，电子开关要么处于开的状态，要么处于关的状态。技术人员将其称为"上或下""真或假""1 或 0"。它们都是以二进制和布尔逻辑为基础的。

想一下如下句子：我很高兴且我很饿。我们似已将两个句子用"且"字合并成了一个句子。如果你将两个真句子以这种方式结合起来，就又得到了一个真句子。那么将一个真句子和一个假句子结合起来会怎样呢？"且"换成"或"又会怎样呢？布尔代数能够解决此类最为复杂的问题。"且"与"或"被称为两个逻辑算符。

在现代计算机内部，大量基于布尔逻辑算符原理制成的微型开关被称为门（gate）。〔不，这不是以计算机亿万富翁比尔·盖茨（Bill Gates）命名的。〕

为了描绘计算机的"门"，我们来思考一下电灯开关。假设开关处于"上"时，电灯是亮的。那么，若这个电路中有两个开关，将会如何？下面的简表中归纳了多种可能性：

第一个开关	第二个开关	灯
下	下	灭
下	上	亮
上	下	亮
上	上	灭

像上面这样的表（常是更为复杂的）是这一过程的重要部分。电工可以利用这种表为电路布线。对计算机工程师而言，该表描述了"门"使计算机的"大脑"工作的情况。逻辑学家称为真值表（truth table）。它们与真值有什么关系？思考下面的句子。它们不可能都是"真"的。如果你作出自己的表，你能得出"真"和"假"的可能性。

句子 1：今天将下雨。

句子 2：我今天将收到一封信。

曾写过《爱丽丝漫游奇境》的刘易斯·卡罗尔（Lewis Carroll, 1832—1898）是乔治·布尔的同时代人，但较年轻。他是牛津大学的数学教授。他还为青年读者写过一本关于符号逻辑的书。这本书充满了奇趣，你可以期待这位创造了白兔、叮当兄和叮当弟的作家所写的内容。下图中这两个小家伙正在和爱丽丝交谈我们的主题。"我知道你在想什么，"叮当兄说，"但它不是这样的，绝不是。""反之，"叮当弟接着说，"如果它曾是这样的，它就可能是；假如它真的是这样的，它也许会是；但如果它不是这样，则它就不是。这就是逻辑。"

句子 3：句子 1 或 2 中有一个是真的，但不可能都是真的。

利用门，计算机将能处理各种可能性。布尔逻辑使计算机好像具有了思维能力。你每次使用诸如谷歌那样的搜索引擎时，都在使用布尔逻辑算符。

布尔没想到他的思想会有助于启动一个数十亿美元的产业和历史上的新纪元——信息时代。他在现代计算机问世的很久之前就去世了。

可怜的乔治·布尔。一天夜里，他走了三千米去作讲座。天下着倾盆大雨，使他浑身湿透，还患上了肺炎。布尔的妻子按照当时的说法，相信要想治好病，则要将病人暴露在生病时的环境中。这听起来很奇怪，但这就是疫苗的工作原理。布尔的妻子并不了解疫苗背后的原理。她一直用水把躺在床上的丈夫弄湿。毫不奇怪，他再也没能从这张床上站起来。他去世时只有 49 岁。

热力学中的第一号定律

16

> （能量）一旦存在后就不能被消灭，而只能改变它的形式。
>
> ——尤利乌斯·罗伯特·冯·迈尔（Julius Robert von Mayer, 1814—1878），德国医生和物理学家，《对无机自然力的评论》

> 在看似很不相同的热能和运动这两个概念间创造性地建立联系，是如此有价值……它被列为最重要的物理学成就之一。
>
> ——汉斯·克里斯蒂安·冯·贝耶尔（1938—），美国物理学家，《彩虹，雪花和夸克》

我们现在已经来到了科学中最重要的定律之一。它看起来简单，但有时一些显而易见的事就出现在你的鼻子底下，却没有引起你的注意。这一定律被认为是 19 世纪伟大的科学成就之一。请你务必记住它。

这一定律被称为**热力学第一定律**（First Law of Thermodynamics），亦称为能量守恒定律。其内容是：**能量能从一种形式转化为另一种形式，但是不能被消灭。** 19 世纪的物理学家们通过对热能的研究发现了这一定律，此后它成为物理学的基础性定律。再说一次：能量既不能被创生也不能被消灭——它只能被改变。或者再用另外一种方式表述的话，则可说成：宇宙中的能量总和永不改变。

阿尔伯特·爱因斯坦说热力学第一定律"是唯一的自然界普遍适用的物理学理论，我坚信它永远也不能被推翻"。

但是，等一等，这条定律并非看上去那么容易和清晰。当一种形式的能量转化为另一种形式的能量时，总要散失一些能量。例如，电能使你的电灯发光，但有些能量以热能的形式辐

请记住：能量是做功的能力。

> 在本质上，热力学第一定律告诉我们热能只是另外一种形式的能量，而能量从总体上是守恒的。
>
> ——埃米利奥·吉诺·塞格雷（Emilio Gino Segrè, 1938—），意大利裔美国物理学家，诺贝尔奖获得者，《温度决定一切》

射出去（这在你靠近灯泡时就能感受到）而损失掉了。当你将水烧开变成水蒸气时，也有些能量随着从壶嘴喷出的水蒸气分子散失了出去。这些能量看起来是消失了，但实际上并没有。这些"消失"了的能量仍以其他形式存在于宇宙之中。这就是热力学第一定律所告诉我们的。

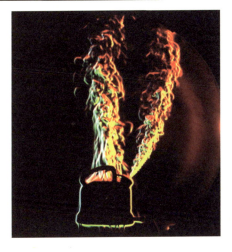

随着水蒸气从烧水壶中升起，改变了周围空气的密度。因此，人们利用这种密度上的微小差异，用一种称为纹影摄影术的方法拍摄下了左图中的这张照片。

现在，热力学确实存在着一个问题。你见到 T 恤衫上印着"宇宙中的能量总和永远不变"的字句时会怎么想？大概会打哈欠吧。这就是个问题。这个话题不能令人振奋。在玻尔兹曼时代如此，现在仍然如此。但它应该令人振奋。这一观点与牛顿运动定律和麦克斯韦方程组具有相似的价值高度。它是具有科学素养的人所需要的精神食粮（当然也值得印在 T 恤衫上），因此要记住热力学第一定律。它是你智慧传承的一部分。现在，

保守者的定律——也是环保主义者的定律

科学中的守恒定律对我们理解宇宙大有帮助。这里给出另外两条守恒定律。

拉瓦锡于 1789 年提出了**质量守恒定律**：在任何封闭系统中（宇宙也是一个封闭系统），无论发生了什么化学变化和物理变化，物质的总质量是保持不变的。

约翰·沃利斯（John Wallis）于 1668 年提出了**动量守恒定律**（Law of Conservation of Momentum）：一个封闭系统中物体的总动量是保持不变的。动量是什么？它是一个物体的质量和速度的乘积。牛顿发现：一个物体的动量随时间的变化率即等于对物体所施加的外力。在击打一只高尔夫球时，人体和球杆的动量转移到了球上。（参见《科学革命——牛顿与他的巨人们》）

尤利乌斯·罗伯特·冯·迈尔是一位医生，他第一个说"能量可以从一种形式转化成另一种形式，但它是不能被耗尽的"。很遗憾，当时没人把这当回事。

当你在测量热能时，测量到的是给定的物体中所有振动的原子和分子的总动能。热量的单位有焦耳和卡路里。温度量度的不是物体中的全部热能，而是物体中粒子的平均动能。温度的单位有摄氏度、华氏度和开尔文。热能和温度间的差别是微妙的，但却是十分重要的。这里有一个例子，希望能帮你弄清楚：室温下的一桶水只有同一室温下两桶水的一半热量。

如果你想知道这一观点是如何形成的，就接着读下去吧。

1842年，尤利乌斯·罗伯特·冯·迈尔（1814—1878）通过研究坚信，热能和运动是同一种事物（动能）的两种形式。他还认识到，一种形式可以转化为另一种形式，而且在这种转化过程中，宇宙中的总能量没有任何损失。这表明，他那时已经总结出了热力学第一定律，但他却不是通过传统的物理实验得到这一结论的。迈尔是一位医生，他在为病人检查身体的过程中产生了这一观点。因此，当他在宣布自己的发现时，那些物理学研究者对此并不关注。

迈尔可能从事了错误的职业。他对纯科学的兴趣远超对临床医学的兴趣。在他还是一位刚从德国医药学校毕业的青年时，就在一艘前往印度尼西亚的荷兰商船上找了一份随船医生的工作。在离开德国之前，他仔细观察了一匹正在拉动一台纸浆搅拌机的马。马在工作时，纸浆的温度升高了。在漫长的海上航行期间，他一直在思考这一问题。

迈尔知道拉姆福德伯爵曾测量过旋转器械的温度，即他在观察一个被镗孔的大炮炮管时，发现随着钻头的高速旋转，炮管的温度还不断升高。但这还不是全部。记得吗？炮管是浸在水里的，经过两个半小时的镗孔作业后，放出的热量是如此之巨大，以至于水都沸腾了！拉姆福德的思想大飞跃是将运动和热能联系了起来，并了解到它们可以简单地通过摩擦从一个变为另一个。

迈尔知道拉姆福德的实验，当他观察纸浆搅拌的时候，他一定想起了那些实验。因此，他不会对搅拌叶片将能量传递给纸浆的现象感到惊奇。他是在考虑别的问题：在他看来，能量被转换，且没有损失。（我们现在知道它是从机械能转化成了热能。）当航船最终在印度尼西亚的爪哇靠岸时，这种观点已经渗入了迈尔的脑海中，这时，他又注意到了他的新病人所发生的事。

在19世纪，对大多数的疾病而言，医生在临床治疗时的标

准做法是给病人放血，即放出他们体内的一些血。

因此，医生们对血液的特征非常熟悉。在爪哇，迈尔在为水手检查身体时，发现从他们静脉中抽出的血，有一种不同寻常的现象：血的颜色比在德国时所见的要红得多。感谢拉瓦锡，迈尔从他那里知道，人体的热量源自缓慢地对食物进行"燃烧"——

当病人的手臂被勒紧，并敞开静脉后，医生便收集流出来的血（左图）。人们相信用这样的方式可以排掉体内的"坏体液"。这种被误导的放血治疗方法至少早在古埃及时就有了，但在19世纪初期，其使用达到了荒谬的程度。

科学上，燃烧并不一定产生火，它被定义为一种氧化过程——氧分子与燃料（如食物中的含碳分子）结合起来。

氧化的过程。鲜红色富含氧气的血，通过动脉从心脏输送到人体的其他部位；然后，随着氧气的消耗，血色变暗（变成较深紫色）。这些失去了氧的血通过静脉进入心和肺，在那里再次被补充进氧气而成为富氧的血，又重新开始进行下一循环。但迈尔在爪哇看到的血，是从静脉中抽取的，却比通常情况下更为鲜红。这是什么原因呢？迈尔想出了一个聪明的解释。他想到，

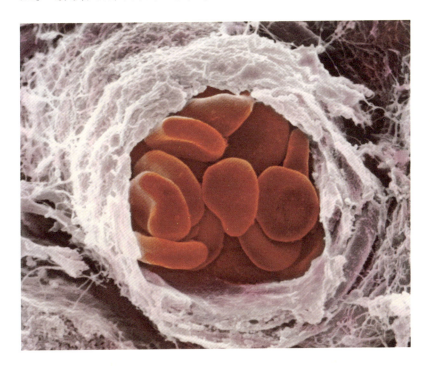

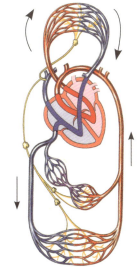

循环系统是血液在其中不断循环流动的一个回路。每当血液流经肺时，就补充进了氧气。（观察上图中血液由蓝到红的变化。）来自心脏的巨大推力使其能进入毛细血管中，并在那里消耗掉氧气。在左侧的照片中是载氧的血红细胞。电子显微照片捕捉到了它们通过一根动脉的小分支的情景。血红细胞每天要流过15千米的路程。

无尽的能量

太阳向我们辐射着电磁能，然后植物又通过光合作用将这些能量转化成了化学能（如各种食物）。吃了这些植物后，你的体内就又有了化学能，你通过各种动作，如划船等将其转化为动能。从远处的大坝中流出的水所具有的动能可以转化为电能，电能可以通过导线进入你的家中。在那里，它转化为烹调食物的热能。光、声、电和磁等都是能量的形式，而且它们是可以相互转化的。

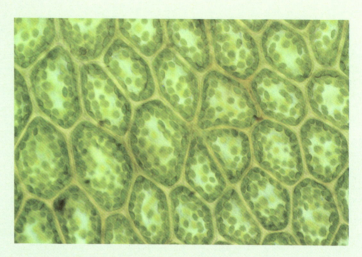

绿色植物具有独一无二的能力，能将光能转化为化学能（如食物）。光合作用就发生在细胞内的暗绿色斑点——叶绿体中。叶绿素，一种绿色色素，能够吸收红光和紫光，即可见光谱（或虹）两端的光。

在较热的气候下，人体只需较少的氧气即可保持体温。因此，在热带地区，静脉中的血液就保持富氧和鲜红状态。

伟大的突破通常都发生在有人发现了事物间令人惊奇的联系之时。如牛顿就将月球和下落的苹果联系了起来。而迈尔是将马的肌肉拉力（将热能传递到纸浆），与水手血液的颜色（氧化作用产生的热能）联系了起来。这一联系使迈尔在一篇论文中写出了热力学第一定律的最早陈述：能量可以从一种形式转化成另一种形式，但它是不能被耗尽的。他得到了如此令人惊奇的结论，他对此坚信不疑。但没有人将此当回事。

在他得出这一深刻见解后三年，迈尔又写了另外一篇论文。这一次他更进一步地发展了能量转换的观点。他描述了植物将太阳的能量转化为"潜在"的化学能。他还推论出：包括热能在内的所有形式的能量，可以相互转化，且这一规律同样适用于人体中的热能、燃煤锅炉中的热能、来自太阳的热能，以及由马做功产生的热能等。

"潜在"意味着休眠、潜伏、隐藏或待开发，但却具有变为行动的能力。

这位德国医生没有就此收手。他还认为太阳能是地球上所有能量的基本来源，并认为太阳的动能转化成了辐射能。（当时他还不知道有核能这一回事，但他的思想已经遥遥领先于他所处的时代了。）

两年后，詹姆斯·焦耳做了一个实验，从中得出了和迈尔相似的结论。焦耳在科学界有着非常高的声望，并且他同出身名门的威廉·汤姆森（后来成为开尔文勋爵）说得上话。而迈尔仅是一个不为人知的小医生，他的论文很难被发表或被人阅读；因此，这一观点被归功于焦耳。迈尔不仅因此遭受了挫折，更是从此变得非常沮丧，严重的抑郁症时常发作，他被关在精神病院中多年，在那里有时还受到虐待。（迈尔 7 个孩子中有 5 个死去了，这也是造成他精神抑郁的重要原因。）

迈尔的守恒定律比焦耳的走得更远，它涉及了所有的自然现象和生物。但焦耳是一位一丝不苟的实验家，他还用数学手段证明了：一定量的机械功将能产生一定量的热能。焦耳的工作也值得肯定和承认。

与此同时，德国一位名为赫尔曼·路德维希·费迪南德·冯·亥姆霍兹（Hermann Ludwig Ferdinand von Helmholtz，1821—1894）的物理学家，一位教师的儿子，也正在对这同一概念进行研究，他更详尽地发展了这一理论。（亥姆霍兹也是一位非常有意思的人，值得去研究。）当亥姆霍兹发现了迈尔的论文之后，非常震惊。他的呼吁引起了其他科学家的注意。

最终，迈尔的贡献被大家认识到了。1871 年，伦敦的英国皇家学会给予了他最高的奖励，即科普利奖章。

这里再复述一下热力学第一定律：能量可以从一种形式转化为另一种形式，但能量是不会被消灭的。现在，请为另一个伟大定律作好准备，这就是热力学第二定律。它也被认为是物理学中最伟大的发现之一。

请记住：太阳中物质的动能是所有超热的原子和分子快速无规则运动和互相撞击聚合能量的总和，其结果是产生电磁能从太阳辐射（成扇形展开）出去，即辐射能。

在焦耳的实验中，一个下落的重物连着一根绳子，拉动绳子能转动叶片（上图）。转动的叶片做功将水加热。重物下落多少和叶片转动多少次可以使水的温度升高一定的数量呢？焦耳由此发现了一个常数——一个固定关系。按现在的单位，它就是：4.187 焦耳机械功相当于 1 卡路里（将 1 克水的温度升高 1℃所需要的热量）。

遵守热力学第二定律

热力学第二定律与牛顿的和麦克斯韦的定律有着平等的地位，它是科学解释宇宙的基石之一。它还是唯一给出时间方向的定律。

——布赖恩·L. 西尔弗（一1997），物理化学家和科学史学家，《科学的攀升》

熵增定律，亦即热力学第二定律，我认为它在自然定律中占据着至高无上的地位。

——阿瑟·埃丁顿爵士（Arthur Eddington, 1882—1944），英国天文学家，《物理世界的本性》

我一再地被激怒，并问公司中有多少人能描述热力学第二定律。但得到的回答是冷淡的：也是否定的。然而我只是在问一个下述问题的科学翻版：你读过莎士比亚的作品吗？

——C. P. 斯诺（C. P. Snow, 1905—1980），英国小说家和物理学家，《两种文化与科学变革》

热力学第一定律是很容易理解的：能量既不能被创生也不能被消灭，它只是改变了形式。就是这样。第一定律就如同是记账。它认为，对自然界来说，能量具有何种形式无关紧要，只要使账目平衡就可以了。

只有一部分基本科学定律是每个人都应知道和理解的，而热力学定律肯定包含在其中。

如果能量仅此而已，那么世界将成为一个乏味之地。但事实上，如果你将目光聚焦在这些能量的交换、能量形式的变化上，则世界又变得非常有意思了。宇宙中大多数正在发生的事，从恒星的爆炸到青少年身体的旺盛发育，都包含有能量一种形式转化为另一种形式的过程。

热能总是伴随着能量转换的各个过程。这一点将我们引入**热力学第二定律**（Second Law of Thermodynamics）的研究范畴。如果你有善于质疑的天性，并且关心我们这个能量和物质的世界如何运行，则热力学第二定律可以让你坐下来思考。

物质为什么会燃烧？暴风雨是如何产生的？太阳为什么

这些凌乱的硫、氢、氧及其他元素的残余，本来是属于大麦哲伦星云（距我们较近的星系）中的一颗恒星的。当它发生大爆炸时，很容易描绘出物质的变化情况。但爆炸的能量都到哪里去了？它们又转化成了何种形式？热力学第一定律说能量既不能创生也不能消灭，仅有形式的变化。而热力学第二定律则说恒星爆炸产生的能量再不能变换形式重又进入那个特定的恒星中，它散发到太空各处去了。

正冷却下来？房顶为什么会垮塌？盘子为什么会碎？为什么身体会慢慢衰老？热力学第二定律能帮助你解释所有这些问题。但要记住的是，并非所有人都赞同这些解释。这一定律经常在经济学家、科学家、诗人、神学家（即宗教学者）和其他的思想家间引发激烈的辩论，有些人从中获取了"热量"为什么呢？

热力学第二定律背后的基本观点看起来也是很简单的：**只要可能，能量就将散播出去**。但这有个小问题，即这并非热力学第二定律的全部，这一定律还给出了能量变化的方向，即**总是由高温物体向低温物体传递**，而决不反过来（除非我们引入新的能量）。这造就了我们所生活的世界中绝大多数特质。因为是向单一方向移动的（并产生相应的行动和事件），因此，热力学第二定律也常被称为**"时间之箭"**（arrow of time）。

有人说，是热力学第一定律在世界很多地方消灭了奴隶制。这个定律证明热能可以做功（通常比肌肉做得更好）。建造一台发动机（特别是能驱动车辆的带有气缸和活塞的蒸汽机），你就能利用热能来工作（做功）了，最终结束了对繁重体力劳动的依赖。

在上图的煎盘中发生了很复杂的科学过程。热能从炉火传递到煎盘上，并以三种方式向外散发。第一种是热传导，即直接传递到和它接触的空气上。第二种是对流，即被加速的空气分子离开煎盘，而较慢的（因而也是较冷的）分子移向煎盘。最后，不要忘了热辐射，即红外线的能量从煎盘辐射（向四面八方散播）出去。从这张热成像（温度记录）图中，白色和红色区域的温度最高，黄色区域居中，蓝色和绿色区域温度最低。

和第177页中的茶壶相似，右图是一辆摩托车的纹影照片。它用探测到的空气密度的微小差异来显示它散热的情况。这和拍摄上图的热成像仪不同，热成像照相机直接记录温度，并将它们转换成相应的颜色。

我们来描述一个在炉子上被烧得红热的煎盘。关闭炉火后，这个煎盘将开始冷却下来。这时，热力学第二定律正在起作用。热能向外散发：热能原来聚集于煎盘上，现在正向室内各处散发。

过程是这样的。煎盘之所以是热的，是因为组成煎盘的分子以非常快的速率在振动。而与煎盘相邻的空气中的分子不断地与煎盘中快速运动的分子相碰撞，后者就"踢"了空气分子一下。因此，空气分子的能量也就变大了，亦即它的运动加快了。然后，它们又与其他较慢的空气分子相碰撞。它们也会撞到室内的各种物体。每次这样的碰撞都包含着热能从速率较大的分子向速率较小的分子传递的过程。因此，要不了多久，热能就会散发到房间各处。

热力学第二定律告诉我们，能量趋于从一个积聚处（如上例中的煎盘）向外扩散或分布（如进入较冷的房间或更远）。这一过程能反过来进行吗？煎盘还能再热起来吗？空气分子的速率已经慢下来了，它就不会再"踢"自己，再冲撞到煎盘上，再把煎盘变热了。你必须打开炉火，让煎盘获取新的热能才行。

现在来考虑压缩在一个汽车轮胎中的空气。它们都集中于轮胎之内而不会散布到外面各处。这是因为有轮胎壁的阻隔，使

其无法自如地行动。但当你在轮胎上扎一个钉子后，你会听到具有压力的空气啸叫着喷出的声音，这一行为也遵从热力学第二定律。

需要记住的重大观念是，这个定律适用于所有的热能，就我们所知尚没有例外出现。完全不同的事件及过程都可以与同一自然规律有关：集中的能量如果有机会，就肯定会散布开来，而且总是朝着同一个方向——由热到冷——进行。

想象一个戴着高帽子的雪人。太阳从云层后面出现了。温暖的空气分子与寒冷的分子混合。要不了多久，我们的雪人就变成了一个顶着帽子的水洼。相反方向的过程绝不可能发生（除非你用录像倒放）。水洼不会再把自己变回雪人。这不是一个可逆的过程。这和热力学第二定律有关系吗？当然。

太阳正在用尽它的热能（向整个太阳系和更远的地方散发着热能）——它是不可能将散发出去的热能再收回来的。我们的太阳正在衰落，最终将会耗尽。（不要为此担忧，这一过程是十分缓慢的，太阳还有几十亿年的寿命呢！）其他的恒星上也在发生着相同的过程，它们的热能也按"时间之箭"的方向散发。（当然，新的恒星在宇宙之中也在不断地诞生——它们的诞生总要从宇宙中的某处获取能量。但从这些新恒星的诞生之日起，它们就开始按热力学第二定律演化了。）

那么，我们的现实世界又怎样呢？按照热力学第二定律，一个盘子掉到地上摔碎了，它不可能再自己拼拢起来；植物和动物死亡后腐烂了，它们不能再使自己复活。有些人将热力学第二定律称为"悲观定律"。可能是吧！但它确实能解释很多事。

热能是微小的原子和分子永不停息地运动所具有的能量（动能）。是它们平均速率的不同形成了热和冷。热力学第二定律认为热能总是从高温物体（高速原子）向低温物体（低速原子）传递的——除非有屏障阻隔。这些运动的原子可以使物体升温或使之膨胀，或使之熔化（如为固体），或使之蒸发（如为液体），或使其压强增大（如为封闭的气体）。在此过程中，有些热能会散失掉（如通过烟囱或汽车排气管）。

如果要让水洼再变回雪人，你就只能输入能量——例如用造雪机器加上你肌肉的力量。热力学第二定律成立的条件是假定没有系统外的能量输入。如果有能量输入的话，则所有各种变化都是可能的。

当太阳于50亿年后耗尽了所有的氢燃料后将会变成什么样呢？左图为一名艺术家想象太阳死亡的情景。从光秃秃的地球上看，太阳的外层爆炸成为行星状星云。地球早已成为不毛之地，它的大气层已全部被吹走了。

腐烂的苹果是不能再变得新鲜和多汁了，尽管我们多么希望它如此。布满皱纹的皮肤也不会自发变得光鲜亮丽。我们的身体和周围的所有事物都遵从热力学第二定律。

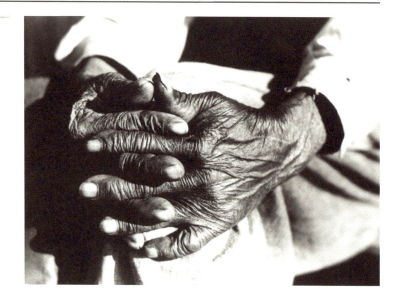

拿你刚才摔碎的盘子来说，构成盘子的所有物质都还在地上这些碎片中。但对这个过程来说，除了物质，还有能量的变化。你若在盘子撞地的瞬间进行精确测量，可能会测到有热量逸出，但是没有办法收回它。你不可能使这些振动的原子和分子重回盘子中，因此也就不能将碎片精确地还原成盘子的原样。热能只要可能，就向外发散——你厨房地板上没有阻挡这种发散的隔离层。

按照热力学第二定律的专家、化学教授弗兰克·L.兰伯特（Frank L. Lambert）的说法，"所有自发地发生在物质世界中的过程……都是热力学第二定律的实际例子，因为它们都包含有能量耗散的过程"。

有一些能量转化过程并非自发的，但它们也都遵从热力学第二定律，可这需要一点"推动力"。19 世纪时的思想家认识到这一点，并很好地利用了这一知识。汽油和空气中的氧气混合后会爆炸，但只有以一个火花作为"推动力"去点燃它时才会发生。

弄清了这一点，发明家们就形成了发明汽油发动机的思路。这里简单说一下：当汽油和氧气分子的混合物被点燃时，它们的原子又通过更为强劲的化学键而形成了新的分子，新旧

热力学第二定律是由那些不能肯定原子是否存在，故寻找将热能转化为功的人发现和总结出来的。他们认识到，在任何热机中，热量总是从较热的部分流到较冷的部分。在蒸汽机中，它从产生蒸汽的热室向将蒸汽凝结成水的冷凝器转移。

分子的能量差异使分子的速率增大。(这也是当原子和分子在被加热或增大压强时发生的情况。) 如果这些高热分子是被封闭在你汽车发动机中的气缸里，它们就会使气缸中的压强增大。在小小气缸中的高压强将会产生巨大的势能。这些能量除了散发出去的以外 (遵从热力学第二定律)，余下的推动汽车的活塞，活塞又利用它的动能 (还是热力学第二定律) 推动发动机中的曲轴转动……从而使你的汽车运动起来。这个过程中，有些热能通过汽车的排气管作为 "废热" 排到了大气中。这些热能是不能被汽车再利用的。

如果本书到此已让你有所理解，你会知道热力学第二定律是关于能量散布的。热力学中表征散布程度的物理量称为**熵**（ entropy ）。因此，有些人将热力学第二定律称为**熵增定律**（ Law of Entropy ）。[这似乎比用那个啰唆的词 thermodynamics (热力学) 容易些]。所以这里有另一种表述热力学第二定律的方式：**熵总是在增加**。

什么是熵？把它想作：**不能用来做有用功的那部分热能的度量**。(如从汽车排气管中排出的热能或摔碎盘子时在地板上损失掉的热能都是无法做有用功的。)

因为熵总是随着原子和分子从热到冷的过程中不断增加，**事物总是自然地趋向衰败**。因此，当你的屋顶塌陷——经过了足够长的时间 (可能是一个或两个世纪)，熵会导致它垮塌——在那一时刻，聚集在屋顶中的势能将散发成动能和热能。如果你要再重建这个屋顶，你就不得不输入更多的能量，它不会自己修复。

屋顶是遵循热力学第二定律的。

熵可以用包含所有原子动能的方程式准确地计算出来。(这种数学非常复杂；毕竟我们面对的是微小的原子世界。)

观察 "时间之箭"。看下图中的火，你将看到能量的散发。这个过程永不回头。烧剩下的灰烬永远不能再变成原来的木头。倒放一部电影，你可以看到没有热力学第二定律的世界会是什么样。破碎的盘子会把自己拼起来；融化的雪会把自己变成雪人；水会向上流过瀑布顶；人不会变老而是越来越年轻。

从聪明的孩童到富有的男爵

威廉·汤姆森在成为物理教授时只有 22 岁。

威廉·汤姆森（1824—1907）出生于爱尔兰的贝尔法斯特。他常被誉为热力学第二定律的发现者。他儿时是一个神童，在他 8 岁时，就到他那数学教授父亲的大学课堂中去听课了。10 岁时，他就已经是一名大学生了。和他的父亲一样，他也成了苏格兰格拉斯哥大学的教授，而且是世界上最早将实验室作为教室的教授之一。他还是第一批理解法拉第提出的"力线"观点的人。

汤姆森对热能的研究着了迷，并对焦耳的观点进行了认真研究。他发现能量都趋于以热量的形式散发掉。但他不相信原子说。玻尔兹曼通过对原子行为的研究而理解热力学第二定律；而汤姆森是通过对热能和热损失的研究来理解这条定律的。

在 19 世纪 50 年代，汤姆森应召去帮助修建一条连接爱尔兰和加拿大纽芬兰间的海底电报电缆。之前，从来没有人做过这样的工程。在修建的过程中，汤姆森发明了一种仪器，能测量长电缆中的电流。这种仪器非常有效。他申请了这种仪器和其他一些发明的专利。从此以后，汤姆森变得非常富有，并被维多利亚女王册封为拉格斯的开尔文男爵。汤姆森还建立起了一种温标，起点为"绝对零度"（−273.15℃或 −459.67℉）。这是一个不可能达到的温度值，在这一温度下，气体体积的理论值是 0，原子都停止运动。这一温标现在被称为开尔文温标（见第 30 页）。

在 19 世纪 60 年代，通过电缆传递的电报是当天的"实时消息"。跨越大西洋的第一封电报，是维多利亚女王于 1858 年 8 月 1 日发给詹姆斯·布坎南（James Buchanan）总统的。发送这份电报耗时 17 小时 40 分钟。电报含有 99 个单词，共 509 个字母，每个字母都是用"点"和"划"的电码一个个发送出去的。

耐心读下去。这很重要，因为你可由此知道宇宙间的混乱程度。

熵代表了宇宙的行为方式，用它便能说明太阳为什么正在逐渐耗尽。宇宙并不像一个发条上紧的钟摆那样可以周期性均匀地来回摆动。熵只走向一个方向——耗散的方向。

我希望我已让你明白：热能都是从热物体流到冷物体，永远不会从冷物体到热物体。但为什么会这样呢？这是一个大问题，对此我们也没有真正的答案。我们并不知道原因。在我们已知的物理定律中，没有哪条定律说热能不会从冷物体到热物体，即不存在热能不能向其他方向传递的定律。但这种概率微乎其微。热量从冷物体流向热物体是不可能的——完全不可能。

请牢记：熵（能量的耗散）总在增加（这是热力学第二定律）；但能量的总量永远不会增加（这是热力学第一定律）。

那种逐渐耗尽的感觉

阿尔伯特·爱因斯坦（他将出现在 20 世纪的科学舞台）证明了质量是能量的一种形式。因此，在宇宙的任何部分中，质量－能量的总量是保持不变的。但因为热力学的"街道"都是单行道，其中有些能量不能再被利用（即不能再转换为功）。单摆的摆动幅度越来越小，是因为它在与空气摩擦时，将一些机械能转化成了热能。如果将单摆放进一个密封的容器中，则能测量出它摆动时的热损失。

和所有的摆一样，左图中的玩具"牛顿摆"最终也会停止。为使它动起来，可将一端的摆球拉开升起后再释放。它摆回时击到了队列中相邻的摆球，但只有另一端的摆球产生了运动。这个球摆出去又回来，从相反方向击到了队列。两端的球就轮流间接地互相击打，并可令人惊奇地保持较长时间；中部的球一直吊在那里保持不动。这一装置通常用于物理课堂上演示动量和能量守恒以及弹性碰撞，但更多的是作为玩具。试着一次拉开两个球而不是一个。另外，这些球必须要互相接触吗？如果它们的大小和质量不同，又如何？如果它们是立方体而不是圆球，又会如何？

如果不存在热力学第二定律，宇宙就将如同一台永不停摆的巨大时钟……钟摆将不停地摆动。行星将无损耗地重复它们的轨迹。每当有一颗恒星燃尽时，就会有一颗新恒星诞生。

——艾伦·莱特曼（Alan Lightman, 1948—），美国作家和教授，《物理学中的伟大思想》

> ## 想了解熵？那就大声并清晰地唱出来！
>
> 热能可以做功，功如同是一句咒语
> 因为宇宙中所有的热
> 都将慢慢冷下来，因为它不能增加
> 然后就再也不会做功了，将出现完全的沉寂
> 　　真的吗？
> 是的，那就是熵，先生！
> 这些都是热力学第二定律所赐，它规定了：
> 你不能把热能从冷处传向热处
> 如果你愿意可以一试，但我奉劝你还是算了吧
> 因为冷物体会由冷变热
> 因为热物体的热能会转移到冷物体上
> 哦，你不能把热能从冷处传向热处
> 如果你愿意可以一试，但你只会看起来像个傻瓜
> 因为冷物体会由冷变热
> 这是物理中的一条铁律！
> ——迈克尔·弗兰德斯（Michael Flanders）和唐纳德·斯旺（Donald Swann）的一首歌的歌词，歌名《第一和第二定律》

问：夏天在冬天的后面。这是否说明冷能变热呢？

答：对，但这不违反热力学定律。季节变化是因为地球在绕太阳的轨道上运动时，它自己的轴是倾斜的。正是因为这种倾斜，使一个半球受到日光的直射而产生了夏季，而另一个半球则较为倾斜而产生了冬季。6个月后，这种状态自行反转了。至于热力学第二定律：热能从炽热的太阳经过太空来到了较冷的地球上。地球也会因辐射热能到太空而变冷。这些都没违反定律。右图中的亮暗区域显示了地球哪些区域辐射到太空的热能最多，从黑的极区（很少）到白亮的沙漠区域。这个不断变化的图样是由"云与地球辐射能量系统"（CERES）的卫星仪器拍摄的。

热力学第二定律是基于实验观察和概率的理论。

你能想象用温暖的手握住一个玻璃杯，而杯中有些水会自动变成冰块吗（不借助冷冻柜等设备）？通过日常观察我们知道这是不会的。这绝不可能发生。但是，再说一次，没有已知的任何科学定律说它是不可能发生的。概率的概念对科学而言是一种新的观点，在19世纪时是很难为科学家们所接受的。他们已经习

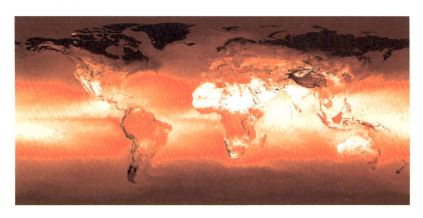

混乱？让宇宙之门关闭！

在很多教科书中，熵被描述为：封闭系统的无序程度。这一源自 19 世纪的定义是路德维希·玻尔兹曼给出的。他说："熵是无序化的表征，且其自然趋势是增大的。在实验中，它是用热量和温度的比值来量度的。"

熵是无序化程度的量度吗？也许是。现在，一些专家发现这一定义有点使人摸不着头脑，还有人认为它明显是错误的。但至少不是每个人都同意这种说法。下面有一个例子，可以解释有序和无序。

两个物体交换分子，如一个玻璃杯中的水和冰，它们最终将达到相同的温度，且两者的分子将混合在一起，熵也将增加。换一个方式来说，凝固在冰中的水分子的有序度，比融化成水时的大。这就如同将毛衣保存在一个抽屉中，而将袜子保存在另一个抽屉中。如果将它们混在一起的话，就将减少它们的有序程度。（也有一些人认为均匀而稳定的混合也是有序的，而非无序的。我们的思想往往不承认下述科学观点：分类收集的组件比随意混合的组件更有序。这也是一些科学家不喜欢玻尔兹曼将熵描述为"无序"的原因。）

"熵是封闭系统中无序程度的量度。"那么，什么是封闭系统呢？

封闭系统是指与外界没有能量交换的系统。如现代房屋墙壁中的隔热层帮助保持室内的热能不散发出去。这使得在冬天，即使取暖锅炉停止工作一段时间，室内温度下降得也不多。

相反，地球就不是一个封闭系统，它从太阳得到大量的能量。我们生活在地球、太阳和外层空间的开放系统中。

假定我们把你的房屋和外界隔绝了，让它成为一个封闭系统。当东西坏了后，它们得不到更换。最终导致所有的事物都土崩瓦解。这就是熵。

在 19 世纪，有一些发明家竭尽全力试图研制一种永动机，即一旦启动就能永远工作下去的机器（左图中就是这样一种犯傻的尝试）。前述的两条热力学定律都认为不可能造出这种机器。在永动机中，能量都必须保证能再循环利用，一点也不能以热量的形式散失掉。但这却不可能发生。不存在绝对完美的机器。在每次利用能量做功的过程中，都有一些能量转化成了热能散发或辐射出去，它不能再被回收和利用。当物理学家谈起热力学时，常说"没有免费的午餐"或"什么都是有代价的"。因为有能量的散失，因此就要对机器不断补充能量。能量不能凭空产生。永动机是无法被造出来的，但仍有很多发明家在孜孜不倦地尝试。

熵的计算公式镌刻在玻尔兹曼的墓碑顶部：

$S = k \log W$

S：熵；

W：原子分布可能的排列数；

$\log$：对数；

k：一个不变的常数，现称为玻尔兹曼常数。（注意：这里的 k 与第 4 章中库仑方程中的常数 k 不同。）

1990 年，阿尔伯特·爱因斯坦写了一封信给他的女朋友（后来的妻子）米列娃·马里克（Mileva Maric）：

我坚信（玻尔兹曼）理论的原理是正确的，这意味着我相信在气体的范围内我们确实在处理离散的质点，它们具有一定的有限大小（原子），并按照某些条件在运动。

惯了牛顿定律的精确逻辑，而不习惯于从概率的角度来思考问题。

这时，路德维希·玻尔兹曼，我们那罕见的奥地利物理学家出现了。他是在熵和原子与分子间建立起联系的少数科学家之一。他认识到原子和分子具有一种正常的扩散趋势。打开一瓶香水，其分子就会以无规则运动的形式扩散到室内的每一个角落，直到瓶子干掉为止。这些香水分子绝不会再将自己有规则地聚集回瓶子中。（电影《欢乐满人间》中的仙女玛丽可能会打破熵的定律。去问她，而不是我，是如何做到的。）

在玩扑克牌时，洗过的一副扑克牌一般不会（但并非绝对没有可能）按花色，同时也按数字大小的顺序有序地排列。发生这种情况的概率是一亿亿分之一。**趋向无序是具有最高概率的状态。**

路德维希·玻尔兹曼利用自己的头脑在熵、时间和概率间建立起了联系。他了解原子的行为方式：它们不会坐在那里静止不动，也不会自动组织起来，而是随机运动着。他利用统计学来作为科学研究的工具以理解原子某种分布的概率。他的洞察力提供了研究宇宙的关键。知道了热量总是从热物体向冷物体传递的（这也意味着能量的分散）就给了时间以方向。你的生命录像带是不能倒放的。明天你将不会比今天更年轻，因为热力学第二定律会阻止这个过程。

熵意味着热分子扩散开来并保持较冷状态。

请将这句话印在你的 T 恤衫上。

理论尚不完备

前文中曾提到过，每当谈起热力学第二定律时很多科学家就很激动（见第 183 页），一些人甚至会火冒三丈。那么他们在辩论什么？好吧，问题不止一个，而且数学和科学思想都十分复杂，我在这里只能给出总体思路。如果你感兴趣的话，可以自己去对它们进行专门的探讨。时间的概念是争论的一部分，还有被称为"非平衡热力学"的东西。然后，还有关于"热扩散"的研究，它似乎表示有些不可逆的过程也可以导致条理化（而非无序）。

为了解更多的内容，我们现在从美国物理学家乔赛亚·威拉德·吉布斯（Josiah Willard Gibbs，1839—1903）奠定的基础工作和伊利亚·普里高津（Ilya Prigogine，1917—2003）在 20 世纪的工作开始。普里高津出生于莫斯科，在布鲁塞尔受过教育。他认识到，地球在不间断地从太阳那里获取新的能量，使得活的东西能够从紊乱无序的物质中达成一种有组织的状态。他在热力学方面的成就有助于解释生物的进化和生态系统的发展。他获得了 1977 年的诺贝尔奖。

对这一领域的研究仍存在争论。现在，物理学家已经发现我们不能在时间之箭和原子、亚原子世界之间建立起联系了。那个世界有着自己的规律，在那里，时间看起来是可逆的。因

地球不是一个封闭系统，因为它一直在接受来自太阳的能量。

此，现在人们在谈论"不可逆转性悖论"——这意味着关于热力学还有更多的研究要做。该理论还是不完备的。

现在一些物理学家认为经典的热力学理论没有考虑重力，它可以打破"热寂"（heat death）的均匀分布说。（所谓"热寂"，即熵达到最大值的状态，是很多人所预计的宇宙终结）。熵必须要如同热力学第二定律所说的那样不断增大下去吗？只有概率告诉我们确实如此。时至目前，我们尚没有能反驳热力学第二定律的例子。

按照英国物理学家彼得·科文尼（Peter Coveney）和罗杰·海菲尔德（Roger Highfield）的说法，"我们现在能看到，热力学并没有禁止自发创生有序的观点，虽然热力学第二定律常被错误地理解为会导致完全退化的无序状态"。他们的观点比对热力学第二定律的标准解释乐观了许多。他们认为热力学允许"自发进行自组织的可能性"，并由此产生"从行星和星系到细胞和机体的结构"。

熵不能够减小吗？在艾萨克·阿西莫夫的科幻作品《最后的问题》中，这是一个将要于 2061 年由巨型计算机解决的问题。这台计算机的回答是："至今还没有足够的数据来得到一个有意义的答案。"

这里，在亚原子世界中，一个从右侧（A）进入的反质子（带负电荷的反物质粒子）和一个氢核中的质子发生湮灭（B），发射出两个高能光子（C）。

缚住小妖精

想象力比知识更重要。

——阿尔伯特·爱因斯坦（1879—1955），德国出生的美国物理学家，《论科学》

当我们没有能力决定什么是正确的时候，就应该根据什么最有可能来行事。

——勒内·笛卡儿（1596—1650），法国数学家和哲学家，《方法论》

想象力和推理一样，是完善哲学思维所必需的。

——汉弗莱·戴维爵士（1778—1829），英国化学家和迈克尔·法拉第的导师，《艺术与科学的相似之处》

如果你想赢得科学、文学、医学、和平或经济学等方面的诺贝尔奖，或在这些相关领域有所成就的话，则请参看下列的"成功公式"：

1. 愿意勤奋而艰苦地工作，并善于用脑；

2. 设定一个目标并为之奋斗；

3. 在你的领域中找出最优秀的人和最好的观点，从他们和他们的工作中学习一切你能学到的东西；

4. 仅有推理是不够的，还要具有想象力。

想象力似乎是使人与人之间表现出差异的因素。研究一下作出伟大成就的人，你总能看到这一点。詹姆斯·克拉克·麦克斯韦就是一个完美的例子。他始终保持着青年人的好奇心、创造性、发明才能和思维的原创性。当他长大并成为一名严谨的科学家后，仍能将这些保持在头脑之中。这有助于他解决问题。

一天，麦克斯韦正在思考科学问题，他想象出了一个小家

除了尊敬和声望外，诺贝尔奖获得者还能得到什么呢？还有如上图所示的一面金牌、一张证书和一笔约 137 万美元（有时是共享）的奖金。诺贝尔奖在每年的 12 月 10 日颁发，以纪念在 1896 年 12 月 10 日逝世的阿尔弗雷德·伯恩哈德·诺贝尔（Alfred Bernhard Nobel）。

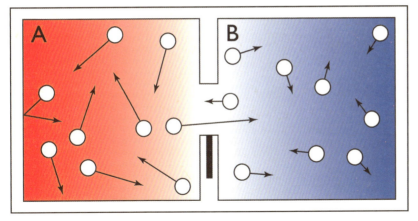

麦克斯韦想象一个看不见的小妖精位于容器（左图）两侧之间的小门口。要明白他的小妖精——以及分子的行动，必须记住所有这些气体分子并不以相同的速率运动，运动得越快意味着越热。表征分子平均速率的温度，开始时在容器中到处都相同。但"手指灵巧"的小妖精能将分子按快慢分类后置于容器的两侧。具有相同温度的容器变成了一半热（A）一半冷（B）。小妖精用这种做法推翻了热力学第二定律。

伙，即一个小妖精，它的个头比一个原子还要小。"一个思维敏锐和手指灵巧的家伙"是麦克斯韦在给一位朋友的信中对它的描述。那个小妖精决心要搞乱热力学第二定律。它想要看到热量不再从热物体流向冷物体，想要看到熵不再增加。

这个小妖精都做了什么呢？在一个充满了气体的盒子的中间建起了一堵墙，墙上开有一个小门。墙两侧的气体都具有相同的温度。在通常情况下，这种状态是不会发生变化的。即使最初墙两侧的温度不同，最终也会很快达到同一温度（这就是熵）。但那个邪恶的小妖精改变了这一切。

它在恰当的时候打开了这个小门，只让那些速率大的分子从右侧进入左侧，而让速率小的分子从左侧进入右侧。不一会儿，盒子的左侧就多了速率大的分子，因而温度也就升高了，而盒子右侧的温度就下降了。这表明有热量从冷物体流入热物体了。因此，熵的理论就被打败了。

麦克斯韦知道，小妖精是不存在的。但是否还存在着其他机制，可以扮演小妖精的角色呢？看上去不会，或者说是不可能的。但目前尚没有科学定律说这是不可能的。

整个关于科学想象力的问题经常被其他学科的人错误理解……他们忽略了一个事实：无论我们在科学中做何种想象都必须与我们已知的所有其他知识相一致；我们谈论的电场和波并非是随心所欲想出来让人高兴的想法，它们必须与已知的物理学定律相一致。我们不能允许自己认真想象的东西明显地与自然界的规律相违背。因此，科学研究中的想象也是一种十分困难的游戏。

——理查德·费曼（1918—1988），《费曼物理学讲义》

对这个小妖精的想象，帮助麦克斯韦掌握热力学定律，他由此抓住了一个从根本上改变物理学的观点。这一观点将转变 20 世纪的科学思想，也将取代牛顿的一些基本观点，这就是概率论的观点。

牛顿曾将世界想象为一台巨大的时钟。牛顿说：如果我们能了解构成它的各个部分的话，就能知道它在"嘀嗒"作响中工作的运作原理了。他寻觅并找到了不变的定律。他的世界是肯定的和必然的。这也一直是科学家们的思考方式，直到麦克斯韦想象出了小妖精。这个小妖精似乎破坏了熵的理论，它还挑战了宇宙中的一切事物都是"决定论的"和"绝对的"的观点。

对这个小妖精很熟悉的路德维希·玻尔兹曼给出了一个很好的概率论的例子。它帮助科学家开始认识到世界上有些现象的发生并非由于必然、不可推翻的定律，而是由于我们尚不能解释的原因。因此，必须按照观察到的事实来进行判断。当我们发现某种现象能够一而再，再而三地出现时，它就很有可能继续出现。统计学是一门基于数字研究的科学，在当时也是一种初出摇篮的新观点。

这张图描绘的是麦克斯韦在追小妖精？我认为不是。但这张 18 世纪的日本画简直是妙极了，萨拜因·拉斯将这幅画选入本书中，来表达捕捉小妖精的观点。我完全同意。

请记住：所谓"亚原子"是指比原子小的粒子，如电子、质子、中子就是 3 种基本的亚原子粒子。但还存在着比它们还小的粒子。

它极有可能会成为科学研究的一个主要工具。

麦克斯韦想象的那个极具能力的小妖精正在测试这种观点。它试图用可能性来取代确定性。麦克斯韦意识到没有任何已知的定律说熵必须起作用，仅仅是我们的经验和统计资料显示它是如此而已。

在 20 世纪，概率论将成为很多科学的基础。科学家将转向亚原子的世界。在那个世界中，那些微小的粒子召唤出了"量子规则"（quanta rule）。这是一个小得难以想象的世界。科学家将发现，在这个量子世界中，有些事物的行为好像都是无规则的、混乱无序

你消灭不了这个小妖精，不是吗？

麦克斯韦说的小妖精（麦克斯韦妖）使科学家在一个多世纪中都充满了好奇。1912年，一位名为马里安·斯莫鲁霍夫斯基（Marian Smoluchowski）的波兰物理学家，以为他有一些证据可以消灭这个小妖精，但这个小家伙竟还是不断重新出现。半个世纪后，美国物理学家理查德·费曼提出了自己看待这个小妖精的图景，分子的运动可能会摇动淘气小妖精那双"灵巧的手"，使其不可能去操作隔墙上的那个阀门。直到1992年，位于美国新墨西哥州境内的洛斯阿拉莫斯国家实验室中的科学家还在忙于消除计算机模拟的两个盒子中的小妖怪，盒子上也有阀门，也充满了气体。

"但现在，我们可以自信地断言，那样机械的小妖精已经被我们充分地了解了，它不能再去撼动热力学定律了。"汉斯·克里斯蒂安·冯·贝耶尔如是写道。然而，这可能不是冯·贝耶尔真正的意思，因为他后来又说："这个小家伙并没有死。每当它被掷出窗外时，它总能设法换个模样从另一扇窗再爬进来。"

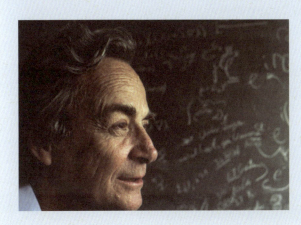

理查德·费曼喜欢打鼓和讲笑话，虽然他常被人们视作小顽童，但他绝不是小妖精。他使物理学生动有趣。1965年，他获得了诺贝尔奖。有人把他称为美国20世纪最伟大的科学家。

的：它们并不遵从已知的科学定律。因此，科学家们将不得不只计算它们的可能行为，而不再是观察和测量它们的每一个具体行为。他们将转向统计，即用积累起来的大量数据来显示事物通常是怎样呈现的。

科学家们对所有这些提法将要进行辩论。一些科学家肯定地认为存在一些不变的定律，它既适用于微小的微观世界，也适用于日常生活中所见的宏观世界。而且，这些定律还应告诉我们每一个原子的行动。这些科学家会说不应该依赖概率论。但其他科学家会告诉我们概率论说是正确的。在进入21世纪后，他们的辩论还没有停止。

正是那个有"灵巧的手指"的小妖精引发了所有这些争论。它在20世纪还能大行其道。在21世纪它能够被驯服吗？也许你能利用自己的想象力和智慧设法推翻热力学第二定律。如果你做到了，将有望赢得诺贝尔奖。

按照牛顿的运动定律，如果你跑得足够快的话，就能赶上并抓住一束光。但按照麦克斯韦的电磁波方程组，则这是不可能的。出生于1879年的阿尔伯特·爱因斯坦不久将对这一科学困境进行研究，这一问题的解决将引领我们进入科学的新纪元。

无事可做了？

阿尔伯特·迈克耳孙（Albert Michelson）是芝加哥大学的物理学家，也是美国科学领袖之一。因此，每当他举办讲座时，都会引起人们极大的关注。下面是他于 1894 年谈及物理学的一段话：

下述论断看起来可能是真实的：物理学大部分的宏伟基础原理已经坚实地建立起来了；物理学的进一步发展主要应该寻找这些原理的严格应用……物理科学未来的真理可能要到小数点后的第六位数去找了。

换言之，在 19 世纪 80 年代后期，迈克耳孙认为物理学中应该被发现的几乎所有原理都已经被发现了。剩下的就仅是对一些具体细节的修补完善了。

啊，天啊！新发现却如同正在物理学世界里埋下炸药。在我一定是在非常小的年纪时就立志要当一名科学家了。但我预见到了一个障碍。我长大时——那是多么遥远的事，所有的东西都已被发现了。当我向母亲倾诉我的担心时，她安慰我说："不用怕，达克。还有很多东西等着你去发现呢。"

——弗朗西斯·克里克（Francis Crick，1916—2004），英国生物化学家，《疯狂的追求》

20 世纪，物理学仍主导着大部分的科学领域。

但我们对迈克耳孙教授也不要太苛求。他也只是认同 19 世纪末叶大多数专家的意见。当时美国哈佛大学的物理系主任告诫他最聪明的学生不要再进入物理学领域了。他认为那里没剩下什么可做的事了。

安托万 - 亨利·贝克勒耳出生于一个法国物理学家的家庭中。他的祖父帮助创建了电化学。他的父亲对物质吸收光的现象特别感兴趣。亨利受家庭的熏染，也对科学研究特别有激情。

"隐藏着的固体显示出来了！" 1896 年 1 月 16 日《纽约时报》上一篇文章的大标题惊呼。这篇文章中说：

这座城市中搞科学的人都用极大的耐心等待着欧洲技术杂志的到来，它们将向人们详尽介绍伦琴教授伟大的新发现：一种可以对覆盖着的不透明物体进行拍照的方法。迄今为止，人们都认为没有任何种类的光线可以穿透这些覆盖物。

维尔茨堡大学的伦琴教授最近发现了一种光线，用它能穿透木头、纸张、皮肉及所有其他有机物照相。于是，人体骨骼的照片看起来和没有皮肉覆盖时的一样。

但在这位芝加哥大学教授讲座的两年后，随着一位留着大胡子的法国物理学家的发现，将使不少物理学家有事可做。再过一年，一位英格兰的物理学家也将作出令人惊奇的发现，甚至让更多物理学家一片忙碌。

这个法国人是安托万 - 亨利·贝克勒耳（Antoine-Henry Becquerel，1852—1908）。他有着舒适的教授职位，但却也有着猎犬般的性格（发怒时咆哮，对人冷漠）。贝克勒耳是一位非常令人尊敬的科学家，但没人想到他在科学领域中能大有所为。

1896 年 1 月 20 日，贝克勒耳同法国科学院的成员一起坐在观众席上，两位医生展示了一些照片，内容都是活人体内骨头的情况。这在当时简直是不可思议的事情，犹如魔法！

威廉·康拉德·伦琴（1845—
1923）发现了 X 射线。他本来可
以凭借 X 射线机的发明专利获得
丰厚的收益，但他却没有这样做。
他的一位朋友将他写成："他鲜明
的特征便是正直而清高……他在
各种意义上都是 19 世纪时理想
的化身：坚强、有力和诚实，献身
科学，从不怀疑它的价值。"

大约在一年前，一位名为威廉·康拉德·伦琴
（Wilhelm Conrad Roentgen）的德国科学家偶然间
发现了 X 射线。在法国科学院的会议前一个月，
伦琴洗印出了他的第一张 X 射线照片。所拍摄
的是他的妻子伯莎的手。从照片中可以看到伯
莎的手指骨关节因关节炎而弯曲。

这一消息飞快地传播开了。这次会议的两
个星期后，即 1896 年 2 月 3 日，一位叫埃迪·麦
卡锡（Eddie McCarthy）的来自新罕布什尔州的
小男孩手臂发生骨折，一些美国医生就借助一
张用 X 射线拍摄的照片为他进行了正骨手术。
报纸和杂志对这件事进行了大量的宣传报道。

当时所有人（不仅是医生和科学家）都
在谈论 X 射线。也有人抗议说看到人
体内部是一种侵犯隐私的行为。那么，
什么是 X 射线？没人能说出所以然。

科学中常用字母 X 来表示"未知事
物"，这说明了 X 射线的含义。这一射
线对科学界发起了挑战。科学家必须对
它的本质及产生的原因给予说明。

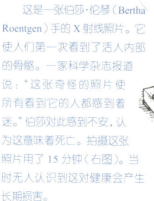

这是一张伯莎·伦琴（Bertha
Roentgen）手的 X 射线照片。它
使人们第一次看到了活人内部
的骨骼。一家科学杂志报道
说："这张奇怪的照片使
所有看到它的人都感到着
迷。"伯莎对此感到不安，认
为这意味着死亡。拍摄这张
照片用了 15 分钟（右图）。当
时无人认识到这对健康会产生
长期损害。

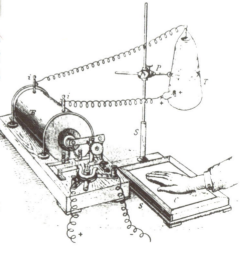

新伦琴摄影术——"看这里，笑一个。"

对于我们绝大多数人，X 射线通常既可指用 X 射线辐射所成的像，也可指 X 射线辐射本身。但科学家却希望把它们区别开。X 射线曾被称为伦琴射线，以纪念它的发现者。用它拍摄的照片称为伦琴射线照片。现在，用可见光之外的射线——X 射线、伽马射线、紫外线等拍摄的照片，人们习惯称之为射线照片。无论它们叫什么名字，都可以激起我们很大的兴趣，甚至欢乐。左图为绘于 1900 年的美国卡通画。①

贝克勒耳曾用那些会发出磷光的石头进行实验。这些石头在经过阳光曝晒后，便能在黑暗处发光（人们有时称其为"余晖"）。他认为 X 射线可能与这种现象有关。因此，在 2 月和 3 月中，他从法国科学院的讲堂一回到家就立即进行实验研究。

一开始，他取来一些这种石头，将它们放到照相底版上，他就在旁边等待着，希望能在底版看到 X 射线曝光的照片。但却什么也没有看到。

然后，他又尝试着用一些含有铀元素的岩石晶体进行实验。他先将它们置于阳光下曝晒，让其吸收紫外线。再将它们放在严密包装的照相底版上。射线穿过包装纸在底版上留下一个图像！这正是他设想会发生的事。

贝克勒耳是一位非常认真仔细的实验家。下一步，他又取来一枚硬币和其他一些金属片，将它们夹在含铀岩石晶体和照相底

1896 年冬季的一天，14 岁的埃迪·麦卡锡在康涅狄格河上滑冰时摔断了手臂骨。他犯了一个滑倒时的常见错误——试图用一只手去支撑以止住摔倒时的冲击。他全身的重量都集中到那只手上。（较好的方法是打滚让冲击力在全身分布开来。）世界上第一次 X 射线医学诊断用了 20 分钟，它揭示了骨折发生在埃迪的左尺骨（前臂骨）上。

译者注：① 作者对 X 射线的成像机理不了解，这样的照片是拍不出来的。

造炸药的人

阿尔弗雷德·伯恩哈德·诺贝尔（1833—1896）制造了炸药，但他热爱和平。他是一位孤独的单身百万富翁，被同时代的人称为"疯狂的科学家"。因为他的财富大部分来自毁灭性武器。

诺贝尔是一位理想主义者，他真的认为他的炸药能够阻止战争，因为它太可怕了。他相信他的产品，其中包括硝化甘油炸药，可以用于和平目的。

诺贝尔在湖中的一条驳船上进行硝化甘油的研制工作，这样，一旦发生爆炸，只会伤及少数人。（先前在他工厂中发生的爆炸，炸死了他的哥哥。）他将研制出的可以安全掌握的硝化甘油炸药命名为"dynamite"。它确实有很多的和平用途，特别是在建筑工程方面价值极大。它帮助美国西部大开发，炸开岩石和山体，让道路和铁路轨道通过。诺贝尔还有很多其他发明，如无烟火药和用于制作装甲护板的特种钢等。

诺贝尔出生于瑞典的斯德哥尔摩，在俄罗斯长大。他的父亲在俄罗斯管理着他自己设计的水下矿井。阿尔弗雷德在那里接受私人教师的教育，后来又被送到巴黎学习化学。在 19 世纪 50 年代早期，他又到美国去师从瑞典裔美国发明家约翰·埃里克森学习了四年。埃里克森后来建造了美国内战期间的"莫尼特"号铁甲舰。

诺贝尔在去世时将他的大量财产捐赠出去，设立了一项年度奖，以表彰在和平、文学、物理、化学、生理学或医学五个领域作出巨大贡献的人。（在 1969 年，又以他的名义增设了第六个奖，经济学奖。）每一个奖都带有奖金。但诺贝尔奖的荣誉远超金钱。在瑞典的诺贝尔基金会以阿尔弗雷德·诺贝尔命名；当第 102 号元素被加利福尼亚大学伯克利分校分离出来时，也将其命名为"锘"以纪念他。

1901 年，诺贝尔奖第一次颁布，伦琴获得了当年的物理学奖。在其后一年，荷兰的亨德里克·洛伦兹（Hendrik Lorentz）和彼得·塞曼（Peter Zeeman）因在磁对辐射的影响方面的研究也共享了这一奖项。1903 年，该奖项则是由亨利·贝克勒耳与居里夫妇〔玛丽居里（Marie Curie）和皮埃尔·居里（Pierre Curie）〕共享。贝克勒耳是因发现了天然放射性而获奖，而居里夫妇则因对放射现象的研究而获奖。1907 年，阿尔伯特·迈克耳孙成为获该奖项的第一个美国人。这是美国人获得这一声誉卓著的奖项的开端。

版之间封装起来。然后再将整包放到阳光下。他发现硬币和金属在变黑了的底片上留下了自身的较为明亮的影像。贝克勒耳再次得到了他预期的实验结果。在 2 月 24 日，他告诉法国科学院的成员，X 射线也可以用磷光岩石放在太阳光下曝晒后产生。

在其后的两天中，冬天的天气变得非常阴沉。因为没有阳光，安托万－亨利·贝

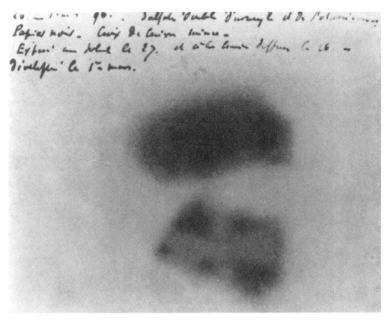

上图中的照片是安托万－亨利·贝克勒耳放在封闭抽屉中的底版曝光后的情况。其中的两个暗斑是他放铀盐晶体的地方。他敏锐地认识到自己发现了一种新型的放射物。

克勒耳就将底版、纸和岩石晶体等都放进了黑暗的抽屉中，并且一放就是一个星期。贝克勒耳知道，此时这种石头是不会在暗处发出磷光的，因此照相底版上也就不会出现图像。

但是，贝克勒耳还是将他的底版冲洗出来了。在版上竟然也出现了图像！这一现象立即将他的整个理论打得粉碎。这些晶体没有放到阳光下受紫外线的照射，磷光不可能和成像有任何关系。因此，一定是石头自身在产生并向外辐射射线。

看来，铀是问题的关键。于是，贝克勒耳把这些富含铀的石头弄成了粉末。他对粉末进行加热、冷却，将它们溶解到酸中……他使用了所有他能想到的方法去处理它们。但无论使用什么方法，都不能阻止它向外发射这种谜一般的射线。

关于他这些实验的消息快速传播开来。世界各地的科学家都开始用铀盐和照相底版进行此类实验。他们都意识到，这种来自铀的射线是某种人们不曾料到的未知事物。

它们不是 X 射线，X 射线和光一样，属于电磁辐射，但频率却比可见光高得多，以至于我们看不到它。（频率是每单位时间的波动次数，见第 148—151 页。）

在非洲的尼日尔有很大的铀矿床，包括下图这个卫星照片中的铀矿。这种异常普通的银灰色金属被广泛应用于核工业中。

在20世纪，对放射性的研究使物理和化学联合起来。这两门学科看起来是分立的，但随着人们对原子的认识不断增长，它们成了关系密切的同盟军。

从铀元素中放射出来的射线是与众不同的。它完全不是如同可见光波那样的波，它是从石头中发射出的能量射线。

但这好像是不可能的吧。说句玩笑话，这些含有铀的石头从来没有进过学校，也从没学习过热力学第一定律。能量不可能凭空产生。这就是它令人感到奇怪的地方。没人能说明到底发生了什么。物理学理论必须与原因未明的现象相符合。贝克勒耳写道："和人们的所有预期都相反，第一批实验表明，显然存在一个能量自发产生的过程。"

最终，热力学第一定律被拯救了。这些射线产生于某些元素具有的自然衰变过程。这一过程将被称为**放射性**（radioactivity）。铀是一种放射性元素。因为它的原子是不稳定的，它的核中会发射出一些极微小但却具有能量的粒子。失去粒子使原子变成了另一种稳定的（非放射性）元素的原子，它的原子序数会降低（即原子核中的质子数减少了）。正是这种放射性粒子在贝克勒耳的底版上留下了它们的痕迹。这些粒子最终导致了一种当时人们难以想象的新能源的问世。

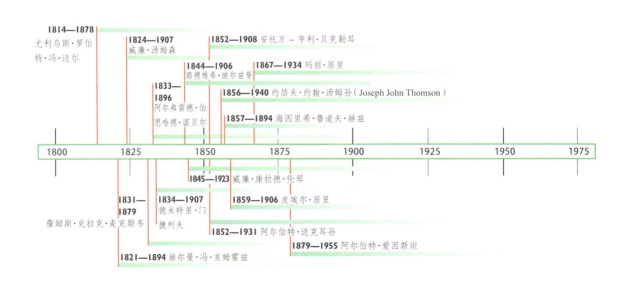

1814—1878 尤利乌斯·罗伯特·冯·迈尔

1824—1907 威廉·汤姆森

1852—1908 安托万－亨利·贝克勒耳

1844—1906 路德维希·玻尔兹曼

1867—1934 玛丽·居里

1833—1896 阿尔弗雷德·伯恩哈德·诺贝尔

1856—1940 约瑟夫·约翰·汤姆孙（Joseph John Thomson）

1857—1894 海因里希·鲁道夫·赫兹

1800　1825　1850　1875　1900　1925　1950　1975

1845—1923 威廉·康拉德·伦琴

1831—1879 詹姆斯·克拉克·麦克斯韦

1834—1907 德米特里·门捷列夫

1859—1906 皮埃尔·居里

1852—1931 阿尔伯特·迈克耳孙

1821—1894 赫尔曼·冯·亥姆霍兹

1879—1955 阿尔伯特·爱因斯坦

老原子之家

"我年轻时，通常感到自己既充满了活力又是危险的！你相信我的生命是从铀 238 开始的吗？然后有一天我偶然发射了一个阿尔法粒子。现在看看我吧，已经成了筋疲力尽的老原子铅 206 了。好像我的生命从那时起除了衰变、衰变、衰变……再没有别的了。"

正如你所知道的，大自然有时会施展炼金术：把一种元素变成另一种元素。铀原子一直在慢慢地这样做，在失去了够多的粒子后，最后衰变成了铅。铀 238（有额外中子的铀原子）的半衰期（衰变速度）为 45 亿年。在此期间，它在周期表中不断后退，先后变成了钍、镭、氡（只有 3.8 天！）、钋（138 天），最后变成了铅。铅是稳定的，即不再衰变了。铀变成了铅？但这不完全是古人们所想象的"贤者之石"。

但当时所有这些还都没有被发现。很多科学家仍然不相信原子的存在，更没有人知道原子竟然还具有内部结构，里面还有一个原子核。他们也就肯定不会知道原子还会向外发射粒子了。

在贝克勒耳宣布他的发现一年后，时任剑桥大学卡文迪什实验室主任的一位英国人发现了一种比原子还要小的粒子，后来人们将其称为电子。这位英国人 J. J. 汤姆孙并没有将电子和放射性联系起来，但贝克勒耳这样做了。

约瑟夫·约翰·汤姆孙爵士（1856—1940），即人们习惯称呼的 J. J.，证明了阴极射线是带负电的粒子，它远小于原子。后来，这些粒子被称为电子。

1900 年，贝克勒耳证明了在他实验室中的铀放出的射线中，肯定包括了如同汤姆孙所发现的电子那样的粒子。（他是正确的！）自此，他开始意识到了不论是什么产生了这种放射性射线，它必定来自铀原子的内部。

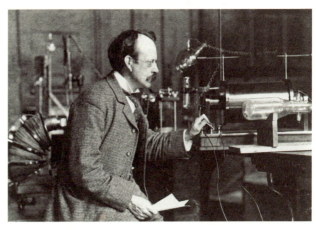

这意味着原子可能并不是最小的粒子。这一点是否正确？它意味着什么？

测量阳光的理由

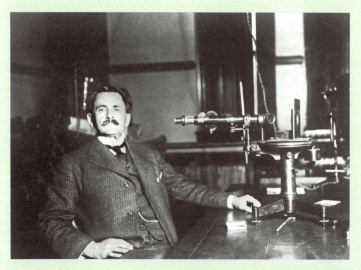

1882 年，阿尔伯特·迈克耳孙正在开展一个测量光速的实验。一家报纸的记者前去采访他。据说，记者问道："你做这一实验的目的是什么？"迈克耳孙的回答——每个优秀的科学家都能理解——是："因为非常有趣。"

科学是双管齐下的。一是观点和思考，二是实验和操作。詹姆斯·克拉克·麦克斯韦关于光的观点使全世界的科学家们激动不已。他们都意识到，光速是自然界中的基本常数之一。挑战来自如何设计和改进测量它的方法。阿尔伯特·迈克耳孙当时还是位于马里兰州安纳波利斯的美国海军学院中的青年教师。他写道："光速至今远远超越了人类理智的想象，再加上非同寻常的测量精确度要求，使这项测定成

利用这条数英里长的管道，年老虚弱的迈克耳孙做了最后一次测量光速的实验。管道中的光受两端镜面的反射在其中往返两次，然后经过一个窗口，从一个有着旋转镜面的盘出来，再通过一个狭缝、一组透镜和一个棱镜，最后进入目镜中。

为许多探索者醉心研究的问题之一。"

迈克耳孙知道，傅科——单摆人——也曾测量过光速。傅科使两个透镜相距 8 633 米远，再用一面镜子，使光束从一个透镜出发，通过一个高速转动的齿轮，射向另一个透镜。他用这种方法测得了当时被认为是最佳的光速值。但科学家相信它仍有被改进的空间。

利用实验室里现有的各种奇奇怪怪的仪器和自制的一面镜子，阿尔伯特·迈克耳孙利用傅科的创意对光速进行测量，但做得更好。他得出了一个新的光速值，是当时最佳的。但他认为还不够好。几年后（1882 年，当时他已成为俄亥俄州克利夫兰市开斯应用科学学院的教授），他又改进了这一实验，并重复做了 20 次。他得到的光速值 299 853 千米／秒，是此后 50 多年公认的光速值。若要再对它进行更精准的测量，迈克耳孙仍应是最佳人选。

EN L'AN 2000

如果这种设想正确，则将给下一代的物理学家们留下大量要做的工作。

原子和比原子更小的粒子——如电子——将成为即将到来的技术革命的中心。这场革命将带来来自全球和地球以外的运动画面及声音，并能将它们展现在手持的小巧器件中和墙一样大小的屏幕上。工程师们将设计出用不可见的电磁波在几分钟内完成烹饪的炉子；电子计算机也能将青少年和职员从笔和纸的繁重作业中解放出来；数据处理系统能使21世纪的青少年（连同各种年龄的人）共享来自全世界的集体才智和聪慧，当然也有各种没有意义的信息。这些成就的实现都是因为电磁学、热力学的知识与原子，甚至更小粒子的知识结合了起来。

现实即将变得比科幻作品更加令人神往。那些认为物理学已经结束的19世纪的教授们还有不少要学的知识和值得探索的领域。20世纪将成为物理学的辉煌时代。

我喜欢优秀的科幻作品。上图是一幅具有先见之明的法国科幻卡通画。作这幅画的艺术家预见到在2000年将会有可视电话问世。在当时的人们看来，这就如同一个不可能实现的梦想。但人们对电动力学和原子结构的认识将使这一梦想成真。

总结过去　准备未来

诗人说，科学夺走了恒星的美丽（称它仅是单纯的气体原子团），但没有什么是"单纯"的。我也能在沙漠的夜空中看到恒星，并能感受到它们。但我看到的是少了还是多了？……对于神秘的东西多了解一点并无坏处，因为真理远比艺术家们过去想象的美妙得多。为什么现在的诗人们不再提它了呢？
　　——理查德·费曼（1918—1988），美国物理学家，《费曼物理学讲义》

关于物理学的书都充斥着复杂的数学公式。但思想和观点，而不是公式，才是所有物理学理论的发端。
　　——阿尔伯特·爱因斯坦（1879—1955）和利奥波德·因费尔德（Leopold Infeld, 1898—1968），物理学家，《物理学的演化》

当今世界是以科学来作为动力的。任何人只要放弃了对科学的兴趣，就如同睁着双眼走向被奴役的道路。
　　——雅各布·布罗诺夫斯基（1908—1974），波兰数学家和诗人，《科学和人类的价值》

你能感觉到来自科学世界的微小震动吗？这些震动有如地震开始爆发前的微振，除了少数感觉极其敏锐的人之外，很少能被注意到。而正是这少数人能感觉到一些大事件即将发生。

对原子的研究也是一样，科学上的证据正在积累。那些对原子的存在持怀疑态度的人，不久也势必会承认这些微粒物质的存在。但即使对那些相信原子存在的人，可能也没有对将要出现的新科学作好思想准备。

在 19 世纪末，即使相信原子说的人也将原子视作如同弹子球一样。艾萨克·牛顿说，原子是一种坚硬的不可穿越的固体。从那时起，几乎所有人都持相同的观点，其中也包括约翰·道尔顿和路德维希·玻尔兹曼。

弹子球是一种既小且硬的固体圆球。在 19 世纪，人们想象的原子就是这种样子的。但这种模型很快就改变了。上图中表示"原子"的球上的孔，用于插入销子，将球连在一起形成"分子"模型。

但是，科学家后来发现原子远比弹子球有意思，也远比它复杂。每一个原子都如同一个小太阳系。之前无人知道这些，也无人这样描绘它们。但安托万－亨利·贝克勒耳对这一问题给出了提示。他所发现的放射性射线也来自原子的内部。那里必定在进行着什么。

实际上，许许多多事正在进行。每个原子中都充满了运动，而且是永不停息的运动。当科学家弄清楚这个问题后，他们将有可能做出美妙或可怕的事，但他们首先要做的，是揭示自然界一直深藏不露的非同寻常的秘密。例如，科学家将发现制成本页的纸是由振动着的原子构成的。是的，纸看上去是不动的，但如果你的身体缩小到麦克斯韦妖的尺度，并能进入到原子的内部，你就得小心了。有这么多的运动粒子围绕着你，躲开它们着实不容易。纸、木头或金属等物体中的原子都在运动。如果你能变成气体中的一个分子，你就更得小心了，那里的分子可能是以超音速运动的。

麦克斯韦已经知道，气体中的分子以不可思议的速率在运动，但他一点也不知道，在这些分子中的原子的内部，还有更小的粒子也不会静止下来。麦克斯韦也不知道，所有物质中的原子都在运动。这意味着现在你正坐着的椅子中的原子，以及你身体中每一个细胞中的原子都在运动。椅子在你看起来是坚实的，也没有什么运动的迹象。但你不能总是相信自己的眼睛。

原子和在原子之内比原子更小的粒子并非是科学家此后的唯一重大发现，能量也将被发现以新的形式爆发出来。

在 20 世纪，原子结构的图像随着亚原子粒子的发现而逐渐被揭示出来。弹子球模型也被小型的太阳系模型所替代。这个模型中，有一个由质子和中子构成的核，电子在环绕这个核的轨道上旋转。左图为重水反应堆，用于使原子核分裂的核裂变反应。释放出的中子必须被减速，以便引起其他原子的裂变，即所谓链式反应。重水反应堆使用重水作减速剂，重水中的氢是氢的一种同位素氘（^{2}D），它的质量是普通氢原子（H）的两倍。要想了解诸如中子、裂变反应、同位素等内容，请参看《量子革命——璀璨群星与原子的奥秘》。

磁场对电子（带负电荷）和正电子（带正电荷）的作用力使它们向相反方向做螺旋运动。

这是从月球上看到的地球。在 20 世纪 60 年代之前，无人完整地看到过我们的这个星球。1969 年，我们人类真正在月球表面漫步了。这多令人惊奇呀！假想你在 1900 年就作出这种预计，你也许会被人们认为是精神错乱而在说疯话。

维多利亚女皇时期的科学家们认为，他们已经发现了世界上存在的所有形式的能源：热能、化学能、电能、磁能以及一些其他能。人们开始以新的、高效的方法利用和控制这些能源。但世界上还存在着另一种能源，而且是一种蕴藏于微小的原子之中的巨大能源，连那些想象力丰富的科幻作家都没能想象到它的存在。

因此，请准备好下次科学探险。科学将在 20 世纪腾飞。人类本身也将学到以前所无法想象的关于物理学世界以及关于我们自身的知识。巨大的天文望远镜和卓越的思维，将使我们能洞察广袤的宇宙深处；而具有特殊功能的显微镜加上更多脑力活动，又能帮助我们了解那微小原子的内部世界。至于能源，原子能的威力将使人们重新认识各种发展的可能性。

所有这些，也将使我们的日常生活发生超越以前所能梦想到的巨大改善。在 20 世纪结束之前，普通人就已经能够很容易地进行全球旅行了，而少数非凡的人则能够抵达月球。同样，还是那些平凡而普通的人，他们一日三餐所吃的食物可能产自遥远的土地。他们居住的房屋也都有了室内管道装

提醒我们保持警惕的声音

科学存在着阴暗面吗？美国一位总统的孙子和另一位总统的曾孙、历史学家亨利·亚当斯（Henry Adams）认为是存在的。他在 1862 年 4 月 11 日写给哥哥的信中写道：

人类已经攀登上科学的高峰，而科学现在正变得难以驾驭。我坚信用不了多少世纪，科学将成为人类的主宰。人类发明的机器所具有的能力将会超出人类的控制。可能某一天科学将能决定人类的存在与否。

置和电灯；出门乘的车辆也不再是马了；听的音乐有的来自一个银色的盘子，有的来自袖珍的播放器（当然还有其他装置）。

在本册即将结束之际，有必要提一个重要的问题：探索理解宇宙奥秘的科学为什么在西方世界的兴盛发展要比别处早得多？中国曾在科学技术方面领先于世界，并有着长期学术传统，为什么现代科学探索的历程并非根植于此？

无人能肯定地说出其中的原因。但几乎所有人都认为，古希腊人与此有很大关系。他们热爱学习——纯粹的学习——为学术而学术。这可是非同寻常的。其他地方的思想家则以实用为出发点。但古希腊人推崇他们称之为推理的思维——即使在他们不知道会推理到哪里去时亦然。而且，纯粹的思想，一旦获取自由繁茂的环境，就往往会发展到意想不到的光辉境界。这也如同寻找大陆的探险——事先不知道自己的目标何在。虽然常常会如进入死胡同中一样，但意外的惊喜使这种探险值得一试。古希腊人有着跟随他们的思考前进的勇气。

注意我上面提及的"自由"一词。如果在科学上存在独裁者，或存在哪怕是善意的领导人，由他来决定科学家一定要按某种模式去做什么，科学就肯定得不到发展。

对一个国家的忠告

1873 年冬天，非常受人尊敬的爱尔兰出生的物理学家约翰·廷德耳（John Tyndall）正在美国举办系列讲座。他对这个年轻的国家提出了如下忠告：

你们中间有着科学的天才。应当清除掉挡在他们前进道路上的所有障碍，将你们崇尚科学的目光注视着知识的原创者，并给予他们科学研究所必需的自由，而不是要求他们给出所谓的实用成果。最重要的是要避免愚者经常向智者提出的问题："你的研究有什么用？"

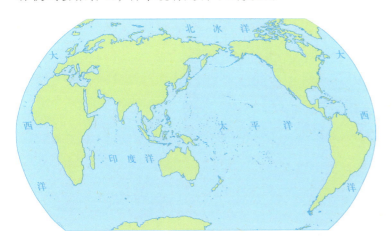

我们所说的西方世界发端于地中海沿岸地区，后来又扩展到了英格兰、北欧，再后来又跨越大洋到了美国。从那里，西方的科学观点传播到了全世界，并得到亚洲、非洲、大洋洲和南美洲人的补充和完善。因此，我们现在拥有的是世界性的科学文化。

鉴往知来

14 世纪早期，但丁·阿利吉耶里（Dante Alighieri, 1262—1321）开始写一部史诗，即《神曲》。他用自己的想象写出了关于地狱、炼狱和天堂之旅。它开始于：

> 在人生之路的中途
> 我发现自己处在一片黑暗的丛林中，
> 迷失其中而找不到出来的直路。

但丁生于意大利的佛罗伦萨，生活在邦国对抗、社会混乱的时期。在你头脑中的时间表上，请将他放在谷登堡之前（谷登堡在 1455 年左右出版了他的第一部《圣经》），也远在哥伦布之前（哥伦布 1492 年远航）。在但丁时期，意大利的外科医生蒙迪诺·德卢齐（Mondino de' Luzzi）第一次公开进行了对人体的解剖，向他的学生们展示了人体腹部的器官、胸部器官和脑组织等。后来，他又根据自己的解剖实践写下了关于解剖学的教科书。阿维尼翁、罗马和奥尔良还建立起了大学。当时，世界上的能源主要是人力、畜力以及其他自然资源（如木柴和风等）。当需求量很大时，这些资源就难以满足。1315 年，西欧发生了谷物歉收，大范围内的饥馑造成了人口数量的急剧下降。

和所有伟大的文学作品一样，《神曲》跨越了自己的历史时期，传颂至所有年代和地方的人民中。《神曲》被分为 100 个诗章。在这些诗句中，我特别喜欢的，是第 26 章中讲述在伊萨卡的尤利西斯要求他的老船员们再次随他远航的句子：

> 你们灵魂应如此塑造：
> 决不能像畜生那样活着，
> 而应去追求美德和知识。

哥白尼（Copernicus, 1473—1543）比但丁晚了 100 多年，是那些"追求美德和知识"的人中的一员。

他不同意当时人们普遍接受的思想，由此产生了科学革命。他认为，任何观点都不能超越被检验的结果，而且自然（他认为是上帝创造的）为真理、美德和知识提供了一个实验室。他于 1543 年曾写道："最终，我们将要把太阳本身放在宇宙的中心，只要我们面向事实，如人们所说'睁开你的双眼'，因为这是万物有条理的运行和整个宇宙的和谐告诉我们的。"

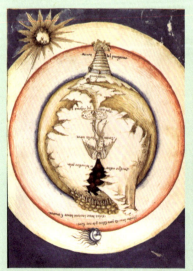 

左图为但丁的《神曲》中关于宇宙的插图，而哥白尼认为的宇宙则如右图所示。诗人和哲学家，还有物理学家、数学家和工程师引领我们来到了现代。所有的知识都是相关的，正如文艺复兴时期我们的朋友所理解的那样。

图中这些人开启了科学时代。拉斐尔（Raphael）在文艺复兴时期的这幅神奇的画作（看一下透视效果）被称为"雅典学派"。它将大多数的古代科学家汇集到了一起，包括毕达哥拉斯、柏拉图、亚里士多德、托勒密和苏格拉底（Socrates）等。

　　在古美索不达米亚和古埃及以及大多数其他地区，学习仅是祭司们的事，而祭司又和国家事务有关。古埃及和其他伟大的早期文明地区，从中国到中美洲，都是绝对的专制君主制。每个人都为取悦君主而劳作。但在古希腊的各个小小的城邦中，科学家和哲学家（通常是教师）却是具有独立行为权利的普通公民。这种集教师和科学家于一身的人通常不需要去取悦皇家统治者。他们是自由的，可以只取悦自己。

　　此外，古希腊人还有另外的一种科学天赋。它始于毕达哥拉斯（Pythagoras）、阿基米德（Archimedes）和欧几里得（Euclid）。这些古希腊的数学家们都将几何学中的数字和自然界中的规律联系了起来。自然界要求并明确表示：必须用数字来描述其本质，宇宙可以用数学的语言去理解。

　　将科学和数学结合起来是富于想象的思想飞跃。是这飞跃促成了科学在西方世界得到如此壮观的发展？还是古希腊人崇尚的智慧自由促成了这种发展？我认为应该是两者兼而有之。

　　在 20 世纪中，大部分西方世界和少数其他地区为科学家们提供了类似的自由。大多数科学家将是大学教授，而非国家公务员。它将成为历史上最伟大的科学时代。

　　当前的这个世界，经过了一次又一次的科学洗礼后，依然是个奇迹。无论是谁想起它来都会感到美妙、迷人和神秘莫测。

　　——托马斯·卡莱尔（Thomas Carlyle, 1795—1881），苏格兰历史学家和散文家，《论英雄、英雄崇拜和历史上的英雄业绩》

图片版权

Grateful acknowledgment is made to the copyright holders credited below. The publisher will be happy to correct any errors or unintentional omissions in the next printing. If an image is not sufficiently identified on the page where it appears, additional information is provided following the picture credit.

Abbreviations for Picture Credits
Picture Agencies and Collections
AR: Art Resource, New York
BAL: Bridgeman Art Library, London, Paris, New York, and Berlin
PR: Photo Researchers, Inc., New York
SPL: Science Photo Library, London
COR: Corbis Corporation, New York, Chicago, and Seattle
GC: Granger Collection, New York
IMHS: Institute and Museum of the History of Science, Florence, Italy
SSPL: Science Museum /Science & Society Picture Library, London
NASA: National Aeronautics and Space Administration
    JPL: Jet Propulsion Lab
    GSFC: Goddard Space Flight Center
    MFSC: Marshall Space Flight Center

Maps
All base maps (unless otherwise noted) were provided by Planetary Visions Limited and are used by permission. Satellite Image Copyright © 1996–2005 Planetary Visions.
PLV: Planetary Visions Limited
SR: Sabine Russ, map conception and research
MA: Marleen Adlerblum, map overlays and design

Illustrators
MA: Marleen Adlerblum (line drawings)
JL: James Lebbad (line drawings)
All timelines and family trees were drawn by Marleen Adlerblum.

Frontmatter
ii and ix: GC; xi: NASA-JPL; xiv: National Gallery, London/AR

Chapter 1
2: (top, inset) Mary Evans Picture Library/PR; (bottom) © Sidney Harris; 3: (top) PLV/SR/MA; (bottom) Image Select/AR; 4: (left) Tretyakov Gallery, Moscow/BAL (by Joseph Friedrich August Darbes, 18th c.); (right) Daniel Bernoulli, from *Hydrodynamica*, 1738, Science, Industry and Business Library/New York Public Library; 5: SEF/AR (artist unknown, 17th c.); 6: AKG Images; 7 (bottom) and 8: MA; 9: (top) Courtesy of Cessna Aircraft Company; (bottom) MA

Chapter 2
12: Réunion des Musées Nationaux/AR; 13: Musée des Beaux-Arts, Arras, France/BAL; 14: (top) Réunion des Musées Nationaux/AR; (bottom) Erich Lessing/AR; 15: (top) GC (by John Greenhill, ca. 1672–1676); (bottom) Réunion des Musées Nationaux/AR; 16: Courtesy of www.correspondance-voltaire.de; 17: Private Collection/BAL; 18: Réunion des Musées Nationaux/AR (by Gabriel-Jacques de Saint-Aubin, RF 52445, 148)

Chapter 3
19: Courtesy of Louis C. Herring Laboratory; 20: (top) © Dean Conger/COR; (bottom) Bildarchiv Preussischer Kulturbesitz/AR; 21: Clive Freeman/Biosym Technologies/PR; 22: The Royal Society, London; 23: (top) GC; (bottom) Martyn F. Chillmaid/PR; 24: (top) GC; (bottom) Schweppes is a registered trademark of Schweppes International Limited. Used with permission. 25: GC; 26: SPL/PR; 27: Private Collection/BAL; 28: Scala/AR; 29: SSPL; 30: (left) MA; (right) © Sidney Harris

Chapter 4
32: (top) Private Collection/BAL; (bottom): GC (artist unknown, ca. 1708); 34: GC; 36: New York Public Library/AR; 37: SSPL; 38 (top): Image courtesy of Jim Roark, NASA-GSFC; (bottom left): D. van Ravenswaay/PR; (bottom right) Geological Survey of Canada/PR; 39: Courtesy of Dr. Jens Gundlach, Center for Experimental Nuclear Physics and Astrophysics, University of Washington; 40: New York Public Library/AR

Chapter 5
42: (top) Private Collection/BAL; (bottom) Image Select/AR; 43: Bibliothèque des Arts Décoratifs/BAL (detail of colored engraving, ca. 1860); 44: Eye of Science/PR; 45: GC (artist unknown, ca. 1790); 46: (both) GC (top: engraving, 19th c.)

Chapter 6
48: Giraudon/AR; 49: GC; 50 (top left): Charles D. Winters/ PR; (top right) MA; (center) Private Collection/BAL; (bottom) Erich Lessing/AR; 51 (both): Bibliothèque des Arts Décoratifs/BAL (detail of colored engraving, ca. 1860); 52: (top) Private Collection/BAL; (center) NASA/PR; (inset, center left) Victoria Art Gallery/BAL (after Lemuel Francis Abbott); (inset, center right) Private Collection/BAL (by Martin François Tielemans, 1829); 54: (top) Archives Charmet/BAL; (bottom) Bibliothèque Nationale, Paris/BAL; 55: Giraudon/AR; 56: Snark/AR; 57: (both) PLV/SR/MA

Chapter 7
59: ICVI-CCN/Voisin/PR; 60: Leeds Museums and Galleries/BAL; 61: Courtesy of the Dean and Faculty, Harriot College of Arts and Sciences, East Carolina University (original portrait at Trinity College, Oxford University); 62: (top) Museum of Fine Arts, Boston/BAL; (bottom) SSPL; 63: GC; 64: Manchester Town Hall, Manchester, U.K./BAL (by Ford Madox Brown); 65–67: SSPL; 68: GC (colored engraving, artist unknown)

Chapter 8
69: Courtesy of Michigan State University, Dept. of Chemistry; 70: MA; 71: Alinari/AR; 72: MA; 73: A. Davies, J. A. Stroscio, D. T. Pierce, and R. J. Celotta, Phys. Rev. Lett. 76, 4175 (1996). Image courtesy of Dr. Joseph Stroscio; 74: MA; 75: Andrew Lambert Photography/PR; 76: (top) Klaus Guldbransen/PR; (bottom left) Roberto di Guglielmo/PR; (bottom right) Charles D. Winters/PR; 77: (top) MA; (bottom) Dirk Wiersma/PR; 78: (top) GC; (bottom) SSPL

Chapter 9
79: Giraudon/BAL (by Félix Ziem, 1842, Musée de la Ville de Paris, Musée du Petit Palais, France); 80: PLV/SR/MA; 81: SSPL; 82: (top) Dept. of Physics, Imperial College/PR; (bottom) © Sidney Harris; 84: Archives Larousse, Paris/BAL; 84: Charles D. Winters/ PR; 85: (top) Dr. Peter Harris/PR; (bottom left and right) Kenneth Eward/BioGrafx/PR; 88: GC; 89: Ted Streshinsky/COR; 90: GC; 92 (periodic table): MA

Chapter 10
94: (top) Courtesy of Munich Online Magazine; (bottom) GC (engraving, American, 19th c.); 95: Massachusetts Historical Society/BAL; 96: William L. Clements Library, University of Michigan; 98: (both) GC; 99: The Royal Institution/BAL; 100: GC; 101: SSPL (by James Gillray, 1757–1815)

Chapter 11
104: (top) GC; (bottom) Private Collection/BAL; 105: (top) François Gohier/PR; (center) Private Collection/BAL; (bottom) SSPL;

引文授权

The Story of Science: Newton at the Center by Joy Hakim
Copyright: 2005 by Joy Hakim
This edition arranged with SUSAN SCHULMAN LITERARY AGENCY, INC
through BIG APPLE AGENCY, LABUAN, MALAYSIA.
Simplified Chinese edition copyright:
2017 Shanghai Educational Publishing House
All rights reserved.

图书在版编目（CIP）数据

经典科学：电、磁、热的美妙乐章/（美）乔伊·哈基姆（Joy
Hakim）著；仲新元译. — 上海：上海教育出版社，2017.12（2020.5重印）
（"科学的力量"科普译丛. "科学的故事"系列）
ISBN 978-7-5444-7483-2

Ⅰ.①经… Ⅱ.①乔… ②仲… Ⅲ.①科学知识—普及读物 Ⅳ.①
Z228

中国版本图书馆CIP数据核字（2017）第312815号

责任编辑　沈明玥　黄　伟
封面设计　陆　弦

"科学的力量"科普译丛"科学的故事"系列
经典科学——电、磁、热的美妙乐章
[美]乔伊·哈基姆　著
仲新元　译

出版发行　上海教育出版社有限公司
官　　网　www.seph.com.cn
地　　址　上海市永福路123号
邮　　编　200031
印　　刷　上海新艺印刷有限公司
开　　本　787×1092　1/16　印张 14.75
字　　数　290 千字
版　　次　2017年12月第1版
印　　次　2020年5月第2次印刷
书　　号　ISBN 978-7-5444-7483-2/O·0159
定　　价　89.80 元
审 图 号　GS(2017)2954号

如发现质量问题，读者可向本社调换　电话：021-64377165